suhrkamp taschenbuch
wissenschaft 859

W0012942

In seinen wissenschaftstheoretischen Arbeiten widmete sich Max Weber vor allem dem Problem der kulturwissenschaftlichen Objektivität, und trotz einer mittlerweile mehr als sechzigjährigen Rezeptionsgeschichte steht eine Auseinandersetzung mit den Voraussetzungen und Implikationen von Webers Position immer noch aus. Zwar herrscht weitgehende Einigkeit dahingehend, daß seine methodologischen Ausführungen ganz allgemein vor dem Hintergrund der neukantianischen Philosophie Heinrich Rickerts gelesen werden müssen, doch mangelt es an einer präzisen und detaillierten Bestimmung dieser Einflußbeziehung. Dieses Buch soll dazu beitragen, die philosophischen Wurzeln von Webers Methodologie freizulegen und insbesondere den Zusammenhang seiner Position mit der Wertlehre Rickerts aufzuklären. Dabei bildet die Frage nach dem Verhältnis zwischen der Begründung der kulturwissenschaftlichen Objektivität bei Weber auf der einen und Rickerts Lösung des Problems der Wertobjektivität auf der anderen Seite den Kernpunkt der Untersuchung. Anhand der Bestimmung dieses Verhältnisses soll nicht nur gezeigt werden, daß Webers Begriff der kulturwissenschaftlichen Objektivität von Voraussetzungen ausgeht, die in Rickerts Werttheorie angelegt sind, sondern auch, daß es eben diese Voraussetzungen sind, die eine plausible Lösung des Objektivitätsproblems unmöglich machen.

Guy Oakes, geb. 1941 in Metropolis, Illinois (USA), lehrt seit 1968 Philosophie am Monmouth College (New Jersey) und seit 1978 Soziologie an The Graduate Faculty, New School for Social Research (New York). Wichtigste Veröffentlichungen: Abhandlungen über Max Webers Methodologie, Georg Simmels Geschichtsphilosophie und Kultursoziologie sowie Heinrich Rickerts Wissenschaftstheorie und Wertphilosophie. U. a. hat er die folgenden Titel ins Englische übersetzt: Max Weber, *Roscher und Knies und die logischen Probleme der historischen Nationalökonomie* (1975); Georg Simmel, *Die Probleme der Geschichtsphilosophie* (1977); Heinrich Rickert, *Die Grenzen der naturwissenschaftlichen Begriffsbildung* (1986).

Guy Oakes
Die Grenzen kulturwissenschaftlicher Begriffsbildung

Heidelberger
Max Weber-Vorlesungen 1982

Suhrkamp

CIP-Titelaufnahme der Deutschen Bibliothek
Oakes, Guy:
Die Grenzen kulturwissenschaftlicher Begriffsbildung :
Heidelberger Max-Weber-Vorleseungen 1982 /
Guy Oakes. –
1. Aufl. – Frankfurt am Main :
Suhrkamp, 1990
(Suhrkamp-Taschenbuch Wissenschaft ; 859)
ISBN 3-518-28459-2
NE: GT

suhrkamp taschenbuch Wissenschaft 859
Erste Auflage 1990
© Suhrkamp Verlag Frankfurt am Main 1990
Suhrkamp Taschenbuch Verlag
Alle Rechte vorbehalten, insbesondere das
des öffentlichen Vortrags, der Übertragung
durch Rundfunk und Fernsehen
sowie der Übersetzung, auch einzelner Teile
Satz und Druck: Wagner GmbH, Nördlingen
Printed in Germany
Umschlag nach Entwürfen von
Willy Fleckhaus und Rolf Staudt

1 2 3 4 5 6 — 95 94 93 92 91 90

Inhalt

Kapitel IV
Zur Kritik an Rickert

Kapitel V

Dem Andenken
Gerhard Meyers gewidmet

Vorbemerkung

Eine vorläufige Fassung dieser Arbeit entstand anläßlich eines Aufenthaltes an der Universität Heidelberg, wo ich während des Wintersemesters 1982/83 die Max Weber-Gastprofessur am Institut für Soziologie innehatte. Für die günstigen Arbeitsbedingungen, die ich dort vorfand, sei hiermit allen Institutsmitgliedern gedankt. Mein Dank gilt vor allem Wolfgang Schluchter, der mich einlud, nach Heidelberg zu kommen und die Max Weber-Gastvorlesungen 1982/83 zu halten, sowie Ottmar Ohlhausen für die geduldige Überarbeitung des deutschen Textes dieser Vorlesungsreihe, die unter dem Titel *Zur theoretischen Rationalität der Kulturwissenschaften* stand. Für kritische Anmerkungen zu späteren Fassungen und eine große Zahl von bibliographischen Hinweisen bin ich Gerhard Wagner zu Dank verpflichtet. Ebenfalls bedanken möchte ich mich bei M. Rainer Lepsius, der mir den bislang unveröffentlichten Briefwechsel zwischen Weber und Rickert zugänglich machte, und auch bei Birgit Rudhard, die mir in allen Webers Korrespondenz betreffenden Fragen behilflich war. Gerhard Wagner und Heinz Zipprian schulde ich meinen Dank für ihre hilfreiche Kritik an der endgültigen Manuskriptfassung sowie für die Übersetzung des Textes ins Deutsche. Die Arbeit an dieser Studie wurde durch ein Stipendium des Monmouth College, New Jersey, unterstützt.

Einleitung

Vergegenwärtigt man sich das ungeheure Maß sowie die atemberaubende Geschwindigkeit des Fortschritts im modernen Wissenschaftsbetrieb, so bewahrheitet sich aufs neue: ars longa, vita brevis. Dies Diktum gilt natürlich auch für die Methodologie Max Webers, deren philosophische Grundlagen im folgenden untersucht werden sollen. Denn Weber schrieb seine erste methodologische Abhandlung vor mehr als achtzig Jahren, und die erste Auflage seiner *Gesammelten Aufsätze zur Wissenschaftslehre* erschien bereits 1922. Daher ist es keineswegs bloße Pedanterie, sich zu Beginn dieser Untersuchung zu fragen, wie wir heute zu Webers Wissenschaftslehre stehen. Mit welchen Gründen kann behauptet werden, daß Webers Betrachtungen zur Methodologie der Sozialwissenschaften noch immer der Mühe wert sind, die eine eingehende Analyse erfordert? Warum sollen gerade Webers methodologische Ansichten bedeutsamer sein als irgendwelche anderen Ausstellungsstücke im Museum der Ideengeschichte? Diese Fragen stellen sich mit um so größerer Dringlichkeit, wenn wir bei Weber selbst lesen, daß die wissenschaftliche Arbeit eingespannt sei in den »Ablauf des Fortschritts«. Als Ergebnis der inneren Dynamik, die der wissenschaftliche Fortschritt zusammen mit der wachsenden Ausdifferenzierung des Wissenschaftsbetriebes in Gang setzt, sei es geradezu das »Schicksal« jeder Betätigung auf diesem Gebiet, fünfzig Jahre später veraltet zu sein.[1] Haben wir die Bedeutung von Webers Methodologie und die Folgen, die sich daraus ergeben, vollständig erfaßt? Wurden die Möglichkeiten, die darin angelegt sind, wirklich erschöpfend ausgewertet? Wurden ihre Grenzen ausgelotet und überschritten?

Die von Weber entwickelten wissenschaftstheoretischen Positionen bestimmen, knapp drei Generationen nach Erscheinen seiner ersten methodologischen Schriften, immer noch die Diskussion über Ziele und Methoden der Sozialwissenschaften. Es ist sein Werk, das für dieses Feld des wissenschaftlichen Diskurses die Terminologie vorgibt, die Problemstellungen umschreibt und die Grenzlinien festlegt. Wem diese Behauptung übertrieben vorkommt, der möge sich einen Querschnitt der Themen vor Augen führen, die momentan in der Philosophie der Sozialwissenschaften hauptsächlich verhandelt werden: die Beziehung zwischen Natur- und Sozialwissenschaften; das Zusammenspiel von theoretischen und außerwissenschaftlichen Interessen bei der Wahl der Erkenntnisziele; das problematische Verhältnis der Wissenschaft zu Werten, das sich in der Frage nach dem Status einer Wissenschaft widerspiegelt, die ihren Gegenstand als durch Wertbezug konstituiert begreift; die Diskussion darüber, ob die Sozialwissenschaften allgemeine und systematische Theorien anstreben sollten, sowie das damit eng verbundene Problem, ob man sozialen Phänomenen gerecht werden kann, indem man sie mit nomologischen Mitteln erfaßt; die Frage nach der soziologischen Relevanz einer Theorie des Handelns; das Spannungsverhältnis zwischen der Erklärung gesellschaftlicher Phänomene einerseits und dem deutenden Verstehen von menschlichen Handlungen und kulturellen Schöpfungen andererseits; das Problem von sich wechselseitig ausschließenden begrifflichen Modellen und die Schwierigkeit, unabhängige Kriterien zu entwickeln, mit Hilfe derer über die jeweilige Geltung einzelner Positionen entschieden werden kann; die Auseinandersetzung um die Universalität und Notwendigkeit von solchen Rationalitätsstandards, wie sie sich im abendländischen Wissenschaftssystem herausgebildet haben; die Frage danach, ob die wissenschaftliche Rationalität eine privilegierte Stellung einnimmt oder ob wir es nicht vielmehr mit einer ganzen Reihe von aufeinander nicht rückführbaren und dennoch legitimen Rationalitätskriterien mit je eigenem Geltungsbereich zu tun haben. Mit dieser Aufzählung aktueller Problemstellungen der Wissenschaftstheorie sind zugleich die Hauptthemen von Webers frühen methodologischen Schriften genannt.

Im Jahre 1903 veröffentlichte Weber erstmals eine ausschließlich methodologischen Fragen gewidmete Studie, *Roschers »historische Methode«*.[2] In dieser ersten Lieferung einer auf drei Teile angelegten Kritik am Forschungsprogramm der sogenannten Historischen Schule in der Nationalökonomie umriß Weber seine Ansichten zum Verhältnis zwischen den Naturwissenschaften auf der einen und den Geschichts- bzw. Kulturwissenschaften auf der anderen Seite. Im darauffolgenden Jahr erschien sein berühmt gewordener programmatischer Aufsatz über *Die »Objektivität« sozialwissenschaftlicher und sozialpolitischer Erkenntnis*.[3] Darin ging Weber auf das Verhältnis zwischen Kulturwissenschaften,

Interessenlagen und Wertfragen ein und brachte seine Kritik am Positivismus auf den Punkt. Er erarbeitete seine Auffassung von den Grenzen, innerhalb derer man denjenigen Werten Geltung zuschreiben kann, die von den Kulturwissenschaften vorausgesetzt werden müssen. Darüber hinaus bezog er Stellung zu historistischen und relativistischen Argumentationsmustern, die die Kontingenz und Variabilität dieser Werte nachweisen wollten. In den Jahren 1905 und 1906 publizierte Weber den zweiten und den dritten Teil seiner Kritik an der Historischen Schule,[4] worin er zum ersten Mal seine Ansichten zur kulturwissenschaftlichen Bedeutung des Verstehensbegriffs und zum Zusammenhang zwischen einer Theorie des Verstehens und einer Theorie des Handlungssinns formulierte. Ebenfalls 1906 kam seine *Auseinandersetzung mit Eduard Meyer*[5] heraus, dem Nestor der Geschichtsschreibung des klassischen Altertums. In dieser Studie führte Weber seine Reflexionen hinsichtlich des Verstehensbegriffs fort und verband diese Überlegungen mit einem Modell historischer Kausalerklärung. Im Jahr darauf erschien Webers ungestüme Kritik an der »*Überwindung*« *der materialistischen Geschichtsauffassung*[6] des neukantianischen Rechtsphilosophen Rudolf Stammler. Im Rahmen dieser furiosen Attacke gegen Stammlers Begriff der Sozialwissenschaften skizzierte Weber die Grundlinien seiner Handlungstheorie und wies dem Handlungsverstehen einen systematischen Ort in den Sozialwissenschaften zu.

Daß die Probleme, mit denen sich Weber befaßte, über seinen Tod im Jahre 1920 hinaus bis zum heutigen Tage Bestand hatten, ja, die gesamte spätere Diskussion über die Voraussetzungen, die Erkenntnisziele und die Methoden beherrschten, zeigt, wie wenig sich seither in der Philosophie der Sozialwissenschaften geändert hat. Aus diesem Grunde kann es nicht überraschen, daß die Hauptbeteiligten der gegenwärtigen Debatte sich gemeinhin verpflichtet fühlen, mit Weber ins reine zu kommen; nicht selten dient ihnen eine kritische Auseinandersetzung mit Weber als Vehikel zur Klärung der eigenen Position.[7] Keineswegs soll Webers methodologischen Schriften damit eine Bedeutung in der aktuellen Debatte beigemessen werden, die dem Stellenwert des aristotelischen Werkes im mittelalterlichen Denken gleichkäme: nämlich eine Sammlung von kanonischen Texten zu sein, in denen Art und Umfang der im Rahmen eines bestimmten Diskurses als zulässig erachteten Probleme, Methoden und Lösungen festgeschrieben sind. Gleichwohl ist es keine Übertreibung, wenn man sagt, daß Webers methodologische Arbeiten die Folie für die Verortung der wissenschaftstheoretischen Probleme in den Sozialwissenschaften abgeben. Nach wie vor bleibt Weber – ob nun als Übervater und Pionier, als Prügelknabe oder gar Strohmann – die beherrschende Figur in der gegenwärtigen Debatte, wenngleich sich die Richtungen und Moden in der Philosophie seit den Lebzeiten Webers fortgesetzt gewandelt haben.

Die Anfänge der methodologischen Debatte in den letzten beiden Jahrzehnten des 19. Jahrhunderts waren geprägt von der Terminologie des Neukantianismus. Mit dem *linguistic turn* dieser Philosophie veränderten sich auch die Ausdrucksformen und -möglichkeiten, die bis dahin den Rahmen für die Erörterung methodologischer Fragen abgegeben hatten. So wurde das neukantianische Idiom, das gleichsam als Amtssprache fungiert hatte, nach und nach umgeformt, zuerst durch den Positivismus des Wiener Kreises, anschließend durch die analytische Philosophie, wie sie in den vierziger und fünfziger Jahren in Cambridge und Oxford betrieben wurde, sowie neuerdings durch die Herausbildung einer philosophischen Hermeneutik; und dennoch haben diese Entwicklungen unsere Auffassung von den methodologischen Grundproblemen nur unwesentlich verändert. Folglich konnte in den frühen siebziger Jahren Talcott Parsons konstatieren, daß die in der Auseinandersetzung um Weber engagierten Schriftsteller und Gelehrten der Weimarer Zeit erstaunt darüber wären, wenn sie sehen könnten, wie sehr die heutige Diskussion über methodologische Fragen den Debatten der zwanziger Jahre ähnelt.[8] Unter diesen Voraussetzungen ist es nicht übertrieben, die derzeitige Philosophie der Sozialwissenschaften in erster Linie als eine Auseinandersetzung mit Webers Methodologie zu betrachten.

Vor kurzem bemerkte Friedrich H. Tenbruck, daß gerade diese Kritik, das nunmehr sechzig Jahre während Unterfangen, zu einem gründlichen Verständnis von Webers Methodologie zu gelangen, fehlgeschlagen sei. Tenbruck geht sogar so weit zu behaupten, daß der Kern von Webers Gesamtwerk immer noch nicht erschlossen sei. Webers Werk bleibe uns nach wie vor völlig fremd, ein Konsens über seine Bedeutung sei nicht in Sicht. Wie läßt sich dieser Fehlschlag erklären? Will man Tenbruck Glauben schenken, so liegt das daran, daß wir den »Hauptschlüssel« zur Deutung von Webers Werk noch nicht gefunden haben, eben jenen »Mittelpunkt, der die vielen Teile zu einem verständlichen Werk vereint«[9] und ein adäquates Verständnis seiner Methodologie allererst ermöglicht.

Grob gesprochen, sind es drei verschiedene Gegenstandsbereiche, die in der mehr oder weniger einschlägigen Sekundärliteratur verhandelt werden. Als erstes wären die Arbeiten zu nennen, die um bestimmte, von Weber nur ungenügend explizierte Begriffe kreisen – Begriffe wie beispielsweise Idealtypus, historisches Individuum, Wertbeziehung und Werturteilsfreiheit. Zweitens kann man die Arbeiten anführen, die sich der weiterreichenden Frage widmen, inwiefern diese Begriffe einem übergreifenden Forschungsprogramm verpflichtet sind. Diese Untersuchungen zielen zumeist darauf ab, Webers eigene Intentionen herauszupräparieren, und fragen danach, ob es Weber um die Entwicklung einer allgemeinen und systematischen Methodenlehre zu tun war – oder ob sich seine Absichten nicht vielmehr auf das weitaus bescheidenere Ziel beschränkten, lediglich einen Beitrag zur Lösung der in den Sozialwissenschaften der Jahrhundertwende vorherrschenden Krise leisten zu wollen. Oft konzentrieren sich derartige Analysen auch auf die Bedingungen, die einem solchen Forschungsprogramm zugrunde liegen. Benennt nun Weber in seinen eigenen Schriften die Prämissen, die für ein Verständnis seiner Methodenlehre erforderlich sind? Oder muß man bei dem Versuch, diese Methodenlehre zu verstehen, auf Gedanken zurückgreifen, die Weber gar nicht selbst entwickelt, sondern lediglich von anderen übernimmt und, ohne sie zu hinterfragen, für seine Zwecke ausschlachtet? Mit anderen Worten: ist eine befriedigende Deutung von Webers Methodologie textimmanent möglich oder muß man sich auf externe Kriterien der Interpretation stützen? Schließlich gibt es noch eine dritte Gruppe von Arbeiten, in denen die Geltungsbedingungen von Webers methodologischer Position im Vordergrund stehen. Hier geht es vor allem darum herauszufinden, ob Weber die Gültigkeit seiner Methodologie selbst ausgewiesen hat oder ob nicht etwa die Geltung seines Forschungsprogramms von Voraussetzungen und Argumenten, vielleicht sogar von einer vollständig entwickelten Wissenschaftstheorie abhängt, die letztlich anderen Quellen entstammt.

Nehmen wir einmal an, wir könnten diese Fragestellungen aus Webers eigener Perspektive betrachten. Gibt Weber irgendwelche Hinweise, wie man die Grundbegriffe seiner Methodologie, sein Forschungsprogramm und die Bedingungen für dessen Gültigkeit zu verstehen hat? Weber-Forscher, die diesen Weg eingeschlagen haben, sind nicht enttäuscht worden. »Rickert habe ich aus«, schrieb Weber im Frühjahr 1902 seiner Frau Marianne aus Florenz. »Er ist *sehr* gut.«[10] Gemeint war der Philosoph Heinrich Rickert (1863-1936), Webers Freund und Kollege aus seiner Freiburger Zeit als Professor für Nationalökonomie. Rickert hatte im Jahre 1888 in Straßburg unter Wilhelm Windelband (1848-1915) mit einer Arbeit *Zur Lehre von der Definition*[11] promoviert, danach war er nach Freiburg gegangen, um sich dort zu habilitieren. Seine Habilitationsschrift, die er 1891 abschloß, war eine allgemeine Einführung in die Erkenntnistheorie aus neukantianischer Sicht.[12] Als wegen Alois Riehls Berufung nach Kiel der Freiburger Lehrstuhl neu zu besetzen war, unterstützte Weber erfolgreich Rickerts Kandidatur.

Ein Jahr nach dem Brief an seine Frau beschrieb Weber seine erste und zugleich anspruchsvollste methodologische Abhandlung als den Versuch, die Brauchbarkeit der Gedanken Rickerts für die eigene Methodenlehre zu erproben.[13] Tatsächlich ist ein Großteil des philosophischen Vokabulars, das Weber in seinen methodologischen Schriften verwendet, von Rickert entlehnt, so beispielsweise die Vorstellung von der Irrationalität des Wirklichen, die Idee eines *hiatus irrationalis* zwischen Begriff und Wirklichkeit und Begriffe wie historisches Individuum und Wertbeziehung. Hinzu kommt, daß sich Weber oftmals auf Denkbewegungen stützt, die stark an solche Argumentationsstrukturen gemahnen, wie sie Rickert in seinen Schriften gebraucht. Webers Kritik am Positivismus, seine logische Trennung von Kultur- und Naturwissenschaften, seine Scheidung zwischen praktischen Werturteilen und theoretischen Wertbeziehungen und nicht zuletzt seine Auffassung von Methodologie als einer Begriffsbildungslehre – all das beruht wohl auf Argumenten, die in Rickerts Werk ausführlicher dargestellt sind. Darüber hinaus verweist Weber selbst den Leser immer dann an Rickert, wenn er entweder eine Position einnimmt, ohne dies näher zu begründen, oder wenn seiner Meinung zufolge eine systematischere Erörterung seiner eigenen Auffassung angebracht wäre. Heißt das nun, daß Rickerts Philosophie uns den Schlüssel zu einem Verständnis von Webers Methodologie liefert?

Offensichtlich läßt sich diese Frage nur anhand einer Analyse der

Rickertschen Philosophie selbst beantworten. Ohne eine Überprüfung der Texte, die Rickerts philosophische Grundlegung der Kulturwissenschaften beinhalten, ist es unmöglich, darüber zu befinden, ob die Theorien, die Webers Vorstellung von den Zielen und Methoden der Kulturwissenschaften bestimmen, von Einstellungen und Haltungen abhängen, die Rickert in seinen Schriften vertritt. Mit anderen Worten: Ich plädiere dafür, die Debatte um Webers Methodologie vorläufig zu vertagen, und zwar so lange, bis wir zu einem hinreichenden Verständnis von Rickerts Werk gelangt sind. Sicher, unter rein logischen Gesichtspunkten ist dieses Argument schlüssig, versteht man es aber als einen praktischen Vorschlag, so erweist dieser sich rasch als völlig aussichtslos, denn einer derartigen Vorgehensweise stehen alle diejenigen Faktoren entgegen, die gemeinhin Forschungsinteressen leiten, akademische Karrieremuster prägen und letztlich auch den konkreten Verlauf wissenschaftlicher Kontroversen bestimmen. In Anbetracht der *Hausse*, die das Geschäft mit der Weber-Forschung derzeit kennzeichnet, wäre es doch recht naiv zu glauben, man könnte mit einem guten Argument allein eine derartige Unterbrechung erreichen. Die nachfolgende Untersuchung stellt gewissermaßen den Versuch dar, das oben angeführte Argument dennoch ernstzunehmen. Dabei soll das Werk Rickerts daraufhin geprüft werden, ob es eine befriedigende Lösung bereitstellt für das Problem der sozialwissenschaftlichen Objektivität, die zentrale Fragestellung von Webers Methodologie schlechthin. Weber selbst begreift dieses Problem als Frage nach dem Verhältnis zwischen Begriffsbildung und Erfahrung, dem Zusammenhang von Wissen auf der einen und Wirklichkeit auf der anderen Seite. Wie können wir von den Gegenständen unserer Wahrnehmung Begriffe bilden und als gültig ausweisen in Anbetracht der unendlichen Vielfältigkeit, in der wir sowohl das menschliche Handeln als auch seine Produkte erfahren? Es geht mithin um die Bedingungen, denen die Konstituierung von Gegenständen sozialwissenschaftlicher Erkenntnis unterliegt. Eine etwas anders geartete Fassung gibt Weber dieser Problemstellung auch in der Frage nach dem Spannungsverhältnis zwischen Erkenntnis und Interessen, Begriffsbildung und Werten. Geht man von der Überlegung aus, daß sozialwissenschaftliche Begriffe immer auf Vorannahmen beruhen, die ihrerseits in bestimmten Werthaltungen verankert sind und deshalb als subjektiv verstanden werden müssen, so stellt sich die Frage, wie es möglich sein soll, mit Hilfe derartiger Begriffe soziale Phänomene in adäquater Form kognitiv zu erfassen. Welche Gründe also kann man für die Auffassung ins Feld führen, daß subjektive Wertvorstellungen die Basis für den begrifflichen Rahmen bilden, innerhalb dessen soziale Phänomene zu Gegenständen wissenschaftlicher Erkenntnis werden?

Im ersten Kapitel der hier vorliegenden Arbeit sollen zunächst einmal die Prämissen auseinandergesetzt werden, die für die Genese dieser Problemstellung in Webers Methodologie »verantwortlich« sind. In Kapitel II werden anschließend die systematischeren Ausführungen diskutiert, die Rickert diesem Gegenstand widmet. Dazu ist es erforderlich, einiges über die philosophischen Hintergründe und die Geschichtstheorie der Südwestdeutschen Schule des Neukantianismus zu sagen, zu deren führendem Vertreter Rickert in der Zeit um die Jahrhundertwende aufrückte. In diesem Zusammenhang soll vor allem die Erkenntnistheorie der Geschichte, die Rickert als kulturwissenschaftliche Begriffsbildungslehre versteht, eingehend erörtert werden. Im Mittelpunkt steht dabei Rickerts These, daß die Objektivität der kulturwissenschaftlichen Begriffe von der Objektivität der Werte abhängt, auf denen das Verfahren dieser Begriffsbildung beruht. Dementsprechend beschäftigt sich Kapitel III mit den Bestandteilen von Rickerts Wertlehre, mit deren Hilfe er das Problem der Wertobjektivität zu lösen versucht. Im Anschluß daran werde ich in Kapitel IV meine Einschätzung dieses Lösungsversuchs vortragen sowie den Nachweis führen, daß es Rickert nicht gelingt, die Objektivität von Werten plausibel zu machen, und er folglich auch die Objektivität der kulturwissenschaftlichen Begriffsbildung im Rahmen seiner Philosophie nicht zureichend begründen kann. Ich werde zeigen, daß die Vorannahmen, aus denen heraus Rickert seine Werttheorie entwickelt, eine Möglichkeit zur Lösung des Problems der Wertobjektivität von vorneherein ausschließen – demnach ist mit dem von Rickert angebotenen Begriffsapparat eine Lösung des Problems der kulturwissenschaftlichen Objektivität nicht zu haben. Die Methodologie Webers ist von der an Rickert geübten Kritik insoweit mitbetroffen, als sie ganz unmittelbar an bestimmte Elemente von Rickerts Denken anknüpft. In Kapitel V soll abschließend untersucht werden, wie sich die Folgen dieser prekären Ausgangslage in Webers Werk niederschlagen.

Das vorliegende Buch kann weder eine vollständige Darstellung der Weberschen Methodologie noch eine erschöpfende Analyse der Geschichtsphilosophie Rickerts liefern. Das würde den Rahmen der Untersuchung sprengen. Um es also in aller Kürze zusammenzufassen: Wir haben es hier mit dem Grundproblem zu tun, das Weber in seinen methodologischen Schriften aufwirft, mit der Lösung, die Rickerts Philosophie für dieses Problem bereithält, mit der Kritik dieser Lösung und mit den Auswirkungen dieser Kritik auf die Interpretation von Webers Schriften.

In seiner *Philosophischen Autobiographie* berichtet Karl Jaspers von einem interessanten Gespräch mit Rickert, das nur fünf Tage nach Webers Tod in Heidelberg stattfand. Nach Jaspers' Darstellung sprach Rickert ziemlich herablassend von Weber, bezeichnete ihn als seinen Schüler und äußerte sich abschätzig über die begrenzte Bedeutung und den geringen Einfluß seines Werkes. Jaspers erwiderte bissig: »Wenn Sie meinen, daß Sie mit Ihrer Philosophie in der Zukunft überhaupt noch gekannt werden, so nur darum, weil Sie in einer Anmerkung bei der Darstellung von Max Webers Werk erscheinen als der, dem Max Weber seine Dankbarkeit für logische Einsichten bezeugt hat.«[14] Auf diese Unterhaltung bezogen, fügt er hinzu: »Seitdem war das Verhältnis zwischen Rickert und mir gestört.« Folgt man Jaspers, so war sich Weber durchaus der Tatsache bewußt, daß einige seiner methodologischen Gedanken sich auch in Rickerts Schriften finden ließen, wenngleich er sie ganz unabhängig davon entwickelt hatte: »Max Weber hatte seine eigenen methodologischen Einsichten, die er als Historiker, Nationalökonom und Soziologe gewonnen hatte, zu einem Teile wiedererkannt in Rickerts Buch *Grenzen der naturwissenschaftlichen Begriffsbildung*. Max Weber in seiner großartigen Maßlosigkeit war so dankbar, daß er sich in diesen logischen Fragen ständig auf Rickert bezog und manche seiner Darlegungen wie eine bloße Konsequenz und Anwendung Rickertschen Denkens erscheinen ließ.«[15] In Wirklichkeit aber, meint Jaspers, seien solche Verweise auf Rickert lediglich ein Ausdruck der großmütigen Haltung Webers gegenüber dem ehemaligen Kollegen und Freund der Familie.[16] Falls die nachstehende Analyse sich als stichhaltig erweist, muß Jaspers' rein biographische Erklärung der Affinität von Webers Methodologie und Rickerts Philosophie allerdings verworfen werden. Sein gestrenges Urteil über die Zukunftsaussichten von Rickerts Philosophie jedoch hat sich mittlerweile bewahrheitet. Denn nach Rickerts Tod konzentrierte sich das Interesse an seinem Werk in der Tat vorrangig auf die Frage nach seiner Relevanz für die Weber-Exegese. So kam es, daß die Sekundärliteratur, die sich mit Webers Methodologie auseinandersetzte, zum hauptsächlichen Ort der Beschäftigung mit Rickerts Schriften wurde.

Erste Ansätze zu einer systematischen Erforschung des Verhältnisses zwischen Webers Methodologie und Rickerts Philosophie finden sich in der Untersuchung Alexander von Scheltings, der auf diesem Gebiet Pionierarbeit geleistet hat.[17] Er hat nachgewiesen, daß Webers methodologisches Programm auf Rickerts wissenschaftstheoretischem Konzept basiert, und gezeigt, daß Weber sich Rickerts Philosophie der Naturwissenschaften ebenso zu eigen mache wie auch dessen transzendentalistische Perspektive hinsichtlich der Frage nach den Bedingungen der Möglichkeit kulturwissenschaftlicher Erkenntnis. In Anlehnung an Rickert verstehe Weber dieses Problem als die Aufgabe, die Wirklichkeit aus dem Blickwinkel eines je spezifischen Erkenntnisinteresses begrifflich zu erfassen. Die Frage nach der Abgrenzung der Kulturwissenschaften gegenüber den Wissenschaften von der Natur beantworte Weber nicht etwa mit dem Hinweis auf a priori unterscheidbare Gegenstandsbereiche, vielmehr sähe er die Lösung dieses Problems im Nachweis von a priori unterscheidbaren Verfahren der Begriffsbildung. Demnach betrachte Weber dieses Problem – ganz in Übereinstimmung mit Rickert – unter der Prämisse der begrenzten Reichweite naturwissenschaftlicher Begriffsbildung. Darüber hinaus hat von Schelting demonstriert, daß Rickert in seiner gegen Positivismus und Historismus gleichermaßen gerichteten Kritik bereits die argumentativen Voraussetzungen schafft, von denen ausgehend Weber seine Einwände gegen positivistische und intuitionistische Lösungen des Abgrenzungsproblems ins Feld führen kann. Für die vorliegende Studie ist von Scheltings Feststellung von außerordentlicher Bedeutung, daß Weber auch das Problem der kulturwissenschaftlichen Objektivität mit den Augen Rickerts wahrnehme, nämlich als die Frage, ob und wie wir unseren Deutungen von den Kulturerscheinungen, die wir aufgrund ihrer Wertbezogenheit konstituieren, Wahrheitsgeltung zuschreiben können. Ebenfalls nicht uninteressant ist die in diesem Zusammenhang gemachte Beobachtung, daß die Lösung, die Rickert für das Objektivitätsproblem vorschlage, ihrerseits von der objektiven Geltung derjenigen Werte abhängig sei, mittels derer wir Kulturerscheinungen erst als solche erfassen. Dennoch beläßt von Schelting es damit, ohne den folgerichtigen Schritt zu unternehmen und Rickerts Vorschlag zur Lösung des Problems der objektiven Wertgeltung auf seine Tauglichkeit hin zu überprüfen oder sich die Folgen auszumalen, die sich aus einer möglichen Unhaltbarkeit von Rickerts Konzeption für Webers Auffassung von kulturwissenschaftlicher Objektivität unweigerlich ergäben.

Dessenungeachtet wird von Scheltings Buch – vergleicht man es mit anderen Arbeiten zu Webers Methodologie – wohl auch weiterhin eine herausragende Stellung einnehmen. Mit seiner umfassenden Darstellung von Webers methodologischen Problemen überragte es die anderen diesbezüglichen Veröffentlichungen aus der Weimarer Epoche und setzte bis in die Nachkriegszeit hinein unangefochten Maßstäbe für die Weber-Forschung. Hinsichtlich seiner Bandbreite ist von Scheltings Werk noch immer unübertroffen. Von Schelting dürfte wohl der einzige Weber-Kenner sein, der sich die Mühe gemacht hat, Webers methodologische Schriften in ihrer ganzen Spannweite zu durchmessen, ihren Zusammenhang mit dem soziologischen Werk aufzuweisen und zugleich ihre Einbindung in die geistigen Strömungen zu erforschen, die in Philosophie, Ökonomie und Geschichte das wilhelminische Deutschland dominierten. Bedenkt man, welch hohes Maß an Oberflächlichkeit zwangsläufig aus einem derartigen Versuch resultieren müßte, so sollte jeder Autor, der sich heutzutage mit Webers Methodologie beschäftigt, sich vor der trügerischen Hoffnung in acht nehmen, er könnte eine Arbeit von vergleichbarem Anspruch und ähnlicher Tragweite schreiben.[18]

Mit seiner sorgfältigen Analyse zum Verhältnis zwischen Weber und Rickert war Thomas Burger der erste, der in der Nachkriegszeit über die eher allgemeinen Erkenntnisse von Scheltings hinausging.[19] Burger belegt en détail den Einfluß, den Rickerts Wissenschaftstheorie auf Webers Sichtweise des Problems der kulturwissenschaftlichen Objektivität ausübt. Indem er die in Rickerts Philosophie angelegten Fundamente von Webers methodologischem Denken lokalisiert, gelangt er auch zu einer schlüssigen Interpretation des Idealtypus und seiner Funktion. Burger verknüpft seine Untersuchung mit einer ausgesprochen scharfen und in weiten Teilen sicherlich gerechtfertigten Kritik an der neueren

Sekundärliteratur zu Webers methodologischen Schriften.[20] Obwohl der Begriff des Idealtypus sowie Webers Haltung in der Wertfreiheitsfrage häufig im Zentrum von zahlreichen, meist ermüdenden Erörterungen stehe, gelinge es den meisten Autoren nicht, den entscheidenden Zusammenhang dieser Ideen mit dem Objektivitätsproblem herzustellen. Insbesondere Webers Ansichten zum Problem der Objektivität in den Kulturwissenschaften würden nicht selten positivistisch interpretiert, so als habe er dieses Problem im Stile Carnaps als Frage nach einem geeigneten Verfahren zur Verifizierung von Hypothesen aufgefaßt.[21]

Aber in seiner eigenen Untersuchung beläßt es Burger damit, auf die in Rickerts Werk entfalteten Denkvoraussetzungen hinzuweisen, die für das Verständnis von Webers Idealtypus wesentlich sind. Obschon er sieht, daß Webers Methodologie Fragen aufwirft, für die Rickert die systematischen Antworten bereithält, bemüht er sich nicht um Klarheit dahingehend, ob die von Rickert offerierten Lösungen auch tragfähig sind. So überprüft er beispielsweise nicht, inwieweit Rickerts Begründung für die Objektivität der Begriffsbildung plausibel ist und welche Folgen es für die Stichhaltigkeit von Webers methodologischem Programm hätte, sollte Rickerts Lösung sich als nicht haltbar erweisen. Auf den konstitutiven Zusammenhang zwischen der Objektivität der Begriffsbildung einerseits und der Objektivität der Wertgeltung andererseits geht er ebenfalls nicht ein – vermutlich ist das auch der Grund dafür, daß Burger meint, Rickerts Wertlehre sei völlig irrelevant für Webers Methodologie. Von daher ist es auch nicht weiter verwunderlich, daß er weder die Tauglichkeit der von Rickert für das Problem der Wertobjektivität vorgeschlagenen Lösung hinterfragt noch die Folgen diskutiert, die sich aus dem Nachweis der Unhaltbarkeit dieser Lösung für Webers Auffassung von kulturwissenschaftlicher Objektivität ergeben könnten.

Für die Überlegungen, die Rainer Prewo zum Verhältnis Weber-Rickert anstellt, gilt im Grunde genommen dasselbe.[22] Prewo hebt Webers Abhängigkeit von Rickerts Methodenlehre hervor und stellt fest, daß letztere – die auch die Lehre von der Wertbeziehung, einen der zentralen Bestandteile von Webers methodologischem Werk, umfasse – nicht losgelöst von der systematischen Erkenntnistheorie verstanden werden könne, die Rickert im *Gegenstand der Erkenntnis* entwickelt. Zu Recht moniert

Prewo, daß dieses Buch in der Literatur, soweit sie auf Webers Verhältnis zu Rickert eingehe, bislang weitgehend vernachlässigt werde. In seiner den erkenntnistheoretischen Hintergrund mitberücksichtigenden Analyse kommt Prewo zwar zu dem Resultat, daß Rickerts Wertbeziehungslehre vom Bestand einer systematischen Wertphilosophie abhängig sei, den folgerichtigen Schritt, Rickerts Begründung für die These von der Objektivität der Wertgeltung zu hinterfragen, unternimmt er aber nicht.

Erst kürzlich hat Karl-Heinz Nusser eine Untersuchung zu Webers philosophischer Grundlegung der Kultur- und Sozialwissenschaften vorgelegt, in deren Mittelpunkt der Zusammenhang von Webers Position mit Rickerts Philosophie steht. Nusser zufolge gibt Rickerts Geschichtstheorie den philosophischen Hintergrund ab, den Weber sich zunutze macht, um »eine bei Rickert vorgegebene systematische theoretische Möglichkeit«[23] zu explizieren. In seiner Kritik an der Sekundärliteratur stellt Nusser fest, daß es Burger nicht gelungen ist, die philosophische Grundlage der auf Rickert zurückgehenden Kernbegriffe Webers auszuweisen. Auch habe Burger Rickerts Lehre von der unbedingten Wertgeltung sowie das Echo dieser Position in Webers Schrifttum verkannt. Freilich könnte man dieselben Vorwürfe auch Nusser machen, denn es gelingt ihm ebenfalls nicht, die grundlegenden Probleme von Rickerts Geschichtstheorie und die damit einhergehenden Lösungen zu identifizieren. Zudem scheitert Nusser daran, daß er insbesondere die mit dem Verfahren der Begriffsbildung verbundene Schwierigkeit, nämlich die Objektivität kulturwissenschaftlicher Begriffe zu begründen, außer acht läßt. Ebensowenig sieht er, daß in diesem Kontext die Frage nach der Objektivität von Werten gehört. Obschon ihm bekannt ist, daß Rickert große Mühe darauf verwandt hat, die Objektivität des begriffsbildenden Verfahrens zu belegen, ignoriert Nusser Rickerts diesbezügliche Schriften. Folglich vermag er uns nichts darüber zu sagen, ob Rickerts Bemühungen erfolgreich waren oder nicht.

Man kann also sagen, daß die in der Weber-Literatur übliche, in eingefahrenen Bahnen ablaufende Beschäftigung mit dem Verhältnis zwischen Rickerts Philosophie und Webers Methodologie einige der wichtigsten Probleme gänzlich unberührt läßt.[24] Will man, anders als es bisher der Fall war, zu einem befriedigenderen Verständnis dieses Verhältnisses gelangen, so muß man die einzelnen Argumente und Theoriebausteine, aus denen Webers Methodologie sich zusammensetzt, in den Vordergrund der Betrachtung rücken und sie im Hinblick darauf untersuchen, ob sie, jeweils für sich allein genommen, auf Ideen Rickerts zurückgeführt werden können. Denn solange derartig diffuse Konzepte wie »Webers Methodologie« oder »Webers Wissenschaftslehre« den Gegenstand der Analyse bilden, wird man wohl vergeblich auf aussagekräftige Ergebnisse warten. Ebenso gilt es, bei der Beschreibung des Verhältnisses Weber-Rickert unbedingt darauf zu achten, daß man die verschiedenen Bedeutungsvarianten sorgfältig getrennt hält, die sich hinter der Rede, eine Sache sei abhängig von einer anderen, verbergen können. Nehmen wir beispielsweise die Behauptung, Webers Begriff der Wertbeziehung hänge von Rickerts Vorstellung dessen ab, was Wertbeziehung sei, so zeigt sich, daß diese Aussage drei völlig unterschiedliche Bedeutungen annehmen kann, die, hält man sie nicht sorgfältig auseinander, zu beträchtlicher Verwirrung führen. Man kann diese Behauptung als Hinweis auf eine *genetische Abhängigkeit* verstehen, denn in der Tat läßt sich der historische Nachweis führen, daß Weber diese Idee von Rickert übernommen hat. Somit haben wir es mit einem rein historischen Zusammenhang zu tun, und unser Urteil besagt keineswegs, daß Webers Idee der Wertbeziehung nur im Rückgriff auf die diesbezüglichen Überlegungen Rickerts verstanden werden kann. Genau dies wiederum ist der Bedeutungsgehalt einer zweiten Variante, der These von der *hermeneutischen Abhängigkeit*. Diese Spielart behauptet zwar einen epistemologischen Zusammenhang, sie besagt aber noch nicht, daß darüber hinaus auch die Plausibilität der Wertbeziehungslehre Webers von Rickerts Philosophie abhängt. So tritt, sobald es um die Frage der Stichhaltigkeit von Webers Position geht, noch eine weitere Möglichkeit hinzu, nämlich die These von der *logischen Abhängigkeit*, die besagt, daß die Gültigkeit von Webers Theorie von der Gültigkeit der Rickertschen Lehre abhängig ist, insofern als die Philosophie Rickerts die Prämissen enthält, deren Wahrheitsgeltung als notwendige Bedingung für die Plausibilität von Webers Wertbeziehungslehre fungiert.

Die Tatsache, daß Weber einen Ausdruck wie Wertbeziehung von Rickert übernommen hat, beweist jedoch noch nicht, daß er diesen Begriff genauso versteht wie Rickert, und schon gar nicht, daß man Rickert lesen muß, um Weber verstehen zu können.

Selbst wenn sich herausstellen sollte, daß Webers Wertbeziehungslehre mit den Mitteln einer textimmanenten Interpretation nicht verstanden werden kann, so wäre es keineswegs folgerichtig, daraus den Schluß zu ziehen, daß die Gültigkeit seiner Wertlehre von Argumenten abhängt, die er nicht selbst entwickelt hat. Die Ergebnisse der umfangreichen Sekundärliteratur, die sich mit der Frage beschäftigt, wer welchen Einfluß auf die Entwicklung von Webers methodologischer Position ausgeübt haben könnte, büßen dadurch, daß sie diese Bedeutungsunterschiede nicht beachten, einiges an Plausibilität ein. Im Unterschied zur vorliegenden Untersuchung verkennen diese Arbeiten in der Regel die Frage nach einer *logischen Abhängigkeit*, weswegen auch die folgenden drei Probleme nicht in ihr Blickfeld geraten: erstens die Auswirkungen der Prämissen von Rickerts Werttheorie auf das Problem der Objektivität von Begriffsbildung; zweitens die Gültigkeit der Rickertschen Lösung hinsichtlich der Frage nach der Objektivität von Werten; schließlich drittens die Auswirkungen, die sich aus einer Überprüfung der Lösung, die Rickert für das Problem der Wertgeltung bereitstellt, für die theoretischen Grundannahmen von Webers Methodologie ergeben.

Das Fehlen jedweder Auseinandersetzung mit den Prämissen von Rickerts Werttheorie, jenen letzten Prinzipien, aus denen heraus er sein Verfahren wissenschaftlicher Begriffsbildung plausibel macht, ist eines der bemerkenswertesten Versäumnisse der einschlägigen Literatur. Im Gegensatz dazu möchte ich das Verhältnis zwischen Rickerts Theorie der Begriffsbildung und seiner Wertlehre in den Vordergrund der Erörterung stellen. In direktem Zusammenhang damit muß der Frage nachgegangen werden, inwiefern Webers Vorstellung von kulturwissenschaftlicher Objektivität eine Lösung des Problems der Wertgeltung erfordert macht. Da die Frage, ob Webers Grundannahmen schlüssig sind, in letzter Instanz unser Erkenntnisinteresse leiten sollte, ist es mehr als verwunderlich, daß die Sekundärliteratur diese Umstände geflissentlich verschweigt. Obwohl die Beziehung Weber/Rickert seit nunmehr über sechzig Jahren diskutiert wird, wurde bislang kein Versuch unternommen, die Schlüssigkeit von Webers Position an die Wahrheitsgeltung der Rickertschen Philosophie rückzubinden oder gar letztere selbst zum Gegenstand der Betrachtung zu machen. Das Ziel der folgenden Untersuchung ist es, diese Versäumnisse einzuholen und das Verhältnis Weber/

Rickert nicht nur unter den Gesichtspunkten genetischer und hermeneutischer Abhängigkeit zu durchleuchten, sondern vor allem der Frage nach der logischen Abhängigkeit die ihr gebührende Aufmerksamkeit zu widmen.

Kapitel 1
Weber und das Problem
der kulturwissenschaftlichen Objektivität

In allen Diskussionen über methodologische Fragen der Kulturwissenschaften nimmt Max Webers »Objektivitäts«-Aufsatz seit langem schon den Rang eines Klassikers ein – und so soll denn auch eine Erörterung des von Weber in diesem Aufsatz umrissenen Grundproblems als Einleitung in die Kernfragen der vorliegenden Untersuchung dienen.

Weber kleidet die Problemstellung seines Essays in die Frage, in welchem Sinne man auf dem Gebiet der Kulturwissenschaften von »objektiv gültigen Wahrheiten«[1] überhaupt sprechen könne. Die Auseinandersetzung mit dieser Frage, in all ihren Voraussetzungen und Folgerungen, bildet das dieser methodologischen Arbeit zugrunde liegende Leitmotiv.[2] Wie alle methodologischen Schriften Webers, so stellt auch dieser Aufsatz aus dem Jahre 1904 außergewöhnliche Anforderungen an den Leser, da insbesondere der Kontext, der die verschiedenen Argumentationsstränge miteinander vermittelt, an keiner Stelle klar benannt und erläutert wird. Der übergreifende Zusammenhang bleibt stets unter der Textoberfläche verborgen, und es bedarf einer aufwendigen logischen Archäologie, um ihn ans Tageslicht zu fördern. Darüber hinaus ist Weber nicht immer sonderlich darum bemüht, seine zentralen Behauptungen argumentativ zu untermauern. Diejenigen Argumente aber, die er explizit anführt, sind häufig nicht mehr als Fragmente, knapp skizziert und nur unvollständig entwickelt. Da Weber sich in seinen Ausführungen auf die heutzutage völlig belanglosen Details der damaligen akademischen Kontroversen bezieht, verliert der Leser allzuleicht den roten Faden bei dem Versuch, sich in dem weitverzweigten Gewirr von oft ermüdenden und bemüht polemischen Randbemerkungen und Seitenhieben zurechtzufinden, geschweige denn zum eigentlichen Ziel von Webers methodologischen Überlegungen vorzustoßen.

In Anbetracht der unzähligen Wiederholungen und Auslassungen, der vielen rhetorischen und polemischen Abschweifungen sowie der beiläufigen Andeutungen und stillschweigenden Vorannahmen, die den »Objektivitäts«-Aufsatz kennzeichnen, wäre es wohl nicht sonderlich sinnvoll, wollte man Webers Auffassung von kulturwissenschaftlicher Objektivität dadurch erhellen, daß man den Gang der Darstellung Schritt für Schritt nachvollzöge. Statt dessen will ich die philosophische Basis des Aufsatzes rekonstruieren und die Argumentationsstruktur präzisieren, die Webers Überlegungen zugrunde liegt. Dabei gehe ich davon aus, daß die folgenden Prämissen den Argumentationsgang bestimmen: die Idee von der Irrationalität des Wirklichen, die Vorstellung von der Kulturwissenschaft als einer Wirklichkeitswissenschaft, die Wertbeziehungslehre – und schließlich das Objektivitätsproblem, mit dem sich unter Maßgabe dieser Voraussetzungen jede Kulturwissenschaft unweigerlich konfrontiert sieht.

1. Die Irrationalität der Wirklichkeit

In der seinen methodologischen Überlegungen zugrunde liegenden Auffassung von der Irrationalität des Wirklichen manifestiert sich für Weber eine bestimmte Vorstellung davon, in welchem Verhältnis Theorie und Empirie, Begriff und Wirklichkeit, Denken und Sein zueinander stehen. Diese Vorstellung beruht auf der Annahme, daß die Wirklichkeit nicht auf irgendein Begriffssystem zurückgeführt werden kann. Für diesen *hiatus irrationalis* zwischen Begriff und Wirklichkeit führt Weber zwei Gründe an: Erstens ist alles Wirkliche konkret und individuell, durch seine Einmaligkeit und Einzigartigkeit bestimmt, so daß alles, was wir unmittelbar für wirklich erachten, aufgrund dieses Wirklichseins immer nur konkret und individuell sein kann. Begriffe hingegen, selbst die sogenannten »Individualbegriffe«, die sich auf Einzigartiges beziehen, sind notwendigerweise abstrakt. Infolgedessen ist es nur konsequent, wenn man annimmt, daß jede begriffliche Beschreibung der Wirklichkeit von der Mannigfaltigkeit ihrer konkreten Eigenheiten abstrahiert. Weil Begriffe Abstraktionen sind, können sie die Individualität des Wirklichen in seiner Konkretion nicht abbilden.[3] Zweitens geht Weber, was die Wirklichkeit betrifft, von einer epistemologischen Annahme aus, die für weite Teile der deutschen akademischen Philosophie des späten 19. Jahrhunderts einen Gemeinplatz darstellte. Dieser Annahme gemäß erfahren wir Wirklichkeit als eine in extensiver wie intensiver Hinsicht unendliche Mannigfaltigkeit. Extensiv bzw. quantitativ unendlich ist die Wirklichkeit, insofern man keine erschöpfende Beschreibung des Ganzen liefern kann. Intensiv bzw. qualitativ unendlich ist sie, insofern es ebenso unmöglich ist, einen einzelnen Aspekt der Wirklichkeit umfassend zu beschreiben. Da jeder Wirklichkeitsausschnitt über eine unbegrenzte Zahl qualitativer Eigenheiten verfügen kann, gibt es kein befriedigendes Kriterium, mittels dessen man entscheiden kann, wann eine Beschreibung als hinreichend gilt. Daher kann weder das Ganze der Wirklichkeit noch irgendeiner ihrer Bestandteile vollständig begriffen werden.[4]

Der *hiatus irrationalis* zwischen Begriff und Wirklichkeit ist ein Thema, auf das Weber in den polemischen Bemerkungen seiner frühen methodologischen Arbeiten wiederholt zurückkommt. So ist beispielsweise seine Kritik an Wilhelm Roscher, einem Protagonisten der älteren Historischen Schule, im Grunde genommen epistemologischer Art. In seinem Unvermögen, den irrationalen Charakter des Wirklichen zu begreifen, glaubt Roscher, daß es möglich sei, das empirisch Konkrete aus allgemeinen Gesetzen der historischen Entwicklung abzuleiten. Weber decouvriert also den latenten, sich im empiristischen Gewand seines Lehrers Ranke gebenden Hegelianismus Roschers. Denselben Vorwurf richtet er gegen seinen unmittelbaren Vorgänger auf dem Heidelberger Lehrstuhl, Karl Knies, der ebenfalls ein Mitglied der älteren Generation der Historischen Schule ist. Wie Roscher ist Knies von der Emanation des Wirklichen aus historischen Entwicklungsgesetzen überzeugt, weswegen er gleichfalls als Krypto-Hegelianer rangiert, der nur dem Scheine nach der empiristischen Methodologie der Historischen Schule verpflichtet ist. Auf dieser epistemologischen Kritik ruht Webers Überzeugung, daß die verkümmerten »Reste der großen Hegelschen Gedanken«[5] bis in die fünfziger Jahre des 19. Jahrhunderts überdauert haben, ein Zeitalter, das gemeinhin als die Ära der Abenddämmerung der Metaphysik, des endgültigen Zusammenbruchs von Hegels System und des Aufstiegs des positivistischen Denkens gehandelt wird.[6] Vergegenwärtigt man sich die dieser Kritik zugrunde liegenden Vorannahmen über das Verhältnis von Begriff und Wirklichkeit, so wird deutlich, inwiefern Hegels »glänzende metaphysische Konstruktionen«[7] in Webers Augen immer noch einen derart tiefgreifenden Einfluß auf das Denken von Roscher und Knies ausüben, obwohl diese selbst sich als prominente Vertreter der Historischen Schule zu den erklärten Gegnern Hegels zählen.[8] Aus denselben Gründen kritisiert Weber den der Marburger Schule des Neukantianismus entstammenden Rechtsphilosophen Rudolf Stammler. Auch Stammler erkennt nicht, daß die Wirklichkeit sich nicht umstandslos in die Schranken irgendeines begrifflichen Schemas fügt. So fallen ihm die Gesetze der Logik und des Denkens mit empirischen Naturgesetzen zusammen – und von daher ist er weniger ein Neukantianer als vielmehr ein »Scholastiker«, der seinen Hang zum erkenntnistheoretischen Realismus und zur emanatistischen Metaphysik lediglich hinter einem kantianischen Sprachduktus verbirgt. In Anbetracht von Stammlers grundlegenden erkenntnistheoretischen Irrtümern stellt dessen gesamte Argumentation für Weber nichts anderes dar als einen »Rückfall in die massivste Scholastik«.[9]

2. Die Wirklichkeitswissenschaft und die Konstituierung von Kultur

Aus den oben vorgestellten epistemologischen Vorannahmen zieht Weber seine Schlüsse in bezug auf die grundlegenden methodologischen Differenzen zwischen Natur- und Kulturwissenschaften. Dabei betont er, daß diese Differenzen nicht dem substantiellen Charakter des jeweiligen Gegenstandes entspringen. Sie folgen beispielsweise keineswegs aus einer fundamentalen ontologischen Dichotomie zwischen Körper und Geist, Willensfreiheit und Determinismus, Persönlichkeit und Natur. Im Gegenteil, die entscheidenden methodologischen Differenzen zwischen den Natur- und den Kulturwissenschaften beruhen allein auf deren unterschiedlichen Erkenntniszielen. Die naturwissenschaftliche Erkenntnis strebt danach, das Wirkliche in einen umfassenden Rahmen nomologischer Aussagen zu bringen, ein System allgemein generischer Begriffe und Gesetze zu schaffen, denen universelle und unbedingte Geltung zukommt. Weil sie auf Gesetzesaussagen und somit auf eine völlige Reduktion des Qualitativen auf das Quantitative abstellen, liegt den Naturwissenschaften nichts an den Eigentümlichkeiten des Wirklichen als solchem. Insofern das Qualitative stets konkret und niemals ein Unbedingtes ist, kann es nicht zu einem möglichen Gegenstand nomologischer Erkenntnis werden, die ja nur am Allgemeinen und Unbedingten interessiert ist. Die Naturwissenschaften lösen das Problem des *hiatus irrationalis* also dadurch, daß sie von der Besonderheit des Wirklichen – um mit Weber zu sprechen – »abstrahieren«. Dieser abstrahierenden Vorgehensweise korrespondiert eine nomologische Auffassung von Natur: Die Wirklichkeit wird Natur, insofern sie sich unter allgemeine, unbedingt gültige Gesetze bringen läßt. Demgemäß fällt ein Gegenstand genau dann in den Aufgabenbereich der Naturwissenschaften, wenn sich unser Erkenntnisinteresse auf seine allgemeinen Wesensmerkmale richtet, die mit nomologischen Mitteln erfaßt werden können. Selbstredend ist ein Erkenntnisinteresse, das auf die qualitative Besonderheit und Individualität eines Gegenstandes abzielt, nicht mit der abstrahierend verfahrenden Methodologie vereinbar, die mit der nomologischen Naturauffassung einhergeht.

Da die Kulturwissenschaften aber *Wirklichkeitswissenschaften* sind, deren Erkenntnisziel das Wirkliche in seinen individuellen und qualitativen Eigenheiten ist, glaubt Weber nicht, daß die nomologisch verfahrende Methodologie einen gangbaren Weg für die Wissenschaften von der menschlichen Kultur abgibt. Aus der so verstandenen Form des kulturwissenschaftlichen Erkenntnisinteresses resultiert das für die Kulturwissenschaften charakteristische problematische Verhältnis zur Irrationalität des Wirklichen. Während die Naturwissenschaften aufgrund ihrer Indifferenz dem konkret Individuellen gegenüber keinerlei Schwierigkeiten haben, mit der epistemologischen Grundannahme von der Irrationalität alles Wirklichen umzugehen, sehen sich die Kulturwissenschaften vor die Frage gestellt, wie unter diesen Bedingungen einzelne Aspekte des Wirklichen als solche identifiziert werden können.[10] Wegen der unendlichen Mannigfaltigkeit des Wirklichen richtet sich das kulturwissenschaftliche Erkenntnisinteresse auf die besonderen Merkmale von Gegenständen, die wir gerade aufgrund ihrer Individualität als wesentlich, wichtig und bedeutsam erachten. Deshalb ergibt sich aus Webers Doktrin von der Irrationalität der Wirklichkeit das folgende Problem: Im Hinblick auf welches Kriterium lassen sich die Gegenstände definieren, die uns wesentlich, wichtig und bedeutsam sind?

Das Erkenntnisziel der Kulturwissenschaften ist ein begrenzter Ausschnitt der Wirklichkeit: Kultur. Aus diesem Grund läßt sich die Frage nach dem oben genannten Kriterium dahingehend verallgemeinern, welches Prinzip das Reich kultureller Gegenstände definiert. Gemeint ist hier also das Problem der Konstituierung von Kultur überhaupt oder, kürzer, das Konstitutionsproblem, das die Frage impliziert: Was ist ein kulturelles Phänomen bzw. eine kulturelle Tatsache, und wie lassen sich solche Tatsachen definieren? Obschon Weber das Konstitutionsproblem in jedem seiner frühen methodologischen Aufsätze behandelt, entwickelt er doch keine systematische Argumentation, mit der sich zeigen ließe, unter welchen Bedingungen irgendein beliebiges Phänomen zu einem möglichen Gegenstand kulturwissenschaftlicher Betrachtung wird. Weber diskutiert das Problem nicht unter systematischen Gesichtspunkten, sondern bemüht eine Reihe von Beispielen, anhand derer er vorführt, welchen Umständen es seine Entstehung verdankt. In den Mittelpunkt seiner Überlegungen stellt er die Bedingungen, die bestimmte Tatsachen, Kunstgegenstände oder Handlungsweisen als Kulturerscheinungen identifizierbar machen. So erörtert Weber beispielsweise in *Roscher und Knies* die Bedingungen, denen zufolge eine Seuche, wie etwa die Syphilis oder die Beulenpest, Kulturbedeutsamkeit erlangt. Im Objektivitätsaufsatz diskutiert er, inwiefern man bestimmten Handlungsmustern, wie Tausch, Geldwirtschaft, Prostitution und Religion, kulturelle Relevanz beimessen kann. In seiner Kritik an Eduard Meyer beleuchtet Weber das Konstitutionsproblem hinsichtlich der Voraussetzungen, die erfüllt sein müssen, wenn man die Kulturbedeutung von Kunstwerken, wie z. B. Goethes Briefe an Charlotte von Stein oder seinen *Faust*, erschließen will. In *R. Stammlers »Überwindung« der materialistischen Geschichtsauffassung* demonstriert Weber am Skatspiel die Umstände, die statthaben müssen, damit man davon sprechen kann, daß die Spieler die Spielregeln befolgen. Im Anschluß daran diskutiert er das allgemeine Konzept der Regelbefolgung, um es schließlich auf das Befolgen von Rechtsnormen zu übertragen und zu zeigen, unter welchen Bedingungen man einem empirischen Gegenstand den Status einer Rechtsordnung zuschreiben kann.

In all diesen Fällen geht es darum vorzuführen, wie bestimmte Tatsachen sich als Kulturerscheinungen ausweisen lassen – und zwar im weitesten Sinne des Wortes: als Kulturtatsachen, die, sind sie erst einmal als solche identifiziert, zu möglichen Gegenständen kulturwissenschaftlicher Erkenntnis werden. Man könnte das Konstitutionsproblem auch als die Frage nach den

Kriterien verstehen, die bestimmte Beschreibungsmodi anleiten. Besieht man sich nun auf der einen Seite die Beschreibungen, mit denen man etwas als Kulturerscheinung identifizieren kann, so stellt sich die Frage, unter welchen Bedingungen solche Beschreibungen Anwendung finden. Woher wissen wir, auf welchen Tatsachen diese identifizierenden Beschreibungen angewandt werden dürfen und auf welche nicht? Betrachtet man andererseits die Tatsachen, die durch solche Beschreibungen als Kulturerscheinungen ausgewiesen sind, so stellt sich die Frage, welchen Bedingungen diese Tatsachen genügen müssen und warum gerade sie und keine anderen so beschrieben werden können.

Die Lösung des Konstitutionsproblems ist eine Bedingung der Möglichkeit kulturwissenschaftlicher Erkenntnis. Denn jede Art von kulturwissenschaftlicher Forschung bedarf eines Prinzips, mittels dessen der Untersuchungsgegenstand als Kulturerscheinung identifiziert werden kann, mithin eines Kriteriums, das jene Beschreibungen, die den Gegenstand definieren, anleitet. Unter anderem deshalb nennt Weber die Lösung des Konstitutionsproblems eine »transzendentale Voraussetzung« der Kulturwissenschaften. Dabei darf das Konstitutionsproblem aber nicht verwechselt werden mit der wissenschaftstheoretischen Frage nach den formalen Kriterien, die wissenschaftliche Erklärungsschemata erfüllen müssen. Dies zeigt ein Blick auf das logische Verhältnis zwischen diesen beiden Problemen. Daß sich die angloamerikanische Tradition der Philosophie der Kulturwissenschaften in erster Linie aus positivistischen Quellen speist, wird an der beinahe ausschließlichen Beschäftigung mit dem Erklärungsproblem deutlich. In der positivistischen Perspektive ist es die Aufgabe einer jeden Wissenschaft, empirische Daten, die wie selbstverständlich als gegeben vorausgesetzt werden, zu erklären. Dabei ist das in methodologischer Hinsicht einzig interessante und wichtige Problem die Frage nach den Bedingungen, denen das Erklärungsschema, das auf diese Daten angewandt wird, genügen muß. Diesem Umstand ist wohl die Tatsache geschuldet, daß es zwar Hunderte von Aufsätzen gibt, die allesamt einer Logik kulturwissenschaftlicher Erklärung nachspüren, das Konstitutionsproblem in der philosophischen Zeitschriftenkultur aber eine Randexistenz führt. Und doch ist ganz offensichtlich eine Untersuchung zu den formalen Bedingungen kulturwissenschaftlicher Erklärungsschemata unvollständig, solange sie die Frage, was überhaupt als Explanandum gelten darf, nicht beantwortet. Eine Beantwortung dieser Frage aber ist eine unabdingbare Voraussetzung für jede Theorie soziologischer Erklärung. Mit anderen Worten: Solange eine Lösung des Konstitutionsproblem aussteht, ist eine Auskunft darüber, was an einem Gegenstande erklärungsträchtig ist, gar nicht möglich. Wie sieht nun Webers Lösung des Konstitutionsproblems aus?[11]

3. Wertbeziehung

Für Weber liegt die Lösung des Konstitutionsproblems in einem Verfahren, das er »Wertbeziehung« nennt. Demzufolge zielt kulturwissenschaftliche Erkenntnis auf Gegenstände ab, denen, insofern sie zu bestimmten Werten in Beziehung stehen, eine gewisse Bedeutsamkeit zukommt. Indem man einem Gegenstand eine auf Werte bezogene Bedeutung zuschreibt, definiert man ihn also unzweifelhaft als Kulturerscheinung. Weber vertritt die Auffassung, daß jedwedes kulturwissenschaftliche Erkenntnisinteresse von der Bedeutung seinen Ausgang nimmt, die man einer Erscheinung aufgrund ihres Wertbezogenseins beimessen kann. Die durch einen Wertbezug festgelegte Bedeutsamkeit ist es, die aus einem Etwas ein kulturwissenschaftliches Datum werden läßt. Die Lösung des Konstitutionsproblems beruht also darauf, daß bestimmte Beschreibungen eine Erscheinung vermittels ihrer wertbezogenen Bedeutung identifizieren. Denn eine Sache wird allein dadurch zur Kulturerscheinung, daß sie als in diesem Sinne bedeutsam beschrieben werden kann.

Eine grundlegende Voraussetzung von Webers Kritik am Positivismus ist die These, daß mit der Annahme von statistischen oder gesetzesartigen Regelmäßigkeiten das Konstitutionsproblem einer Lösung nicht nähergebracht werden kann, da sich Kulturbedeutsamkeit nicht aus nomologischem Wissen ableiten läßt. Im Objektivitätsaufsatz unterstreicht Weber, daß eine durch Wertbeziehung festgeschriebene Kulturbedeutsamkeit nicht mit irgendwelchen nomologischen Regelmäßigkeiten zusammenfällt. Aus der Tatsache, daß bestimmte Korrelationen mit statistisch angebbarer Regelmäßigkeit oder gar Notwendigkeit auftreten, folgt keineswegs deren Zugehörigkeit zur kulturellen Sphäre. Im Gegenteil, Weber zufolge existiert eine negative Korrelation zwischen der Abstraktheit einer Eigenschaft bzw. der Allgemeinheit einer Häufigkeitsbeziehung auf der einen Seite und der Möglichkeit, etwas auf einen Wert zu beziehen, auf der anderen Seite. Im Roscher-Aufsatz finden sich die Gründe, die Weber für diese Inkongruenz ins Feld führt. Zunächst einmal ist die Kulturbedeutsamkeit in seinen Augen angewiesen auf das Wirkliche, Konkrete. Werte können nur auf konkrete und individuelle Entitäten bezogen werden. Das Bezugsobjekt eines Gesetzes aber ist stets eine abstrakte Größe. Zudem gibt es einen unmittelbaren Zusammenhang zwischen dem Allgemeinheitsgrad eines Gesetzesbegriffs und dem Abstand des Begriffsreferenten zur Wirklichkeit: Je allgemeiner das Gesetz, desto abstrakter und wirklichkeitsferner sein Bezugsobjekt. Aus diesem Grund korrelieren nomologische Allgemeinheit und kulturelle Bedeutsamkeit negativ miteinander: Je allgemeiner das Gesetz, desto weniger hat es mit Kulturbedeutsamkeit zu tun. Hier liegt ein Grund dafür, warum die Identifikation von Kulturbedeutung nicht voraussetzungslos vonstatten gehen kann. Die Kulturbedeutung einer Erscheinung kann nicht aus einem System von Gesetzesbegriffen abgeleitet werden, gleichgültig wie umfassend es auch sein mag.

Webers Lösung des Konstitutionsproblems und seine Auffassung der Zusammenhänge von Kultur, Wert und Sinn einerseits sowie dem erkenntnisleitenden Interesse der Kulturwissenschaften andererseits lassen sich anhand zweier von ihm vorgenommener Differenzierungen aufzeigen: die Unterscheidung zwischen subjektivem Sinn und Kulturbedeutung zum einen und die zwischen den Vorstellungen der Handelnden und den Idealtypen der Kulturwissenschaften zum anderen.

Worin besteht nun die Kulturbedeutung, mittels derer eine Erscheinung als Gegenstand kulturwissenschaftlichen Interesses identifiziert werden kann? Webers kursorische Bemerkungen über den Sinnbegriff gehören zwei verschiedenen Kontexten an und beziehen sich auf zwei verschiedene Problemkreise. In einigen seiner Schriften übernimmt der Begriff die Aufgabe eines Abgrenzungskriteriums hinsichtlich der Beziehung zwischen der Natur als einer sinn- und bedeutungsfreien Sphäre und dem menschlichen Handeln als der Sphäre des Sinnhaften. Weber wendet sich diesem Problem hauptsächlich in seiner Kritik an Stammler und in den zwei wichtigen, darauf aufbauenden Texten zu: dem 1913 in *Logos* erschienenen Kategorienaufsatz sowie der zu Beginn von *Wirtschaft und Gesellschaft* abgedruckten überarbeiteten Fassung dieses Aufsatzes.[12] In diesen Arbeiten geht es Weber darum, eine Handlungstheorie zu entwickeln, die Handeln über Sinn definiert und es dadurch dem Verstehen zugänglich macht, weswegen er es über den Sinnbegriff definiert. Sinn steht dabei für subjektiven Sinn, umfaßt also die Absichten, Glaubensinhalte, Motive und Zweckvorstellungen, die ein Handelnder mit seinen Handlungen und den damit einhergehenden Handlungsfolgen verbindet. Der subjektive Sinn einer Handlung hängt von den Wertungen und Werturteilen des Handelnden selbst ab. Der Charakter oder, mit anderen Worten, die Persönlichkeit des Handelnden bildet sich durch sein Stellungnehmen angesichts radikaler Wertkonflikte heraus. Durch seine Entscheidung zwischen alternativen Möglichkeiten der Stellungnahme mißt der Handelnde bestimmten Phänomenen, die er im Lichte dieser Wahlmöglichkeiten bewertet, einen Sinn bei.[13]

In *Roscher und Knies*, dem Objektivitätsaufsatz und in seiner Kritik an Eduard Meyer führt Weber den Sinnbegriff als eine Möglichkeit zur Lösung des Konstitutionsproblems ein. Hierbei geht es um die Frage, wie man eingedenk der Irrationalität des Wirklichen einen umgrenzten Bereich von Kulturerscheinungen definieren kann. Zu diesem Zweck wählt Weber den Weg einer transzendentalistischen Auffassung von Kultur, wobei die Kultur zum Objekt des auf wertbezogene Erscheinungen hin orientierten Erkenntnisinteresses der Kulturwissenschaften wird. Die Werte, die den Wertbeziehungen zugrunde liegen, sind »unsere« Werte, und »wir« als moderne okzidentale Wissenschaftler sind die Träger dieser Werte, mit deren Hilfe wir die Gegenstände, Fragestellungen, Ziele und Methoden der Kulturwissenschaften festlegen. Kultur ist, was sich durch Kulturbedeutung auszeichnet, und Kulturbedeutung wiederum läßt sich verstehen als die Bedeutsamkeit, die wir einer Erscheinung aufgrund ihres Wertbezogenseins zuschreiben.[14]

Wie faßt Weber nun die Beziehung zwischen subjektivem und kulturellem Sinn oder, anders gefragt, wie versteht er das Verhältnis zwischen dem Abgrenzungsproblem auf der einen und dem Konstitutionsproblem auf der anderen Seite? Beinhaltet die Antwort auf die erste Frage auch eine Antwort auf die zweite? Darf man aus der Tatsache, daß einer Erscheinung subjektiver Sinn eignet, schließen, daß sie damit zugleich als Objekt der Kulturwissenschaften konstituiert ist? Ist die Zuschreibung subjektiven Sinns eine hinreichende Bedingung, um einem Gegenstand auch Kulturbedeutsamkeit beimessen zu können? In diesem Falle verliefe die Konstituierung von Kultur anhand der Wertungen der jeweiligen Handelnden selbst. Die konstitutiven Wertbeziehungen würden dann durch diese Wertungen definiert, und phänomenologische Untersuchungen, die auf die lebensweltliche Perspektive der Handelnden beschränkt bleiben müßten, bildeten zwangsläufig die Grenzen der Kulturwissenschaften.[15]

In seinen Ausführungen zum Problem der Idealtypen verwirft Weber diese Position. Seiner Auffassung zufolge kann die intensiv unendliche Mannigfaltigkeit, welche die Vorstellungen des Handelnden, seine auf diesen Vorstellungen beruhenden Wertpräferenzen und somit auch den subjektiven Sinn umfaßt, den der Handelnde einem Phänomen zuschreibt, keinesfalls als eindeutiges Objekt wissenschaftlicher Erkenntnis auftreten. Für die Konstituierung kulturwissenschaftlicher Forschungsgegenstände bedeutet dies, daß sie unvermeidlich auf Idealtypen rekurrieren muß, deren Bildung von denjenigen Wertbeziehungen abhängt, die aus der Perspektive des Forschers mit den in Frage stehenden Dingen und Ereignissen verknüpft sind und daher Relevanz für ihn besitzen. Die Lösung des Konstitutionsproblems ist angewiesen auf die Einführung von Auswahlkriterien hinsichtlich der konstitutiven Wertbeziehungen, die subjektiv gemeinten Sinn als Kultursinn qualifizieren. Weber meint, daß die Anzahl der Bestandteile, in die man eine subjektiv sinnhafte Handlung analytisch zerlegen kann, prinzipiell unbegrenzt sei, ja daß man einer beliebigen Handlung bzw. deren analytischen Elementen auch eine unendliche Reihe von Qualitäten beimessen könne. Eben deswegen sei der Bedeutungshorizont einer subjektiv sinnhaften Handlung intensiv unendlich: Der Vorsatz, eine Handlung bzw. deren Folgen allein ihrem subjektiven Sinn nach als kulturwissenschaftlichen Gegenstand zu konstituieren, müßte zwangsläufig in dem vergeblichen Versuch enden, die unendliche Vielfalt ihrer Eigenschaften zu benennen. Der in der Aktorperspektive verankerte Modus lebensweltlichen Erfahrens bietet also kein Kriterium, das den Kulturwissenschaften die Konstituierung einer Welt von Kulturerscheinungen ermöglicht. Der subjektive Sinn, wie detailgetreu und vollständig wir ihn auch zu fassen versuchen, liefert uns nicht die gewünschte Kulturbedeutsamkeit.

Um seine These zu erhärten, daß sich Kulturbedeutung nicht auf subjektiven Sinn reduzieren läßt – und man folglich aus der für das Abgrenzungsproblem gefundenen Lösung auch nicht unmittelbar eine Lösung des Konstitutionsproblems ableiten kann –, diskutiert Weber die Schwierigkeiten, die sich zum Beispiel für eine Untersuchung des religiösen Lebens im mittelalterlichen Westeuropa ergeben: »Diejenigen Bestandteile des Geisteslebens... würden, *wenn* wir sie vollständig zur Darstellung zu bringen vermöchten, natürlich ein Chaos unendlich differenzierter und höchst widerspruchsvoller Gedanken- und Gefühlszusammenhänge aller Art sein.« Und angesichts der klar zutage tretenden intensiven Mannigfaltigkeit, die diesen Wirklichkeitsausschnitt kennzeichnet, steht ein Forscher, der sich diesem Gegenstand nähern will, unweigerlich vor der Frage, »was denn in diesem Chaos *das* ›Christentum‹ des Mittelalters« gewesen sei.[16] Dieses Problem wiederum läßt sich nur lösen durch die Bildung eines Idealtypus, eines von uns geschaffenen reinen Gedankengebildes. Auf unser Beispiel vom mittelalterlichen Christentum bezogen, muß ein entsprechender Idealtyp gewisse für die historischen Agenten subjektiv sinnhafte Aspekte des religiösen Lebens herausgreifen, Aspekte, die im Hinblick auf diejenigen Wertbeziehungen bedeutsam sind, die unser kulturwissenschaftliches Interesse an diesem Gegenstand anleiten. Diese dem jeweiligen Interesse des Forschers entspringenden Wertbeziehungen bestimmen die Kulturbedeutsamkeit, die das mittelalterliche Christentum für den Kulturwissenschaftler einnimmt und dadurch zum klar definierten Gegenstand kulturwissenschaftlicher Reflexion erhebt. Aus diesem Grunde vertritt Weber die Auffassung, daß alle Darstellungen eines »Wesens« des Christentums, seiner Kulturbedeutsamkeit mithin, Idealtypen sind, die niemals eine identische Abbildung der Vorstellungen der historischen Agenten sein können: Subjektiv gemeinter Sinn sollte niemals mit Kulturbedeutsamkeit verwechselt werden.[17]

Weber begreift das Verhältnis von Wertung und Wertbeziehung, subjektivem und kulturellem Sinn, idealen Sollvorstellungen und Idealtypen generell aus der Perspektive der Entwicklung des Rationalismus, den er für das charakteristische Merkmal der Geschichte des Okzidents hält. Im Prozeß der Intellektualisierung wird die Sphäre der Werte dahingehend rationalisiert, daß alle Werte nun zur Diskussion gestellt, ihre Bedeutung geklärt und sie von ihren willkürlich subjektiven Ursprüngen gereinigt werden. Unbestimmte Wertgefühle machen den »dumpfen, ungeschiedenen vegetativen ›Untergrund‹ des persönlichen Lebens«[18] aus und kommen in mehr oder weniger selbstbewußten Wertungen zum Ausdruck. Das kulturwissenschaftliche Instrument der Wertbeziehung hingegen überträgt diese Wertungen aus dem Bereich von Handlungen und Leidenschaften in die Sphäre rein theoretischer Betrachtung. Hierin geht es weniger darum, irgendwelchen Werten gemäß zu handeln, als vielmehr darum, sie zu verstehen. Nicht subjektive Beurteilung und Stellungnahme, sondern Wertdiskussion ist also gefordert. Der Werttransfer von der Praxis zur Theorie, von der Aktion zur Kognition geht vonstatten, indem sich nach und nach verfeinerte Idealtypen herausbilden und man dadurch die Wertungen prinzipiell von stets präziser werdenden Wertbeziehungen abgrenzen kann. Auf diesem Wege wird die Unermeßlichkeit möglicher subjektiver Stellungnahmen zur Welt in ein theoretisches Konstrukt kultureller Bedeutungen, eine »denkende Ordnung der empirischen Wirklichkeit«[19] umgestaltet. Sachliche Betrachtung löst persönliche Stellungnahme ab, insofern die gefühlsbeladene Einstellung der Parteilichkeit durch die nüchterne Haltung der Wissenschaftlichkeit ersetzt wird. Dementsprechend ist die Konstituierung der Kultur das Ergebnis eines Rationalisierungsprozesses, in dessen Verlauf die Sollvorstellungen und Wertungen handelnder Subjekte zu Idealtypen und Wertbeziehungen begrifflich umgeformt werden.

Wie aus den vorstehenden Bemerkungen hervorgeht, läßt sich Kulturbedeutsamkeit nicht auf subjektiven Sinn zurückführen. Folglich impliziert die Lösung des Abgrenzungsproblems keineswegs eine Lösung für das Problem der Konstituierung von Kultur. Und doch ist, nach Webers Auffassung, der einem Phänomen zugeschriebene subjektive Sinn ganz unmittelbar mit seiner Kulturbedeutsamkeit verknüpft, da etwas nur dann Kulturbedeutung besitzen kann, wenn es auch subjektiv sinnhaft ist. Demnach ist die Lösung des Abgrenzungsproblems zwar keine hinreichende, aber doch eine notwendige Bedingung für die Lösung des Konstitutionsproblems. Der Forscher bestimmt die kulturelle Bedeutsamkeit einer empirischen Erscheinung anhand der für ihn jeweils relevanten Wertbeziehungen. Weber zufolge ist das nur möglich, weil und insofern der Gegenstand seines Interesses ein Stellungnahme erheischendes Produkt subjektiv gemeinten Sinnes ist.

Eine solche Erscheinung wird durch subjektiv gemeinten Sinn konstituiert, d. h. durch die Bedeutung, die der Handelnde aufgrund seiner Wertvorstellungen damit verbindet. Kulturbedeutsamkeit kann also einer Erscheinung nur dann zugeschrieben werden, wenn sie subjektiven Sinn verkörpert. Schließlich fallen Handlungen und deren Folgen ins Reich der Kultur und können Kulturbedeutsamkeit besitzen nur deshalb, weil Menschen ihnen Sinn und Bedeutung beimessen. In der Sprache von Webers frühen methodologischen Schriften ausgedrückt, sind sowohl die handelnden Menschen als auch die Erscheinungen, denen als Resultat bestimmter Wertentscheidungen Bedeutung zukommt, wesentlich für die Konstituierung der Sphäre »historischer Individuen«, i. e. der Kultur.[20]

4. Das Problem kulturwissenschaftlicher Objektivität

Im Lichte dieser Betrachtungen können wir Webers eigene Lösung des Konstitutionsproblems wie folgt verstehen: Etwas wird zur Kulturerscheinung – und damit zum Gegenstand kulturwissenschaftlicher Forschung –, wenn ihm Kulturbedeutsamkeit zukommt, wofür wiederum zwei Kriterien erfüllt sein müssen: Zum einen muß der Gegenstand Objekt subjektiven Sinnes sein, zum anderen muß eben dieser subjektive Sinn mit den entsprechenden kulturwissenschaftlichen Wertbeziehungen in Zusammenhang stehen. Aus diesem Grunde ist Webers Lösung des Konstitutionsproblems mit Notwendigkeit auf diejenigen Werte angewiesen, die für diese Wertbeziehungen bestimmend sind.[21] Wie Weber bemerkt, sind zahlreiche Wertbeziehungen denkbar, auf deren Grundlage etwas als kulturelle Erscheinung konstituiert werden kann. Das Bezogensein auf einen Wert ist die logisch notwendige bzw. hinreichende Vorbedingung für die Bestimmung des Gehalts einer Sache, und nur von daher können gewisse Aspekte dieser Sache theoretische Kulturbedeutsamkeit gewinnen. Für die im Fall des wertrationalen Handelns angestrebte Wertverwirklichung können diese Aspekte aber auch in einem empirisch-praktischen Verhältnis zu einem Wert stehen, wobei das Wertbezogensein als kausal notwendige bzw. hinreichende Vorbedingung fungiert. Die an einer Sache ausgewählten Gesichtspunkte können darüber hinaus in mancherlei Hinsicht mit anderen Werten unvereinbar sein und in Widerspruch stehen. Auch in der empirisch praktischen Dimension können andere Werte Hindernisse für eine von bestimmten Aspekten ausgehende Wertverwirklichung darstellen. Dessenungeachtet gehört ein Gegenstand dann dem Bereich der Kultur an, wenn ihm auf die eine oder andere Weise Kulturbedeutsamkeit zugeschrieben wird, die sich ihrerseits durch Wertbezogenheit auszeichnet.[22]

Welchen Status nehmen nun die Werte ein, die für Wertbeziehungen bestimmend sind? Es ist wohl überflüssig zu erwähnen, daß Webers Axiologie einem radikalen Wertepluralismus verpflichtet ist, »weil die verschiedenen Wertordnungen der Welt in unlöslichem Kampf untereinander stehen«.[23] Dieser axiologische Polytheismus gründet in den frühen methodologischen Schriften auf zwei Vorannahmen, nämlich auf dem unaufhaltsamen Wandel von Werten und auf der Unlösbarkeit von radikalen Wertkonflikten.

Der ersten Prämisse zufolge sind die Wertbeziehungen, die die Kulturbedeutsamkeit bestimmen, ständig im Fluß. Dementsprechend unterliegen die das Wirkliche zur Kultur machenden Kulturbedeutungen einem Prozeß fortwährender Veränderung: »Denn die an ›Werten‹ orientierten ›Gesichtspunkte‹, unter denen wir Kulturobjekte betrachten, unter denen sie für uns überhaupt ›Objekte‹ der historischen Forschung werden, sind wandelbar.«[24] Die Kulturwissenschaften selbst sind ebenfalls Kulturerscheinungen, geschaffen durch die Wertstellungnahmen von handelnden Subjekten, die begabt sind »mit der Fähigkeit und dem Willen, bewußt zur Welt *Stellung* zu nehmen und ihr einen *Sinn* zu verleihen«.[25] Insofern die Kulturwissenschaften selbst ein Teil der Kultur sind, führt der »ewig fortschreitende Fluß der Kultur«[26] sie zu stets neuen Problemstellungen, in denen sich der Wandel in den Werthaltungen und ergo Wertbeziehungen niederschlägt. Deswegen gehören sie zu den wissenschaftlichen Disziplinen, »denen ewige Jugendlichkeit beschieden ist«.[27] Aufgrund der Bestimmung von Kulturbedeutsamkeit vermittels Wertbeziehungen ist diese ewige Jugendlichkeit mit der axiologischen Konstitution von Kultur aufs engste verschränkt. Von daher darf es nicht verwundern, daß die Kulturwissenschaften mit einer ständigen Identitätskrise zu leben haben: »Immer neu und anders gefärbt bilden sich die Kulturprobleme, welche die Menschen bewegen, flüssig bleibt damit der Umkreis dessen, was aus jenem stets gleich unendlichen Strome des Individuellen Sinn und Bedeutung für uns erhält, ›historisches Individuum‹ wird. Es wechseln die Gedankenzusammenhänge, unter denen es betrachtet und wissenschaftlich erfaßt wird. Die Ausgangspunkte der Kulturwissenschaften bleiben damit wandelbar in die grenzenlose Zukunft hinein, solange nicht chinesische Erstarrung des Geisteslebens die Menschheit entwöhnt, neue Fragen an das immer gleich unerschöpfliche Leben zu stellen.«[28]

Der zweiten Prämisse zufolge gibt es in Webers Augen keine hierarchische Rangordnung oder gar ein System der Werte, das es erlauben würde, höhere von niederen, intrinsische von instrumentellen und subjektive von objektiven Werten zu trennen, so daß man radikale Wertkonflikte endgültig und eindeutig entscheiden könnte. Weil es aber kein Prinzip gibt, mit Hilfe dessen der Konflikt zwischen letztmöglichen Wertstandpunkten rational gelöst werden kann, dauern die radikalen Wertkonflikte fort.[29] In diesem Sinne ist das Reich der Werte »irrational«. Und in eben diesem Sinne haben wir es mit einer unauflöslichen Vielfalt von Wertbeziehungen zu tun, die es ermöglicht, einen gegebenen Wirklichkeitsausschnitt mit unterschiedlichen Bedeutungen zu versehen und dadurch zur Kulturerscheinung zu machen. Die Vielfalt und Irrationalität der Werte impliziert zwangsläufig die Vielfalt und Irrationalität der Wertbeziehungen. Weber begreift die Kulturwissenschaften als ein Schlachtfeld, auf dem ein Kampf um Methodenfragen, Grundbegriffe und Vorannahmen tobt, wo konfligierende Begriffsschemata um die Vormachtsstellung konkurrieren. Dies ist ein Ausdruck des Polytheismus der Werte, des unversöhnlichen Konfliktes zwischen verschiedenen »Göttern« und »Dämonen«, die entzaubert und daher in Gestalt unpersönlicher Mächte ihren Gräbern entsteigen, nach Gewalt über unser Leben streben und untereinander wieder ihren ewigen Kampf beginnen.[30] »Nachdem durch ein Jahrtausend die angeblich oder vermeintlich ausschließliche Orientierung an dem großartigen Pathos der christlichen Ethik die Augen dafür geblendet hatte«,[31] zeigt sich dieser Kampf in der entzauberten Welt der Moderne mit größter Eindringlichkeit. »Eigengesetzlichkeit« ist Weber zufolge das entscheidende Merkmal der Moderne: Wir sind »in verschiedene, untereinander verschiedenen Gesetzen unterstehende Lebensordnungen hineingestellt«.[32] Die Wertsphären von Religion, Ethik, Politik, Wirtschaft, Kunst, Erotik und Wissenschaft werden immer unabhängiger voneinander und folgen ihren je eigenen Gesetzlichkeiten. In gewissem Sinne beansprucht jede einzelne dieser Wertsphären, das Kriterium schlechthin bereitstellen zu können, das allen Kulturwerten zugrunde liegt. Jede dieser Wertsphären fordert für ihre eigenen Werte bedingungslose Hingabe, so daß sich die Ansprüche aller anderen Wertsphären als per se nachrangig und abgeleitet erweisen. Folglich sind Konflikte zwischen den einzelnen Wertsphären unvermeidlich, wobei die Inkommensurabilität der Prinzipien, von denen die einzelnen Sphären beherrscht werden, eine Auflösung dieser Konflikte unmöglich macht.

Die Wandelbarkeit und Vielfältigkeit kulturwissenschaftlicher Begriffe sind der Wandelbarkeit und Vielfältigkeit von Wertstandpunkten und Wertbeziehungen geschuldet.[33] Den Schluß, den Weber aus den oben diskutierten Prämissen zieht, kann man wie folgt skizzieren: Vorausgesetzt, das Wirkliche emaniert nicht aus Begriffen, weil diese abstrakt sind und jenes unendlich mannigfaltig und qualitativ vielfältig ist. Und weiter vorausgesetzt, daß das Erkenntnisziel der Kulturwissenschaften rückgebunden ist an axiologisch bestimmte individuelle Wirklichkeitsmerkmale, mithin an Kulturbedeutungen, die qua Wertbeziehung konstituiert werden. Nimmt man dazu noch die Annahme, daß diese Wertbeziehungen von konfligierenden und sich verändernden Werten bestimmt werden, in deren Folge das Leben in seiner irrationalen Wirklichkeit und sein Gehalt an möglichen Bedeutungen unausschöpfbar sind – so müssen auch die Begriffe, die wir verwenden, um die Wirklichkeit als Kultur zu konstituieren, stets »dem Wandel ... in die dunkle Zukunft der menschlichen Kultur hinein«[34] unterworfen sein. Webers Werttheorie, im Verbund mit seiner Ablehnung einer emanatistischen Metaphysik und einer realistischen Erkenntnistheorie, ziehen eine ganz bestimmte Schlußfolgerung nach sich, was die Konstituierung des kulturwissenschaftlichen Gegenstandsbereiches anlangt. Weber zufolge ist eine Wissenschaft von der Kultur nicht möglich mit den Prämissen des Historismus, als Abbildung der Wirklichkeit, genausowenig wie mit denjenigen des Positivismus, als einem Gesetzessystem von zunehmender Allgemeinheit, das stets allgemeine Merkmale erfaßt. Allein auf der Grundlage von Kulturbedeutungen, die ihrerseits von sich wandelnden und inkommensurablen Wertbeziehungskriterien bestimmt werden, wird Wirklichkeit als Kultur konstituiert.

Nach Webers Auffassung impliziert diese Schlußfolgerung, daß die Begriffsapparate der Kulturwissenschaften ständigem Wandel unterworfen sind, was wiederum die permanente Fortsetzung heftiger Kontroversen um ihre Grundbegriffe nach sich zieht.[35] Diesen Umstand betrachtet Weber als eine ganz normale Bedingung kulturwissenschaftlichen Arbeitens: Der Wissenschaftler handhabt, mag sein, ohne es zu wissen, eine Reihe von unbefragten, wenngleich nicht unbefragbaren Annahmen, die die Konstituierung des Forschungsgegenstandes, die Fragestellung und die Wahl der adäquaten Methoden anleiten. Im diffusen Kontext einer derartigen »Problemstellung« beschäftigt sich der Forscher zumeist nur mit dem ihn interessierenden Gegenstand, ohne diesen Kontext selbst zu thematisieren. Im allgemeinen besteht für ihn kein Anlaß, den letzten Wert, dem sein Tun verpflichtet ist, zu hinterfragen. Ja mehr noch, oftmals ist dem Wissenschaftler nicht einmal bewußt, daß seine Arbeit letzten, unbefragten Werten folgt, die die Wertbeziehungen der Forschung bestimmen. Doch diese Baconsche Utopie ist nie von Dauer, denn irgendwann wechselt die Farbe: »Die Bedeutung der unreflektiert verwerteten Gesichtspunkte wird unsicher, der Weg verliert sich in der Dämmerung. Das Licht der großen Kulturprobleme ist weiter gezogen. Dann rüstet sich auch die Wissenschaft, ihren Standort und ihren Begriffsapparat zu wechseln.«[36]

Das Pathos, das aus dieser Schlußpassage des Objektivitätsaufsatzes spricht, nachzuvollziehen, ist sicher nicht einfach. In plastischer Weise wird hier die ehedem aufklärerische Lichtmetapher zusammengelesen mit Bildern des Verfalls, des Untergangs und der Wiedergeburt. Den kulturwissenschaftlichen Begriffen eignen Jugendlichkeit, Reife und Alter. Ist das Vertrauen des Forschers in die unbefragbare Selbstverständlichkeit seiner »Problemstellung« erst einmal erschüttert, vermag er sich nicht länger mit einem Gegenstand zu beschäftigen, als besäße dieser eine intrinsische Bedeutung. Einmal skeptisch geworden, muß er den Standpunkt der Gewißheit räumen, um »aus der Höhe des Gedankens auf den Strom des Geschehens zu blicken«.[37] Er ist also gezwungen, die dem Wirklichen beigemessene Kulturbedeutsamkeit und auch die Wertbeziehungen unabhängig davon zu betrachten, welche Grenzen ihm seine eigenen Begriffe vorgeben. In dieser Textpassage, mit ihrem fast schon hegelisch anmutenden Beiklang, scheint der Hegel ansonsten kritisch gesinnte Weber die Thesen von Thomas S. Kuhn vorweggenommen zu haben.[38] Konfrontiert mit der Erfahrung konfligierender Paradigmen, war für Weber eine unproblematische »Normalwissenschaft« nicht möglich – er befand sich, um in Kuhns Terminologie zu bleiben, in einer »revolutionären« Zwangslage, und revolutionär ist denn auch seine Antwort auf diese Krise.

Wenn demnach »infolge starker Verschiebungen der ›Gesichtspunkte‹, unter denen ein Stoff Objekt der Darstellung wird, die Vorstellung auftaucht, daß die neuen ›Gesichtspunkte‹ auch eine Revision der logischen Formen bedingen, in denen sich der überkommene ›Betrieb‹ bewegt hat, und dadurch Unsicherheit über das ›Wesen‹ der eigenen Arbeit entsteht«,[39] so führen diese Voraussetzungen in Webers Augen unweigerlich zu einer bestimmten Fassung des Objektivitätsproblems, nämlich zu der Frage, in welchem Verhältnis Werte und Geltung zueinander stehen. Denkt man die Kulturwissenschaften als auf Werten beruhend, so stellt sich die Frage, ob – und falls ja, in welchem Sinne – man die Forschungsergebnisse dieser Wissenschaften als rational begründet ansehen darf. Wie wir gesehen haben, beruhen die Wertbeziehungen, welche die Kulturbedeutsamkeit kulturwissenschaftlicher Untersuchungsgegenstände konstituieren, auf Werten. Darüber hinaus zieht die Vielfalt und Variabilität der Wertbeziehungen auch eine Vielzahl von Begriffsapparaten nach sich, gleichsam eine Pluralität von Auswahlkriterien für die Deutung kulturellen Sinns, denen die Kurzlebigkeit und Mannigfaltigkeit der zugrunde liegenden Werte gemeinsam ist. Wie kann unter solchen Voraussetzungen eine begründete Entscheidung zwischen alternativen Wertbeziehungen getroffen werden? Schließlich ist das Problem der Rechtfertigung einer Entscheidung zwischen alternativen Begriffsapparaten oder Begriffsbildungsweisen nichts anderes als die Frage, wie man die Entscheidung für eine ganz bestimmte Wertbeziehung begründet. Deshalb werde ich es im folgenden das Wertbeziehungsproblem nennen. Um von Objektivität sprechen zu können, muß die Wahl zwischen verschiedenen Wertbeziehungen auf der Grundlage eines Prinzips erfolgen, mit dem sich die Gültigkeit eben dieser Wahlentscheidung ausweisen läßt. Solch ein Prinzip muß unabhängig sein von den je unterschiedlichen Besonderheiten der Fälle, auf die es angewandt wird. Ansonsten müßte jede Begründung einer Wahlentscheidung eine Petitio principii sein.

Die Frage nach diesem Prinzip läßt sich folgendermaßen präzisieren. Wenn wir es mit zwei verschiedenen Wertbeziehungen zu tun haben, die ein und demselben Wirklichkeitsausschnitt zwei miteinander unvereinbare Kulturbedeutungen zuschreiben, gibt es dann ein von diesen beiden Wertbeziehungen unabhängiges Prinzip, das eine begründete Auswahl zwischen beiden möglich macht? Ein derartiges Prinzip könnte man Wertbeziehungsprinzip nennen. Das oben erörterte Wertbeziehungsproblem reduziert sich somit auf die Frage, ob die besagte Wahl durch ein Wertbeziehungsprinzip angeleitet wird.

Das Wertbeziehungsproblem ist eine zwangsläufige Folge von Webers Auffassung hinsichtlich des Zusammenhangs von Kulturbedeutsamkeit und subjektivem Sinn. Insofern der subjektive Sinn einer Handlung bzw. ihrer Folgen unendlich mannigfaltig ist, bleibt jede Auslegung ihrer Kulturbedeutung anhand des subjektiven Sinnes allein unterbestimmt. Von daher ermöglicht die Lehre von der intensiven Mannigfaltigkeit des subjektiven Sinnes alternative Lesarten der Kulturbedeutung, die zwar empirisch gesehen allesamt gültig sind, sich gegenseitig jedoch ausschließen.[40] Folglich bedarf es einiger Kriterien, die eine Entscheidung zwischen alternativen Deutungen begründen. Insofern sich ausschließende Kulturbedeutungen auf sich ausschließenden Wertbeziehungen beruhen, fällt die Frage nach den Entscheidungskriterien mit dem Problem, wie man die Wahl zwischen sich ausschließenden Wertbeziehungen rechtfertigen kann, zusammen.

Bemerkenswert an Webers zu Beginn des Objektivitätsaufsatzes stehender Skizze seiner Ziele und Grenzen ist ihr rhetorischer Duktus der Selbstbescheidung. Wiederholt wird dem Leser nahegebracht, daß er keine systematisch entwickelte wissenschaftstheoretische Position erwarten darf. Weber sucht nach eigenem Bekunden die Beschäftigung mit der »Logik« nicht um ihrer selbst willen, sondern er bekräftigt, daß jeder Versuch, die großen Fragen der Wissenschaftstheorie zu enträtseln, ihm völlig fern liege und er sich damit begnügen wolle, »bekannte Ergebnisse der modernen Logik«[41] für seine Zwecke nutzbar zu machen. Er beabsichtige keineswegs, neue Ideen zu entwickeln, größere Probleme zu lösen oder originelle Argumente vorzutragen. Vielmehr sei es ihm darum zu tun, denjenigen Sozialwissenschaftlern, die nicht über besondere methodologische oder wissenschaftstheoretische Kenntnisse verfügen, die Wichtigkeit solcher Fragen zu veranschaulichen.[42] Unter diesen Auspizien können wir kaum erwarten, daß Weber selbst eine Lösung für das Wertbeziehungsproblem entwickelt. Immer dann, wenn Lösungen für methodologische Probleme gefragt sind oder diese Probleme den philosophischen Hintergrund von Webers eigener methodologischer Position tangieren, bedient er sich üblicherweise eines Notbehelfs und verweist den Leser an die Arbeiten des Philosophen Heinrich Rickert.[43] Dieser Empfehlung möchte ich im folgenden nachkommen.

Kapitel II
Rickert und die Theorie
historischer Erkenntnis

1. Die Problemstellung der Südwestdeutschen Schule

Im Frühjahr 1902 las Weber Heinrich Rickerts *Die Grenzen der naturwissenschaftlichen Begriffsbildung*.[1] Dieses Buch, das gemeinhin als Rickerts Hauptwerk betrachtet wird, stellt den Versuch dar, in Anlehnung an den Ansatz, den Wilhelm Windelband in den neunziger Jahren des 19. Jahrhunderts skizzierte, eine Theorie der Geschichtserkenntnis zu entwickeln. In einer diesbezüglichen Bemerkung erkennt Rickert im ansonsten für ihn nicht gerade charakteristischen Tonfall der Bescheidenheit an, daß Windelband mit seiner im Jahre 1894 gehaltenen, berühmt gewordenen Straßburger Rektoratsrede *Geschichte und Naturwissenschaft* die Grundgedanken der *Grenzen* bereits vorweggenommen habe – was Rickert seinerseits zu der Befürchtung Anlaß gibt, ein Leser, der die aus Windelbands Vortrag sich ergebenden Weiterungen und Folgerungen selbst durchdacht habe, könnte seine *Grenzen* in Teilen für überflüssig halten.[2] Im Laufe seines zwanzigjährigen Wirkens in Straßburg war Windelband zum Oberhaupt der Badischen oder Südwestdeutschen Schule des Neukantianismus geworden, die diesen Namen trug, weil ihre führenden Vertreter Stellen an den drei großen südwestdeutschen Universitäten innehatten: Windelband in Straßburg und später in Heidelberg, Rickert in Freiburg und danach in Heidelberg sowie Emil Lask, der bei Rickert in Freiburg promoviert und sich sodann bei Windelband in Heidelberg habilitiert hatte, ebenfalls in Heidelberg.[3]

Das Hauptanliegen der Südwestdeutschen Schule bestand darin, den intrinsischen Zusammenhang zwischen Wissen und Werten zu ergründen. Damit sollten die Grundzüge einer Geschichtsphilosophie geschaffen werden, die Windelband und Rickert als Theorie historischer Erkenntnis begriffen und die sich folgendermaßen umreißen läßt: Den Anstoß gab Windelband mit seiner Vorstellung von einer Geschichtswissenschaft, deren ureigenstes

Interesse im Erkennen der Wirklichkeit in ihrer Individualität und Besonderheit liegen sollte. Diese methodologische Idealvorstellung eines idiographischen Wissens taucht dann bei Rickert als Erkenntnis historischer Individuen wieder auf. Daneben zeigte Lask mit einer Rekonstruktion der analytischen und emanatistischen Begriffsbildungslehren sowie seiner Diskussion des *hiatus irrationalis* zwischen Begriff und Wirklichkeit, unter welchen Bedingungen die Erkenntnis des historisch Individuellen möglich ist. Ferner bot Rickerts Theorie historischen Erkennens einen Ansatz zur Lösung des Problems des *hiatus irrationalis* durch eine bestimmte Fassung des Individualbegriffs. Rickert sucht diese Lösung nicht in einer Überwindung der Kluft zwischen Begriff und Wirklichkeit, sondern versteht den *hiat* als eine wesentliche Prämisse für die Entfaltung einer Theorie historischer Begriffsbildung, die er als adäquate Methodologie der Kulturwissenschaften versteht. Von daher kann man Rickerts Ansatz als einen Versuch ansehen, die Bedingungen der Möglichkeit der Erkenntnis des historisch Individuellen auszuweisen.[4]

2. Windelband und die idiographische Erkenntnis

In einem seiner letzten Aufsätze über die Bedeutung Kants für die moderne Philosophie stellt Windelband einige Überlegungen zu dessen Auffassung von historischer Erkenntnis an, um damit einen der Grundgedanken seines eigenen philosophischen Programms zu stützen: Kant verstehen heißt, über ihn hinausgehen.[5] Kant hatte die wissenschaftliche Erkenntnis auf das Paradigma der Newtonschen Naturphilosophie festgeschrieben, demzufolge es das Ziel aller wissenschaftlichen Erkenntnisbemühungen sein sollte, die unbedingt und universell gültigen Gesetze zu entdekken, denen alle empirischen Phänomene unterliegen. Im Unterschied dazu sind Aussagen zu historischen Sachverhalten immer partikulär und kontingent, so daß die Geschichte, weil es ihr nicht gelingt, den von Kant in seiner *Kritik der reinen Vernunft* bestimmten Kriterien für Wissenschaftlichkeit zu genügen, letzten Endes einen geringeren Stellenwert einnimmt als die Naturwissenschaften. Historischen Urteilen mangelt es an der Notwendigkeit und Allgemeingültigkeit, durch die sich Wissenschaft auszeichnen soll. Wie schon dreizehn Jahre zuvor in *Geschichte und*

Naturwissenschaft, wo er die Möglichkeit einer Wissenschaft von der Geschichte an drei Voraussetzungen – einem individualistischen Begriff von Wert, einer nomologischen bzw. nomothetischen Auffassung von den Grenzen der Naturwissenschaft und einem individualistischen bzw. idiographischen Begriff von Geschichte – festgemacht hatte, setzt Windelbands Kritik genau an dieser Stelle ein, und nachdrücklich verlangt er eine Revision von Kants Erkenntnistheorie.

In *Geschichte und Naturwissenschaft* vertritt Windelband die Auffassung, daß man Werte nur solchen Phänomenen zuschreiben kann, die einzigartig und in ihrer Individualität unvergleichbar sind. In Windelbands Augen fußt diese These letztlich auf dem individualistischen Begriff von Wert, den die christliche Theologie in ihrer Auseinandersetzung mit dem axiologischen Universalismus der griechischen Philosophie ins Feld geführt hat. Die christliche Vorstellung, daß nur Individuen Werte zugeschrieben werden können, hängt eng zusammen mit einer Auffassung, in welcher Schöpfung, Sündenfall und das Leben Christi als einzigartige Ereignisse verstanden werden, denen eine beispiellose Bedeutsamkeit eignet. In dieser Vorstellung kommt erstmalig das zum Ausdruck, was Windelband das unveräußerliche metaphysische Recht der Geschichtsschreibung nennt: das Interesse an der Wirklichkeit, insofern sie einzigartig und unwiederholbar ist. Diesem individualistischen Wertbegriff gemäß erlischt unser historisches Interesse an einem Gegenstand, wenn wir bemerken, daß es sich dabei lediglich um einen Fall unter vielen handelt, dem wir also keine gefühlsmäßige Zuwendung entgegenbringen können. Entsprechend erschreckend ist der Gedanke an die Möglichkeit eines Doppelgängers bzw. an die ewige Wiederkunft aller Dinge. Windelband zufolge erweisen diese Überlegungen allesamt die Individualität der Werte: Die Attribution von Werten bedarf stets eines singulär-konkreten Referenten. In diesem für die philosophische Anthropologie grundlegenden Sachverhalt, daß wir Werte ausschließlich Individuen zuschreiben, liegt die Quelle unseres Interesses an individuellen Erscheinungen.

Die Naturwissenschaft kann diese Form des theoretischen Interesses nicht zufriedenstellen, weil sie nomothetisch verfährt und von den einzigartigen und qualitativ besonderen Merkmalen des Wirklichen absieht, um die Gesetze aufzudecken, denen die Erscheinungen unterliegen. Individuelles gerät nur dann ins Blickfeld der Naturwissenschaft, die im Gegensatz zur Geschichte über kein intrinsisches Interesse an den individuellen Merkmalen des Wirklichen verfügt, wenn es sich um einen Durchschnittstyp handelt, einen Fall mithin, der unter ein allgemeines Gesetz subsumiert werden kann. Es ist eben das Erkenntnisziel der Naturwissenschaft schlechthin, ein System möglichst abstrakter und allgemeiner Gesetze hervorzubringen, und eben deshalb stellt das nomothetische Wissen einen Triumph des abstrakten Denkens über die Wahrnehmung der konkreten Wirklichkeit dar.

Dahingegen hat die Geschichtswissenschaft ein idiographisches Interesse, d. h. Ziel der Erkenntnis ist es, die besonderen Merkmale der einzigartigen Ereignisse selbst zu begreifen. Die Geschichte nimmt an einem Ereignis nicht deshalb ein Interesse, weil es etwas mit anderen Ereignissen gemein hat, sondern gerade wegen seiner eigenen, ganz bestimmten Qualitäten. Im Unterschied zum Naturwissenschaftler strebt der Historiker nach einer Form von Wissen, die den konkreten und singulären Merkmalen des Wirklichen gerecht wird. Das theoretische Ideal, das unserem Interesse am Individuellen entspringt, kann somit allein von der Geschichte wahrgenommen werden.

Windelband hebt in *Geschichte und Naturwissenschaft* den rein formalen bzw. logischen Charakter dieses theoretischen Ideals hervor: Das Kriterium zur Unterscheidung von Naturwissenschaft und Geschichte ist »der formale Charakter ihrer Erkenntnisziele«.[6] In scharfem Kontrast zu allen Versuchen einer ontologischen Bestimmung des historischen Gegenstandes geht es ihm um die Grundzüge einer Epistemologie, von der ausgehend er seine Theorie historischer Erkenntnis entwickeln möchte. Insofern Windelband Geschichte nicht als die historische Seinsweise bzw. Lebensform von Erscheinungen begreift, die bestimmten ontologischen Bedingungen genügen, bereitet ihm die nähere Bestimmung einer derartigen Form historischen »Seins«, die einer ontologischen Auffassung von Geschichte das Fundament liefern müßte, auch keine weiteren Mühen. Vielmehr will Windelband gerade die Frage nach den »subjektiven« Bedingungen der Möglichkeit einer bestimmten Erkenntnisform stellen. Seine Antwort läuft denn auch konsequent auf ein das historische Erkennen gestaltendes, gleichsam »kognitives« Subjekt hinaus, das als transzendentales bzw. erkenntnistheoretisches Bewußtsein die geforderten Bedingungen erfüllen kann. Das so umschriebene Bewußtsein, das die Bedingungen der Möglichkeit historischer Erkenntnis bereitzustellen vermag, nennt Windelband, der darin inkorporierten Normen wegen, das »Normalbewußtsein«. Windelbands Interesse konzentriert sich also auf die subjektiven bzw. epistemologischen Voraussetzungen einer bestimmten Form von Wissenschaft. Fragen nach ontologischen Kriterien, die den Gegenstandsbereich einer derartigen Wissenschaft quasi objektiv festschreiben sollen, spielen in seinem Denken keine Rolle. Obwohl Windelband das negative Urteil Kants über die Möglichkeit von Geschichte als Wissenschaft nicht teilt, gestattet es ihm seine transzendentale Fragestellung nach den subjektiven Bedingungen historischen Erkennens, sich selbst als in der kritischen Tradition stehend zu verorten.

Windelbands formale oder methodologische Taxonomie klassifiziert die Wissenschaften im Hinblick auf deren theoretische Absichten bzw. Erkenntnisziele. Windelband identifiziert drei Folgerungen, die sich aus dem formalen Charakter seiner Taxonomie für die Geschichtsphilosophie ergeben. Erstens braucht diese Taxonomie keineswegs mit der gängigen Arbeitsteilung übereinzustimmen, die zwischen den verschiedenen wissenschaftlichen Branchen herrscht, ist doch die Einteilung der Disziplinen nicht das Ergebnis methodologischer Überlegungen; vielmehr kommen in diesem Falle außerwissenschaftliche, historisch kontingente Faktoren zum Tragen. Zweitens bedarf es wohl keiner Erwähnung, daß Windelband zufolge jeder beliebige Gegenstand sowohl einer naturwissenschaftlichen als auch einer geschichtswissenschaftlichen Untersuchung unterzogen werden kann. Da die Unterscheidung von nomothetisch und idiographisch verschiedene Erkenntnisformen bzw. Forschungsmodi und nicht etwa den Gegenstand oder den Inhalt von Erkenntnis meint, fällt eine Erscheinung auch nicht ihrem inneren Wesen nach in entweder das eine oder das andere Gebiet. Drittens ist die Unterscheidung zwischen Nomothetik und Idiographie im Grunde genommen relativ. Aus der Perspektive einer Naturwissenschaft, wie etwa der Biologie, sind beispielsweise Organismen ein von allgemeinen Gesetzen durchherrschter Teil der Natur. Vom Standpunkt einer Geschichte des organischen Lebens betrachtet, muß derselbe Gegenstandsbereich als einzigartiger Evolutionsprozeß begriffen werden. So kann ein und dieselbe Erscheinung von der Naturwissenschaft mit nomothetischen Mitteln, von der Geschichte aber idiographisch erfaßt werden. In einer anderen Hinsicht jedoch ist Windelbands Taxonomie keinesfalls relativ. Insofern das Gegensatzpaar nomothetisch vs. idiographisch eine absolute Trennung von sich wechselseitig strikt ausschließenden Verfahren wissenschaftlicher Erkenntnisgewinnung meint, kann eine Untersuchung nicht nomothetisch und idiographisch zugleich sein. Diese Einschränkung ist aber durchaus vereinbar mit der Annahme, daß etwas sowohl für das nomothetische als auch für das idiographische Erkenntnisinteresse zum Gegenstand werden kann.

In Anbetracht der Relativität des Gegensatzes nomothetisch vs. idiographisch und eingedenk der Tatsache, daß kein empirisches Datum von sich aus schon zur Natur oder zur Geschichte gehört, wird deutlich, weshalb die von Windelband vorgenommene Trennung zwischen Naturwissenschaft und Historie nicht ontologisch begründet werden kann. Mit anderen Worten, diese Differenzierung kann nicht von einem substantiellen Unterschied zwischen zwei sich wechselseitig ausschließenden Wirklichkeitssphären abgeleitet werden, einerseits der Natur, deren Erkenntnis von unseren Sinneswahrnehmungen angeleitet wird, und andererseits des Geistes, den wir vermöge unserer Fähigkeit zur Intuition, gleichsam einer Form von innerer Wahrnehmung, erkennen. Zudem nennt Windelband drei weitere Gründe, die gegen eine auf Ontologie abstellende Lösung des Problems historischer Erkenntnis sprechen. Erstens gibt es keinen plausiblen Grund zur Annahme, daß historische Erkenntnis allein auf unserem Vermögen zur Introspektion beruht. Zweitens bestehen berechtigte Zweifel, ob diese vermeintliche Fähigkeit der Introspektion auch wirklich das hervorzubringen vermag, was als wissenschaftliche Erkenntnis gelten darf. Ist es doch keine ausgemachte Sache, daß innere und ergo: rein private Formen der Intuition, des Verstehens oder gar Nachempfindens als Erkenntnis werden dienen können.[7] Drittens steht die Psychologie einer ontologischen Lösung des Problems eher im Wege, insofern sie selbst weder als Naturwissenschaft noch als Geschichte eindeutig bestimmt werden kann. Denn während ihr Gegenstandsbereich der Sphäre des Geistes zugehört und somit die Geschichtswissenschaft auf den Plan gerufen ist, ist ihr methodisches Instrumentarium naturwissenschaftlicher Provenienz.[8]

Die Grundgedanken von *Geschichte und Naturwissenschaft* – die individualistische Auffassung von Werten, der nomothetische Begriff der Grenzen, die den Naturwissenschaften gezogen sind, das methodologische Ideal einer idiographischen Form von Erkenntnis, die formale Strategie zur Trennung von Naturwissenschaft und Geschichte und schließlich das Verwerfen einer ontologischen Lösung des Problems historischer Erkenntnis – findet man allesamt als Kernthesen in Rickerts Geschichtsphilosophie wieder. Darüber hinaus borgt sich Rickert noch weitere Ideen von Windelband, die zusammengenommen das philosophische Fundament der Südwestdeutschen Schule des Neukantianismus ergeben. Es handelt sich dabei erstens um das Zurückweisen des sogenannten epistemologischen Realismus und der Korrespondenztheorie der Wahrheit; zweitens um die Unterscheidung zwischen einerseits der »genetischen Methode« der empirischen Wissenschaften, die nach den kausalen Ursachen von Ereignissen fragen, und andererseits der »kritischen Methode«, die in der Philosophie gepflegt wird und die Geltung von Werten zu ihrem Thema erhebt; drittens um die logische Konsequenz, die mit dieser Unterscheidung einhergeht, nämlich das Verwerfen jedweder Spielart des epistemologischen Naturalismus bzw. Psychologismus und Historismus, die philosophische Fragestellungen auf empirische Probleme reduzieren; viertens um die transzendentale Kehre im philosophischen Denken, mit der Auflage, fürderhin nur noch transzendentale Argumentationsstrukturen zu gebrauchen; fünftens um die sogenannte axiologische Kehre in der Philosophie, die darauf abzielt, daß die Geltung der Werte eine notwendige Bedingung für die Gültigkeit von theoretischen, praktischen und ästhetischen Urteilen ist; und sechstens um die Einsicht, daß auf Kant zurückzugehen nur bedeuten kann, über ihn hinauszugehen.[9]

Das grundlegende Problem, das Windelband in den Schlußpassagen seiner Straßburger Rektoratsrede *Geschichte und Naturwissenschaft* aufwirft, steht demzufolge auch im Mittelpunkt der *Grenzen der naturwissenschaftlichen Begriffsbildung*: Individuell-historische Ereignisse lassen sich nicht durch allgemeine Gesetze erklären. Es gibt kein System nomologischer Aussagen, wie präzise und vollständig auch immer, aus dem man irgendeine Beschreibung eines individuellen Ereignisses ableiten kann. Aus diesem Grunde kann unser auf individuelle Erscheinungen gerichtetes Erkenntnisinteresse nicht mit den Mitteln der Naturwissenschaft befriedigt werden. Nomothetisches und idiographisches Erkenntnisinteresse sind voneinander unabhängig und stehen unvermittelt nebeneinander: »Das Gesetz und das Ereignis bleiben als letzte, inkommensurable Größen unserer Weltvorstellung nebeneinander bestehen.«[10] Wenn aber die Erkenntnis individueller Phänomene mit naturwissenschaftlichen Mitteln nicht zu haben ist, wie sollte sie sonst möglich sein? Zur Beantwortung dieser Frage gibt uns Windelband lediglich einige obskure metaphorische Ratschläge an die Hand. Wir erfahren, daß der Historiker der Vergangenheit neues Leben einhauche, ein Vorgang, den Windelband mit den kreativen Leistungen in der Kunst vergleicht – am Ende aber werden wir allein gelassen mit der Erkenntnis, daß dem historisch Individuellen »ein Rest von Unbegreiflichkeit – etwas Unaussagbares, Undefinierbares«[11] anhafte.

3. Lasks Analyse der Begriffsbildung und die Irrationalität des Wirklichen

Wenngleich die Erkenntnis individueller Erscheinungen das Ziel der Historie ist, so sind diese Erscheinungen selbst doch unbegreifbar. Unter den zahlreichen Schriften neukantianischer Provenienz, die den mit diesem Problem einhergehenden Fragen nachgehen, bietet Emil Lasks brillante Inauguraldissertation über Fichtes Geschichtsphilosophie zweifelsohne die sorgfältigste und umfassendste Darstellung.[12] Den Vertretern der Südwestdeutschen Schule zufolge gelangt man zu Erkenntnis einzig auf dem Wege der Begriffsbildung. Die transzendentalen Voraussetzungen für die Erkenntnis eines Gegenstandes sind demnach die Bedingungen, die erfüllt sein müssen, damit dieser Gegenstand auf den Begriff gebracht werden kann. Etwas wird zum wissenschaftlichen Erkenntnisgegenstand, wenn wir es entweder allgemeinen Begriffen subsumieren oder wenn wir einen Begriff bilden, der es in seiner Besonderheit repräsentiert. Einzig Begriffsbildung verspricht daher Erkenntnis, und die Möglichkeit historischer Erkenntnis gerät somit folgerichtig zum Problem eines individualisierenden Verfahrens der Begriffsbildung, i. e. zur Frage nach den Bedingungen, denen gemäß die konkrete Wirklichkeit in ihrer jeweiligen Besonderheit adäquat auf den Begriff gebracht werden kann. Diese epistemologischen Prämissen veranschaulichen, warum Lask das Problem historischer Erkenntnis gerade durch eine Begriffsbildungslehre auflösen will. Er vertritt die These, daß sich alle Theorien wissenschaftlicher Begriffsbildung in zwei Kategorien einteilen lassen, wobei er die eine als analytisch bezeichnet, verkörpert z. B. im Werk Kants, die andere als emanatistisch, wie sie in Hegels Philosophie zur Blüte kam.

Die analytische Logik besagt, daß jede Form von Begriffsbildung von den konkreten Objekten der unmittelbaren Erfahrung ausgeht, denen allein Realität zukommt. Freilich kann das konkrete Wirkliche – sozusagen: an sich – nicht unmittelbar in Begriffe eingehen. Begriffe wiederum sind vom Forscher geschaffene Abstraktionen, die insofern allgemein sind, als sie das zum Ausdruck bringen, was eine Mehrzahl von Erscheinungen miteinander teilt. Nur in diesem Sinne erfaßt die Begriffsbildung das unmittelbar Gegebene. Das Konkrete in seiner Einzigartigkeit und Unergründlichkeit markiert somit die Grenzen von Begriffsbildung. In diesem Kantischen Bezugsrahmen ordnen Begriffe die Wirklichkeit, d. h. die dadurch entstehenden Objekte sind Beispiele für die Anwendung der Begriffe selbst. Folglich ist die Beziehung zwischen Begriff und Objekt rein logischer Natur, sie ist kein »wirkliches« Verhältnis. Weil ein Begriff ein künstlich geschaffenes geistiges Gebilde ist, i. e. eine Abstraktion, ist die Wirklichkeit stets gehaltvoller. Durch fortgesetzte logische Abstraktion entstehen immer inhaltsleerere Begriffe. Zwar mag die konkrete Wirklichkeit unter Begriffe fallen, doch weil diese abstrakt und weniger gehaltvoll sein müssen, können sie die Wirklichkeit selbst nicht in sich aufnehmen. Die konkrete Wirklichkeit an sich ist eben *irrational*, sie ist kein möglicher Gegenstand der Erkenntnis, weil sie nicht »begriffen« werden kann. Die Grundannahmen der analytischen Logik lassen sich wie folgt zusammenfassen: (1) Begriffsbildung ist stets eine analytische Abstraktion von der konkreten Wirklichkeit; (2) deshalb sind Begriffe inhaltlich weniger gehaltvoll als das Wirkliche selbst, das nur als Anschauung, nicht aber als Begriff bestimmt werden kann; (3) wir haben es also mit einem Dualismus von Begriff und Wirklichkeit zu tun; (4) weil die konkrete Wirklichkeit als solche für die Begriffsbildung nicht zugänglich ist, ist sie *irrational*.

Die emanatistische Logik hingegen weist diese Grundannahmen in Gänze zurück. Für sie ist ein Begriff keineswegs eine Abstraktion von der konkreten Wirklichkeit, im Gegenteil, das Konkrete emaniert aus dem Begriff und realisiert, man könnte auch sagen: verkörpert dessen Inhalt. Das Konkrete kann aus Begriffen abgeleitet werden, denen eine höhere, gehaltvollere Wirklichkeitsform eignet; es fällt somit »unter« Begriffe, und der Gehalt dieser Begriffe umschließt den Inhalt des Konkreten. Die rein logische Beziehung zwischen Begriff und konkreter Wirklichkeit, welche die analytische Begriffsbildungstheorie behauptet, gerät in der Perspektive der emanatistischen Logik zu einer gleichsam ontologischen Beziehung, die darüber hinaus, als dialektisches Verhältnis, in Gestalt eines *Weltprozesses* vorgestellt wird. Logik ist hier also »zugleich Metaphysik und Ontologie«.[13] Begriffe sind vollkommen wirklich, das Konkrete, das aus ihnen emaniert, ist vollkommen vernünftig, weswegen sowohl der Dualismus von Begriff und konkreter Wirklichkeit als auch deren Irrationalität als aufgehoben betrachtet werden muß. Da sich der Inhalt des konkret Wirklichen gänzlich von Begriffen ableiten läßt, ist, was wirklich ist, vernünftig, und was vernünftig ist, ist wirklich.

Obwohl Lask anerkennt, daß die emanatistische Logik in sich durchaus stimmig ist, vermag er es doch nicht, die zentrale Voraussetzung dieser Theorie zu teilen, nämlich Hegels Lehre vom Begriff, derzufolge die Begriffe wirklicher sind als die konkrete Wirklichkeit. Ebenso wie Rickert und Windelband betrachtet Lask Begriffe als künstliche geistige Gebilde, die von der konkreten Wirklichkeit abstrahieren. Das bedeutet, daß die Südwestdeutsche Schule, sofern sie, um das Problem historischer Erkenntnis lösen zu können, auf Kant zurückgeht, den Prämissen einer analytischen Logik folgen muß. Damit aber haben es die Vertreter dieser Philosophie mit zwei nicht unbeträchtlichen Folgeproblemen zu tun – dem Dualismus von Begriff und Wirklichkeit sowie der Irrationalität des konkret Individuellen –, die eine begriffliche Erfassung des konkret Individuellen von vorneherein zu verhindern scheinen. In enger Anlehnung an Fichte vertritt Lask die These, daß der kontingente und heterogene Charakter des Individuellen für einen *hiatus irrationalis* zwischen Denken und Sein verantwortlich sei.[14] Eben weil sich die Wirklichkeit nicht aus notwendig allgemeinen Begriffen ableiten lasse, bestehe diese unüberbrückbare Kluft, die zudem als irrational begriffen werden müsse, weil das konkret Individuelle nicht völlig in Begriffen aufgehen könne. Daher muß das konkret Wirkliche, wie Windelband bereits am Ende von *Geschichte und Naturwissen-*

schaft bemerkt, ganz einfach als unbegreifliches *factum brutum* akzeptiert werden. Lask zufolge liegt in der schieren Faktizität des Wirklichen zugleich sein höchstes und alleiniges Gesetz, was natürlich heißen will, daß das Wirkliche keinem Gesetze *unterliege*. Wiewohl das Konkrete unter Gesetze gebracht werden kann, so kann es doch nicht von ihnen deduziert werden. Es mag zwar den Gesetzen folgen, folgt aber nicht *aus* ihnen. Aufgrund der anomischen Eigenart des Wirklichen sind Gesetz und Wirklichkeit bzw. Begriff und Wirklichkeit »inkommensurable Größen«.[15]

Wie kann man also, eingedenk des *hiatus irrationalis*, die Möglichkeit von historischer Erkenntnis begründen? Ist es für eine erfolgversprechende Lösungsstrategie nicht geradezu unumgänglich, die von Lask behauptete Kluft zwischen Begriff und Wirklichkeit zu schließen? In diesem Fall müßte die Wirklichkeit auf die eine oder andere Weise aus Begriffen emanieren, wie sonst wäre es möglich, eine individuelle Entität begrifflich zu erfassen? Selbst wenn ein derartiges Verfahren logisch möglich wäre, was Lask freilich bestreitet, könnte es als Lösung für das Problem historischer Erkenntnis nicht dienen. Denn es widerspräche den grundlegenden axiologischen Annahmen, auf denen die Erkenntnis individueller Entitäten fußt. In seiner Auseinandersetzung mit dieser Frage weist Lask auf einen Zusammenhang hin, der zwischen dem *hiatus irrationalis* und einem Verständnis von Werten besteht, demzufolge Werte nur Individuen zugeschrieben werden können. Lask nennt diese Konzeption: *Wertindividualität*.[16] Wären sämtliche konkreten Erscheinungen nichts anderes als bloße Anwendungsfälle von allgemeinen Begriffen, so verlöre jedwedes Interesse an einem bestimmten Individuum seine Grundlage, da alle Individuen axiologisch ununterschieden sein müßten. Denn unter diesen Voraussetzungen, die Lask mit dem Terminus *Wertuniversalismus* belegt[17], könnte man Werte nicht konkreten Erscheinungen, sondern lediglich allgemeinen Begriffen bzw. Gesetzen zuschreiben, unter die sie fallen.

Der Wertuniversalismus schließt die These von der Wertindividualität aus und entzieht daher dem Interesse am Historischen die Basis. Wie wir gesehen haben, setzt die These von der Wertindividualität, die mit dem Interesse am Individuellen intrinsisch verschränkt ist, den *hiatus irrationalis* voraus. Aus diesem Grunde läßt sich das Problem historischer Erkenntnis nicht dadurch lösen, daß man den *hiatus irrationalis* überwindet und die Kluft zwischen Begriff und Wirklichkeit schließt, mithin den Weg einschlägt, den Hegel und die Anhänger des Emanatismus beschritten haben. Lasks Analyse aber impliziert, daß historische Erkenntnis trotz – vielleicht sogar wegen – des *hiatus irrationalis* möglich ist. Dies ist genau der Weg, den Rickert gegangen ist, in dessen Philosophie der mit der Irrationalität des Wirklichen verbundene *hiatus irrationalis* kein unüberwindliches Hindernis auf dem Wege zu historischer Erkenntnis darstellt, sondern deren transzendentale Voraussetzung.

4. Rickerts Logik
einer historischen Kulturwissenschaft

Mit seinen *Grenzen der naturwissenschaftlichen Begriffsbildung* verfolgt Rickert vor allem den einen Zweck, nämlich eine plausible Antwort auf das Problem des *hiatus irrationalis* zu geben. Er entwirft eine Lösungsstrategie, die sich konsequent der folgenden fünf Theoriebausteine bedienen soll: (I) eine bewußtseinsimmanente Auffassung von Realität; (II) eine Kritik des epistemologischen Realismus; (III) eine Methodologie, die auf teleologische Begriffsbildung abstellt; (IV) eine Bestimmung der Grenzen der naturwissenschaftlichen Begriffsbildung; (V) ein Abgrenzungskriterium, das die Naturwissenschaft von der Kulturwissenschaft zu trennen vermag.

(I) Die Immanenz des Wirklichen

Die Wirklichkeit erfahren wir Rickert zufolge als eine weder zeitlich noch räumlich eingrenzbare unendliche Mannigfaltigkeit von Einzelgestaltungen und Vorgängen, die untereinander in einem unermeßlichen Beziehungsgeflecht stehen. Damit ist zweierlei impliziert: Wirklichkeit ist *unendlich*, insofern sie niemals erschöpfend erfahren werden kann; sie *ist unübersehbar*, da man sie ebensowenig *in toto* begreifen kann. Rickert spricht hier von der extensiven Mannigfaltigkeit der Wirklichkeit. Darüber hinaus ist jedes Ereignis in seiner erfahrbaren extensiv-unendlichen Mannigfaltigkeit aber auch unendlich komplex, was nicht nur darauf zurückzuführen ist, daß jede Entität mit allen anderen Entitäten in zahllosen Beziehungen steht, die auch niemals völlig erfaßt werden können. Selbst wenn man eine solche Einzelgestaltung von all ihren Beziehungen löst, bleibt doch in zweierlei Hinsicht ein unendlicher Komplex bestehen. Erstens ist die Anzahl der Teile, in die man ein beliebiges Ereignis zerlegen kann, prinzipiell unbegrenzt. Zwar können wir herausfinden, welches das »kleinste« wahrnehmbare Element ist, aber wir können nicht sicher sein, daß es nicht doch noch »kleinere« Teile gibt, die unserer Aufmerksamkeit entgangen sind. Rickert nennt dies die quantitative Unendlichkeit, die jedem Ereignis anhaftet. Diese These von der quantitativen Unendlichkeit beruht auf der einfachen Tatsache, daß wir über kein Kriterium verfügen, mit Hilfe dessen wir entscheiden können, wann wir den »kleinsten«, nicht weiter teilbaren Baustein vor uns haben. Zweitens kann man sagen, daß sowohl jeder Vorgang als auch seine sämtlichen Teile über eine unendliche Anzahl von Aspekten verfügen. Niemals können wir uns dieser Aspekte in ihrer Gesamtheit bewußt werden. Jedes Ereignis besitzt eine unbestimmte Anzahl von Eigenschaften, die ihrerseits eine unbestimmte Anzahl von Gesichtspunkten implizieren – und es gibt kein Prinzip, das uns zu einem vollständigen Bild all dieser Gesichtspunkte verhilft. Da jede Eigenschaft selbst wiederum unendlich viele Unterscheidungen umgreift, ist ein Ereignis auch in qualitativer Hinsicht unendlich mannigfaltig. Rickert spricht deshalb von der intensiven Mannigfaltigkeit des Wirklichen.[18]

Die These von der extensiven wie intensiven Mannigfaltigkeit des Wirklichen zielt nicht nur auf die Welt physikalischer Körper, sondern erstreckt sich auch auf den Bereich geistiger Prozesse. Selbst die subjektiv-psychische Realität der Icherfahrung ist unendlich komplex. Aufgrund der unbegrenzten Fülle der intrapsychischen Vorgänge ist es mir nicht möglich, zu einer vollständigen Vorstellung meiner eigenen mentalen Erfahrung zu gelangen, d. h. alles zu erfassen, was ich je gedacht, gewünscht, gehofft, gewollt etc. habe. Zudem ist jeder einzelne mentale Vorgang, für sich genommen, ebenfalls unendlich vielfältig. So gleicht beispielsweise keine Gefühlsregung haargenau einer anderen, keine Wollung wiederholt sich in identischer Form. Dazu kommt noch, daß jeder geistige Vorgang ein temporaler Prozeß ist, dessen Ablauf man in unzählige Teilstadien zergliedern kann.[19] Folglich ist die Wirklichkeit als Ganzes, einschließlich der Welt mentaler Prozesse, irrational, insofern es kein Kriterium gibt, anhand dessen wir feststellen könnten, daß unsere Erkenntnis sie in ihrer Totalität erfaßt; und jeder Teil des Wirklichen ist irrational, weil es kein Kriterium gibt, anhand dessen wir prüfen könnten, ob wir es mit einer vollständigen Beschreibung all seiner Aspekte zu tun haben.

In diesem Zusammenhang hebt Rickert hervor, daß die Auffassung von der Irrationalität der Wirklichkeit keine Theorie über das Wesen des Seienden darstelle, sondern lediglich ein Tatsachenurteil hinsichtlich des Modus unserer Seinserfahrung. Man könnte also sagen, daß es sich hier um eine phänomenologische, nicht um eine ontologische These handelt. In Rickerts Augen wäre es deshalb falsch anzunehmen, daß diese Lösung des Problems historischer Erkenntnis eine Ontologie zu ihrer Voraussetzung hat, die Wirklichkeit ihrem Wesen nach als irrational qualifiziert. Die Irrationalitätsthese behauptet etwas über unser Bewußtsein von der Welt. Sie bezieht sich auf die Grenzen, die unserem Denken gezogen sind und die wir als Unfähigkeit erfahren, zu einer erschöpfenden Vorstellung des Wirklichen zu gelangen. In der Tat tritt uns das Wirkliche als ein Unendliches, die kognitiven Kompetenzen unseres endlichen Geistes Überschreitendes gegenüber, weswegen wir es niemals zur Gänze erfassen können. Rickert trägt seinen Wirklichkeitsbegriff phänomenologisch vor und weist jede Form von Ontologie zurück, weil er sich dem »Satz der Immanenz« verpflichtet fühlt: Alles Seiende existiert ausschließlich als Bewußtseinsinhalt.[20] Dieser Satz ist unvereinbar mit einer transzendenten, vom Bewußtsein unabhängigen Wirklichkeit. Die Vorstellung einer bewußtseinsimmanenten Wirklichkeit müßte notwendig zu der metaphysischen Annahme zweier Welten führen, nämlich einer, ontologisch gesehen, minderwertigen Welt von Erscheinungen im Sinne von Bewußtseinsinhalten zum einen und einer das Bewußtsein transzendierenden Welt, die als authentische Wirklichkeit gelten dürfte, zum anderen. Demgegenüber sind für Rickert Erscheinungen stets Bewußtseinstatsachen, die allein die Wirklichkeit ausmachen. Der Gedanke einer bewußtseinstranszendenten Wirklichkeit ist somit nichts weiter als schiere metaphysische Einbildung.[21]

(II) Die Kritik des epistemologischen Realismus

Der zweite Schritt auf Rickerts Weg zur Lösung des Problems historischer Erkenntnis besteht in der sich an die Immanenzthese anschließenden Zurückweisung des epistemologischen Realismus. Rickert verwendet das Konzept des epistemologischen Realismus in den *Grenzen*, ohne es präzise zu bestimmen. Auch ist seine an dieser Position geübte Kritik ziemlich wirr. Er entwickelt seine Argumente nur unvollständig, umreißt sie oftmals nur flüchtig und vermischt die unterschiedlichsten Einwände miteinander, die man gegen den epistemologischen Realismus vorbringen kann. Dennoch geht aus Rickerts Bemerkungen hervor, daß er den epistemologischen Realismus für eine Position hält, die Erkenntnis als simple Reproduktion der tatsächlich erfahrenen Wirklichkeit betrachtet. Dementsprechend kann eine Aussage dann einen Wahrheitsanspruch erheben, wenn sie eine getreue Wiedergabe der Eigenschaften ihres Gegenstandes ist. Insofern ist eine solche Epistemologie auf eine Korrespondenztheorie der Wahrheit verwiesen. In den *Grenzen* bezeichnet Rickert diese epistemologische Position als Abbildtheorie, da sie den Zweck der Erkenntnis darin sieht, ein Bild der erfahrbaren Wirklichkeit zu liefern.[22] Im *Gegenstand der Erkenntnis* beschäftigt sich Rickert ausführlicher, wenn auch keineswegs präziser, mit dem epistemologischen Realismus, indem er sich mit David Humes Philosophie befaßt.[23] Erfahrung umgreift Hume zufolge zwei verschiedene Arten von Bewußtseinsinhalten: einmal die Eindrücke, die von den Erscheinungen hervorgerufen werden, und daneben die Vorstellungen, die diese Eindrücke reproduzieren. In dieser Sichtweise ist Erkenntnis nichts anderes als die Korrespondenz zwischen Vorstellungen und Eindrücken. Vorstellungen sind dann wahr, wenn sie die Eindrücke, für die sie stehen, genau wiedergeben. Rickert nennt dies »empirischen Realismus« bzw. »immanente Abbildtheorie«.[24]

Eingedenk der Irrationalität des Wirklichen und angesichts der Unmöglichkeit, die Wirklichkeit als Ganzes oder in ihren Teilen zu erkennen, ist es nicht weiter verwunderlich, daß sich Rickert nicht mit dem epistemologischen Realismus anfreunden kann. So wie wir die Wirklichkeit erfahren, kann sie gar nicht, weder in ihrer Extension noch in ihrer Intension, in irgendeinem Sinne abgebildet bzw. wiedergegeben werden.[25] Darüber hinaus läßt sich Rickerts Ablehnung des epistemologischen Realismus noch aus zwei konstitutiven Merkmalen seiner Erkenntnistheorie erklären: seiner Begriffs- und seiner Urteilslehre. Denn Begriffe im Rickertschen Sinne dürfen nicht mit Vorstellungen verwechselt werden, die er lediglich für Erscheinungen des geistigen Lebens erachtet. Begriffe aber sind Gebilde zum Zwecke der Erkenntnisgewinnung. Sie werden gebildet, indem man sich auf besondere Eigenschaften in der Welt physischer oder psychischer Tatsachen bezieht und sie zu kohärenten Einheiten formt, die für die Bedeutung von Begriffen konstitutiv sind. Der Begriffsinhalt, der stets eindeutig festgelegt ist, ist etwas ganz anderes als der Inhalt einer Vorstellung, der wandelbar und unbestimmt ist. Während eine Vorstellung eine diffuse Vielfalt von Wahrnehmungen verkörpert, ist ein Begriff durch ein Bündel von Aussagen bzw. Urteilen klar festgelegt.[26]

Bereits in seiner Dissertation *Zur Lehre von der Definition* entfaltet Rickert ansatzweise seine Auffassung vom Verhältnis zwischen Begriffen und Urteilen. Jede Erkenntnis besteht in Urteilen, jede Aussage, die einen Erkenntnisanspruch erhebt, ist ein Urteil. Was seinen logischen Gehalt betrifft, ist ein vollständig bestimmter bzw. spezifizierter Begriff das Produkt eines Urteils. Indem Rickert auf das zwischen Begriffen und Urteilen bestehende Abhängigkeitsverhältnis und auf die propositional ausdifferenzierte Form von Begriffen hinweist, zielt er in erster Linie darauf ab, das diskursive Moment von Erkenntnis gegenüber dem Aspekt der Perzeption hervorzuheben. Gegenstand eines Begriffes ist keineswegs eine Vorstellung oder Wahrnehmung, sondern das Gesamt der in Urteilen ausgedrückten Beziehungen zwischen Vorstellungen und Wahrnehmungen. Diese Beziehungen sind nicht perzeptiv, sondern diskursiv, weil sie in Urteilen bestehen.

In seiner Begriffstheorie unterscheidet Rickert Begriffsbildung von Begriffszerlegung. Begriffsbildung meint die Synthesis, d. h. die Verknüpfung von Elementen der Erfahrung, die für die Bestimmung eines Begriffs als wesentlich angesehen werden. Begriffszerlegung bezeichnet den Vorgang der Dekomposition, in dem Begriffe auf ihre einzelnen Bestandteile hin untersucht werden. Begriffsanalyse vollzieht sich immer in Urteilen. Ungeachtet der Tatsache, daß sich zwischen 1888, dem Zeitpunkt der Ersterscheinung der *Lehre von der Definition*, und 1929, als die dritte und letzte Auflage herauskommt, in der europäischen Philosophie eine analytisch-linguistische Wende vollzieht, versteht Rickert unter einem Urteil weiterhin völlig unbeirrt einen geistigen Vorgang, der einem Aussagesatz korrespondiert. Begriffszerlegung, d. h. die analytische Bestimmung eines Begriffs, übersetzt den Begriff in ein Urteil bzw. in eine Folge von Urteilen, wobei es der Begriff ist, über den geurteilt wird. Seine Eigenschaften sind diejenigen Bestandteile der Erfahrung, die in der Synthesis als wesentlich herausgegriffen werden. Somit ist die Synthesis, bei der die Elemente der Erfahrung miteinander zum Begriffe verknüpft werden, ebenfalls ein Urteil und die Begriffsanalyse, die Zerlegung des Begriffes in seine Komponenten, lediglich die Umkehrung dieses Vorgangs. Begriffsbildung i. e. Synthesis, meint die Denkbewegung von den Urteilen zum von ihnen gebildeten Begriff. Begriffszerlegung, i. e. Analyse, meint die Denkbewegung vom Begriff zu den Urteilen, aus denen er besteht. Rickert veranschaulicht diese wechselseitige Übersetzbarkeit von Begriffen und Urteilen am Beispiel des physikalischen Gravitationsbegriffs, dessen Inhalt mit dem Gravitationsgesetz, das in einem Urteil zum Ausdruck kommt, deckungsgleich ist.[27]

Die eingehendste Erörterung, die Rickert der Urteilstheorie widmet, findet man im dritten Kapitel seines *Gegenstandes der Erkenntnis*. Wie er dort ausführt, liegt das Besondere an einem Urteil darin, daß es der einzige geistige Akt ist, dem Wahrheit oder Falschheit zukommt. Urteilen heißt keineswegs, Vorstellungen zu bilden. Vielmehr haben wir es dabei mit einem Akt der Entscheidung darüber zu tun, was wahr bzw. falsch ist, mithin einem Akt der Affirmation oder Negation. Eben weil Vorstellungen weder wahr noch falsch sein können, beinhalten sie auch keine Erkenntnis. Deswegen ist jede Erkenntnis an Urteilsakte gebunden, kann Wahrheit niemals irgendwelchen Vorstellungen entnommen werden. Weil Erkennen Urteilen heißt, ist stets ein Bejahen oder Verneinen impliziert, ein Vorgang, den man nicht als bloßes Abbilden begreifen kann. Selbst wenn wir die Wirklichkeit nicht als unendliche Mannigfaltigkeit erführen, so wäre es immer noch unabdingbar, den epistemologischen Realismus zu verwerfen, weil der Akt des Erkennens, ganz anders als das Hervorbringen von Vorstellungen, nicht als ein Abbilden oder Reproduzieren verstanden werden darf.[28]

Zum selben Schluß gelangt Rickert, indem er – in einem anderen

Argument – die Wahrheit als Wert konzipiert. Ein Erkenntnisurteil ist ein Akt der Entscheidung über wahr und falsch. Da die Wahrheit ein Wert ist, besteht Erkenntnis nicht in der Abbildung eines Gegenstandes, sondern in der Stellungnahme zu einem Wert. Diese Argumentation beruht auf der Annahme, daß jedweder Willensakt sich als eine Stellungnahme für oder gegen etwas begreifen läßt. Rickert zufolge sind Willensakte gebunden an ein Entweder/Oder – und wir sind jeweils gezwungen, uns für eine der beiden Möglichkeiten zu entscheiden. Dieser Tatbestand mag zwar für das Hervorbringen von Vorstellungen irrelevant sein, geht es aber um ein Urteil, das immer ein Stellungnehmen impliziert und niemals ein Akt distanzierten Betrachtens sein kann, so erlangt er entscheidende Bedeutung. Und der Gegenstand, zu dem wir urteilend Stellung nehmen, muß stets ein Wert sein, denn nur was uns wert ist, kann unsere Hingabe erheischen. Dabei ist die Sphäre der Werte nicht etwas in der Wirklichkeit, sondern etwas Geltendes, und Werte kann man demnach auch nicht als etwas Seiendes ansehen: Sie sind unwirklich bzw. irreal. Daraus folgt wiederum, daß es kein Korrespondenzverhältnis zwischen Werten und Wirklichkeit geben kann. Wenn wir die Wahrheit als einen Wert auffassen, so bedeutet dies, daß wir von etwas Wahrem nicht sagen können, daß es existiert, wir können lediglich sagen, daß es gilt. Deshalb kann man von dem Umstand, daß wahre Aussagen möglich sind, nicht auf ein Korrespondenzverhältnis zwischen Erkenntnis und Wirklichkeit schließen, ebensowenig wie man behaupten kann, daß wahre Urteile ihre Gegenstände abbilden. In Rickerts Augen ist der Gedanke eines derartigen wechselseitigen Entsprechungsverhältnisses denn auch alles andere als schlüssig. Für ihn ist eine Aussage nicht deswegen wahr, weil sie mit der Wirklichkeit korrespondiert, sondern weil ihr Gehalt, genauer gesagt, ihre irreale Bedeutung, für die Wirklichkeit Geltung besitzt.[29]

In seinen Bemerkungen zum Unterschied zwischen der Bedeutung eines Urteils auf der einen und dem Vorgang des Urteilens, dem praktischen Urteilsvollzug auf der anderen Seite bestimmt Rickert näher, was unter diesem ideellen Gehalt zu verstehen ist. Den Vollzug des Urteils nämlich, der immer ein zeitlich begrenzter, von einem konkreten Subjekt hervorgebrachter Akt ist, will er strikt getrennt wissen von der kognitiven Bedeutung des Urteils. Hierbei unterscheidet er zwei Arten von Urteilsbedeutung.

Zum einen kommt Urteilen eine subjektive Bedeutung zu, die den Intentionen desjenigen entspricht, der im Vollzug eines Urteils praktisch Stellung nimmt. Die subjektive Bedeutung bleibt dem Akt des Urteilens immanent, sie verkörpert den aktuellen Sinn des Urteilens, nicht aber die Bedeutung des Urteilsgegenstandes. Urteile haben aber auch eine objektive Bedeutung, die gänzlich unabhängig ist von den Intentionen des Urteilenden und dem Akt der Stellungnahme. Diese objektive Bedeutung ist der eigentliche Gegenstand des Erkenntnisurteils, wobei seiner Wahrheit bzw. Falschheit selbstredend weder Seinscharakter noch Seinskonformität zugeschrieben werden darf. Wie bereits an anderer Stelle erörtert, gehören die objektiven Urteilsbedeutungen nicht der Wirklichkeit, sondern der Sphäre des Geltens an – und insofern sie gelten, können sie nicht als abbildförmige Reproduktion des Wirklichen betrachtet werden.[30]

Zusammenfassend kann man sagen, daß Rickert zwei Begründungen liefert, mit deren Hilfe er seine Ablehnung des epistemologischen Realismus erklärt. Die eine dieser beiden Begründungen fußt auf seiner Auffassung dessen, was Begriffsbildung und Erkenntnis heißt, die andere auf seinen Überlegungen zum Gegenstand von Erkenntnisurteilen. Rickert zufolge werden Begriffe durch Urteile gebildet, d. h. durch Akte des Bejahens oder Verneinens. Deshalb sind Urteile, im Gegensatz zu Vorstellungen, keine Abbildungen des Wirklichen. Erkenntnis wäre demnach selbst dann keine bloße Reproduktion der Wirklichkeit, wenn wir das Wirkliche nicht als eine unendliche Mannigfaltigkeit auffaßten. Hinzu kommt, daß der Gegenstand, zu dem man urteilend Stellung nimmt, indem man ihn für wahr oder falsch erachtet, ein Wert ist. Werte aber, als etwas Nichtseiendes, liegen außerhalb der Sphäre des Wirklichen. Folglich kann der Gegenstand eines Erkenntnisurteils keine abbildförmige Reproduktion des Wirklichen sein.

(III) Methodologie und erkenntnisleitende Interessen

Gibt es nun einen adäquaten Ersatz für die Erkenntnistheorie des epistemologischen Realismus, nachdem dieser sich als untauglich erwiesen hat? Rickerts Versuch, diese Frage positiv zu beantworten, zerfällt in zwei Teile. Zunächst verweist er auf den teleologischen Charakter unserer Erkenntnis. Die Interessen und Ziele, von denen sie sich leiten läßt, bestimmen auch die besonderen Aspekte des Wirklichen, die wir in Anbetracht deren unendlicher Mannigfaltigkeit herausgreifen. In einem zweiten Schritt stellt Rickert, ebenfalls unter der Maßgabe erkenntnisleitender Interessen, eine Methodologie des kognitiven Diskurses bereit, die in Form von »Begriffen« das Instrumentarium enthält, das für die gewünschte historische Erkenntnis unabdingbar ist. Unter der Voraussetzung der Irrationalität des Wirklichen ist Erkenntnis nur möglich mit Hilfe von Begriffen, die im oben genannten teleologischen Sinn die Wirklichkeit vereinfachen und umbilden. Rickerts gesamte Methodenlehre fußt auf seiner Kritik am epistemologischen Realismus. Weil Erkenntnis niemals bloße Reproduktion des Wirklichen sein darf, ist die auf Wirklichkeitserkenntnis abzielende Begriffsbildung auf ein Kriterium angewiesen, ein »Vorurteil« sozusagen, mit Rücksicht auf das die Erkenntnis im gegebenen Stoffe das Wesentliche vom Unwesentlichen scheidet. Ein solches Prinzip der Auswahl ermöglicht es, besondere Aspekte der Realität unseren erkenntnisleitenden Interessen folgend begrifflich zu erfassen. Deswegen ist es das Hauptproblem der Methodologie, ein Verfahren teleologischer Begriffsbildung zu entwickeln.[31]

Diese Methodenlehre beruht auf einer Trennung von Methodologie und Epistemologie, die aus einer der Grundannahmen Kantischen Denkens, nämlich der Entgegensetzung von Form und Inhalt, hervorgeht. Dieser Entgegensetzung zufolge muß der Inhalt von Erkenntnis stets getrennt werden von den Erkenntnisformen, die ihn strukturieren. Rickert unterscheidet nun zwei Arten von Erkenntnisformen, die konstitutiven, die er in Anlehnung an Kant Kategorien nennt, und die methodologischen Formen. Die Funktion der konstitutiven Formen liegt darin, die Bildung eines Sinnesdatums zum Gegenstand von Erkenntnis überhaupt anzuleiten. Die von diesen Formen strukturierten Bewußtseinsinhalte sind für uns »objektive Wirklichkeit«, die wir als unendliche Mannigfaltigkeit von Erscheinungen erfahren und die von keiner Wissenschaft zur Gänze begriffen werden kann. Das Erkennen dieser objektiven Wirklichkeit aber hängt von den methodologischen Formen ab, die diese Wirklichkeit auf dem Wege der teleologischen Begriffsbildung umgestalten. So ist Kausalität beispielsweise eine konstitutive Form, insofern die objektive Wirklichkeit unabhängig von dieser Kategorie überhaupt nicht vorgestellt werden kann. Nomologische Regelmäßigkeiten oder Begriffe wissenschaftlicher Gesetzmäßigkeit hingegen sind methodologische Formen, die, wiewohl sie für die naturwissenschaftliche Erforschung der Wirklichkeit gebraucht werden, nicht wesentlich sind für Erkenntnis überhaupt.

Um die Differenzierung von methodologischen und konstitutiven Formen zu begründen, setzt Rickert sich mit dem fundamentalen Irrtum auseinander, den er in Kants Erkenntnistheorie angelegt sieht. Kant identifiziert die objektive Wirklichkeit mit Natur, insofern sie von allgemeinen Gesetzen durchherrscht wird, mit Natur oder Existenz schlechthin. Dementsprechend begreift er Wirklichkeitserkenntnis als Naturerkenntnis. Indem Kant Gesetzmäßigkeit als konstitutive Kategorie mißversteht, handelt er sich Rickert zufolge einen verengten Wirklichkeitsbegriff ein. Um diesen Irrtum zu korrigieren, bedarf es Rickert zufolge eines Wirklichkeitsbegriffs, der das Wirkliche nicht als einfache Sinnesdaten, sondern als geformt begreift. Indes dürfen bei diesem Wirklichkeitsbegriff, anders als beim Naturbegriff Kants, konstitutive und methodologische Formen nicht in eins fließen. Vonnöten ist somit ein Begriff vorwissenschaftlicher, von keinerlei methodologischen Formen a priori strukturierter Wirklichkeitserfahrung, die als Wirklichkeit schlechthin fungieren soll. Die Logik von Rickerts »objektiver Wirklichkeit« folgt den ursprünglichen und nichthintergehbaren Formbestimmungen, die aller Wissenschaft zugrunde liegen, da sie Voraussetzung für jede theoretisch gehaltvolle Aussage über die Wirklichkeit sind. Nur die konstitutiven Formen, die die stofflichen Voraussetzungen jeglicher Wissenschaft bereitstellen, kommen in diesem Zusammenhang in Frage, wohingegen die methodologischen Formen, die Aspekte des Stoffes herausgreifen und zum Gegenstand je unterschiedlicher wissenschaftlicher Untersuchungen machen, hier vollkommen ohne Belang sind.

Konstitutive und methodologische Formen unterscheiden sich sowohl in ihrem Allgemeinheitsgrad als auch im Hinblick auf ihren logischen Rang – wobei jene allgemeiner sind als diese. Was den logischen Stellenwert betrifft, ist die Konstituierung des objektiv Wirklichen vorrangig gegenüber seiner wissenschaftlichen Erforschung anhand methodologischer Formen. Während sich die Erkenntnistheorie mit den konstitutiven Formen beschäftigt, setzt sich die Methoden- oder Wissenschaftslehre mit den methodologischen Formen auseinander.[32]

(IV) Die Grenzen der naturwissenschaftlichen Begriffsbildung

Im Anschluß an Windelband meint auch Rickert, daß sich unser Interesse an der Wirklichkeit zumeist auf das richtet, was ein Gegenstand mit anderen gemein hat. Dadurch *wird*, diesem erkenntnisleitenden Interesse gemäß, der Gegenstand Natur; Wirklichkeit erschöpft sich in den allgemeinen Eigenschaften, die eine Erscheinung mit anderen teilt.[33] Der entscheidende Zweck naturwissenschaftlicher Erkenntnis liegt darin, Naturgesetze, generelle Aussagen von unbedingter Gültigkeit aufzudecken, mit deren Hilfe man das erfassen kann, was einer Vielzahl von Dingen gemein ist. Diese Auffassung von der Naturwissenschaft und ihren Grenzen ist nun der vierte Theoriebaustein, den Rickert für seine Lösung des vom *hiatus irrationalis* aufgeworfenen Problems ins Spiel bringt.

Die Naturwissenschaft bewältigt die extensive und intensive Mannigfaltigkeit des Wirklichen mit dem ihr eigenen Begriffsinstrumentarium: Sie bildet Gesetze. Naturgesetze bezeichnen Dinge nicht um ihrer raumzeitlichen Einzigartigkeit willen, sondern beschreiben alle einer bestimmten Merkmalsklasse zugehörigen Gegenstände. Auch die anschauliche Mannigfaltigkeit geht nicht in die Naturgesetze ein. Die naturwissenschaftlichen Begriffe sind weder allgemeine Vorstellungen noch Bilder des Wirklichen; vielmehr formen sie die Wirklichkeit unter systematischen Kriterien um, so deren Komplexität gleichsam reduzierend. Dies gilt sowohl für die raumzeitlichen Grenzen der Realität bzw. – um mit Rickert zu sprechen – für deren extensive Mannigfaltigkeit, als auch für die einzelnen Begriffselemente bzw. die intensive Mannigfaltigkeit. Dafür, daß Naturgesetze keine irgendwie zusammengesetzten Wahrnehmungen im Sinne von allgemeinen, generalisierten Vorstellungen sein können, führt Rickert zwei Gründe an. Erstens ermangelt es allgemeinen Vorstellungen, wie allgemein sie auch immer sein mögen, an dem Maß an Präzision, das erforderlich ist, um von wirklicher Erkenntnis sprechen zu können. Zweitens kann man Geltung ausschließlich Urteilen, aber niemals bloßen Vorstellungen zuschreiben, was bedeutet,

daß diese nicht von derselben Allgemeingültigkeit wie Naturgesetze sein können, die in Urteilen bestehen. Ist es doch die Geltung eines Urteils, das die Wirklichkeit durch Begriffe umbildet,
deren Gültigkeit selbst wiederum darauf beruht, nicht die Eigenschaften der Realität abzubilden.[34]

Eben weil der »Anschaulichkeit« in den Naturwissenschaften
keinerlei Bedeutung zukommt, ist Rickert zufolge ein Erkennen
der Wirklichkeit als Natur möglich. Die naturwissenschaftlichen
Begriffe schicken sich nicht an, die wahrnehmbaren Besonderheiten der konkreten Realität wiederzugeben, sondern versuchen
demgegenüber, mit Blick auf universelle Merkmale gerade davon
zu abstrahieren. Weil diese Merkmale universell sind, kann man
sie nicht »wahrnehmen«, weswegen sie auch nicht wirklich sein
können.[35] In Rickerts Augen ist also das Absehen von den wahrnehmbaren Qualitäten des Wirklichen eine Bedingung der Möglichkeit naturwissenschaftlicher Erkenntnis. Der Fortschritt auf
diesem Gebiet hängt demzufolge vom Stand der Ausdifferenzierung der jeweiligen Abstraktionen ab. Je allgemeiner die Naturgesetze gefaßt werden können, desto aussagekräftiger werden die
Erklärungen, was wiederum den wissenschaftlichen Fortschritt
voranbringt. Allein, je allgemeiner diese Gesetze werden, desto
abstrakter, inhaltsleerer und wirklichkeitsferner werden sie
auch.

Wahrnehmbare Eigenschaften als solche sind aber auch individuell, d. h. die besonderen Merkmale eines Erfahrungsgegenstandes,
die ihn von allen anderen unterscheiden, sind in raumzeitlicher
Hinsicht einzigartige und nichtwiederholbare Qualitäten. Von
daher gelten dieselben Überlegungen, die wir oben zur logischen
Beziehung von Abstraktion und Wahrnehmung angestellt haben,
ebenfalls für die Beziehung von Abstraktion und Individualität.
Durch Abstraktion klammert somit die naturwissenschaftliche
Begriffsbildung die einzigartigen und nichtwiederholbaren Merkmale des Wirklichen aus – die Wirklichkeit selbst verschwindet
im Zuge des abstrahierenden Begriffsbildungsverfahrens immer
mehr. Diese Schlußfolgerung Rickerts ist kaum überraschend,
eingedenk seiner Prämisse, daß Wirklichkeit durch eben diese
Eigenschaften allererst konstituiert wird. Hier sieht man sehr
deutlich, weswegen Rickert die naturwissenschaftliche Begriffsbildung für unzulänglich und begrenzt hält: Wird doch die empirische Wirklichkeit in seinem Falle über ihre individuellen und

wahrnehmbaren Qualitäten definiert, von denen die Naturwissenschaften abstrahieren müssen.[36]

Diese Sichtweise, die Grenzen der naturwissenschaftlichen Begriffsbildung auszuweisen, liefert Rickert einen weiteren systematischen Grund, um den epistemologischen Realismus zu verwerfen. Denn sollte die Abbildtheorie wahr sein, ließe sich Rickerts Bestimmung der Grenzen naturwissenschaftlicher Erkenntnis durch die individuellen und wahrnehmbaren Merkmale des Wirklichen nicht halten. Das genaue Gegenteil wäre vielmehr der Fall, der Zweck der Naturwissenschaften läge dann in der bloßen Reproduktion dieser Merkmale.

(v) Das Abgrenzungskriterium

Es gibt noch einen weiteren systematischen Grund dafür, daß Rickert den epistemologischen Realismus zurückweisen muß. Eines der Hauptziele der philosophischen Bemühungen Rickerts liegt darin, ein Klassifikationssystem für wissenschaftliche Disziplinen zu entwickeln, das die Naturwissenschaften eindeutig von den Geschichts- bzw. Kulturwissenschaften trennt und es diesen ermöglicht, einen eigenen, unabhängigen theoretischen Diskurs zu führen. Man kann diese Differenzierung mit Popper das Abgrenzungsproblem nennen.[37] Rickert bemerkt sofort, daß er die Antwort des epistemologischen Realismus auf dieses Problem nicht akzeptieren kann, ja mehr noch, daß der den methodologischen Monismus propagierende epistemologische Realismus im Grunde das Problem gar nicht erkennt. Wenn das Ziel wissenschaftlicher Forschung wirklich im bloßen Abbilden der Realität bestünde, könnte letzten Endes auch nur ein einziges Abbild als wahre Erkenntnis gelten. In diesem Fall gäbe es nur eine einzige wissenschaftlich gültige Auffassung von der Wirklichkeit, die Frage nach einer wie immer gearteten Abgrenzung wäre sinnlos und hinfällig. Von daher hängt Rickerts Lösung des Abgrenzungsproblems notwendig von seiner Zurückweisung des epistemologischen Realismus ab.

Die Frage nach einem Abgrenzungskriterium, das es erlaubt, die Naturwissenschaften logisch präzise von den Geschichts- bzw. Kulturwissenschaften zu trennen, stellt den fünften und letzten Theoriebaustein in der Argumentationsstruktur Rickerts dar.

Wie wir bereits gesehen haben, darf ein solches Kriterium nicht ontologischer Natur sein. Rickert leugnet keineswegs die Möglichkeit einer Abgrenzung mit ontologischen Mitteln, doch vermag er in diesem Punkte Dilthey nicht zu folgen, der von zweierlei verschiedenen Seinsmodi ausgeht. Demgegenüber besteht er aber auf der theoretischen Irrelevanz ontologischer Kriterien für die Lösung des Abgrenzungsproblems[38], und er wendet sich der Frage zu, was es eigentlich bedeutet, daß die Naturwissenschaft Wirklichkeit als Natur auf den Begriff bringt. Um diese Frage logisch angemessen behandeln zu können, unterscheidet Rickert zwischen zwei Begriffen von Natur, wobei ihm der erste als zu eng, der zweite als zu weit bestimmt vorkommt. Wenn man »Geist« im Sinne von geistigen Vorgängen bzw. von Erscheinungen des Geisteslebens als das Gegenstück von Natur setzt, so referiert dieser Begriff von Natur auf das raumzeitlich Körperliche schlechthin. In diesem Falle ist Natur äußerst eng gefaßt. In den üblichen philosophischen Leitdifferenzen wie etwa Natur/Kunst, Natur/Kultur, Natur/Moral und Natur/Gott hingegen ist der Naturbegriff nicht auf Körper beschränkt, sondern umgreift sowohl das Geistige als auch die Materie. In diesem Fall referiert der Begriff »Natur« auf empirische Realität überhaupt, was Rickert zufolge viel zuviel umschließt. Beispielsweise ist jedes Kunstwerk, jedes kulturelle Artefakt ein empirischer Gegenstand. Das bedeutete aber noch lange nicht, daß ein derartiges Kulturgut auch als Naturerscheinung verstanden werden könnte. Diese Reflexionen bringen Rickert dazu, den Naturbegriff weder mit ontologischen Kriterien noch unter Zuhilfenahme der Substanzkategorie zu analysieren. Seinen philosophischen Prämissen zufolge ist nur auf dem formalen Wege der Epistemologie eine adäquate Auffassung von Natur zu haben. Aus diesem Grunde lehnt Rickert nicht nur jede ontologische Auflösung des Abgrenzungsproblems ab, sondern auch jeden ontologischen Naturbegriff.[39]

Rickert verficht einen gleichsam »prozeduralen« Naturbegriff, dem das Wirkliche als Natur Gegenstück eines bestimmten Erkenntnisziels ist. Die empirische Wirklichkeit *wird* Natur, wenn wir sie betrachten mit Rücksicht auf das Allgemeine, d. h. wenn wir sie mit Blick auf ihre nomologische Struktur begreifen. Das erkenntnisleitende Interesse der Naturwissenschaften liegt somit in der Reduktion des Wirklichen auf ein System möglichst allgemeiner generischer Begriffe, das deren nomologische Struktur in einem Bündel von Naturgesetzen zum Ausdruck bringt. Sofern diese Naturgesetze nun eine klare und vorbehaltlose Artikulation der Prinzipien bereitstellen, die das unendlich Mannigfaltige der Wirklichkeit regieren, kann man für sie Geltung reklamieren. Wie wir bereits gesehen haben, beheben die Naturwissenschaften das Problem des *hiatus irrationalis* durch eine auf begriffliche Abstraktion abstellende Methodologie. Indem Gesetze von zunehmender raumzeitlicher Allgemeinheit entwickelt werden, wird von den konkreten, wahrnehmbaren Eigenschaften abstrahiert, die verantwortlich sind für die extensive und intensive Unendlichkeit dieser Mannigfaltigkeit. Mit der wachsenden Allgemeinheit und Aussagekraft der Naturgesetze sowie mit dem Fortschreiten der Bemühungen um eine vollständige und klare Erkenntnis der Natur werden diese Gesetze auch zunehmend abstrakt. Das bedeutet, daß die Gegenstände, von denen diese Gesetze gelten, immer »unwirklicher« werden und in den Gesetzen letztlich nichts mehr von den wahrnehmbaren Qualitäten, die den individuellen Charakter der Wirklichkeit ausmachen, übrigbleibt. Mit diesem Naturbegriff im Rücken bekräftigt Rickert seine These, daß eine ontologische Unterscheidung von Natur und Geist für eine Lösung des Abgrenzungsproblems belanglos ist. Der bloße Umstand, daß eine wissenschaftliche Disziplin mit geistigen Vorgängen befaßt ist, läßt Rickert zufolge noch lange keine begründete Aussage darüber zu, welcher spezifische Status dieser Disziplin zukommt bzw. welche Methoden in ihr gepflegt werden. In methodologischer Hinsicht jedenfalls sind die Entgegensetzungen Körper/Geist bzw. Leib/Seele also von keinerlei Bedeutung. Wir sind nicht nur in der Lage, die Welt physikalischer Körper als Natur zu begreifen, die von einer sich dieser Gegenständlichkeit widmenden Naturwissenschaft erforscht werden kann; ebensogut können wir die Welt geistiger Vorgänge als Natur begreifen, die von einer Psychologie erforscht werden kann, die als nomologische Naturwissenschaft von den geistigen Vorgängen auftritt.

Aus diesen Gründen ist es verständlich, daß Diltheys Versuch, das Abgrenzungsproblem anhand einer ontologischen Unterscheidung zwischen Geist und Natur aufzulösen, notwendig scheitern muß. Wenn Geschichte eine Geisteswissenschaft im Sinne Diltheys sein soll, deren Gegenstand das »Geistesleben« ist, lassen sich die Naturwissenschaften nicht klar und deutlich von der Geschichte trennen. Geschichte würde zu einer psychologischen Disziplin verkommen, und es gäbe keinen vernünftigen Grund, warum sie dann nicht auch nach denselben nomologischen Erkenntnisinteressen verfahren sollte, die für den naturwissenschaftlichen Bereich charakteristisch sind. Ein ontologisches Abgrenzungskriterium führt somit mit Notwendigkeit zum Positivismus, dessen einheitswissenschaftlichem Programm zufolge jede Form von wissenschaftlicher Forschung dasselbe Erkenntnisziel, nämlich das Aufdecken allgemeiner Naturgesetze, verfolgt. Unter positivistischen Auspizien läßt sich eine eigenständige Form historischer Erkenntnis nicht länger mit Bezug auf bestimmte erkenntnisleitende Ziele begründen, sind doch sämtliche Gegenstände per se Natur und somit von allgemeinen Gesetzen determiniert. Weil im Positivismus die naturwissenschaftlichen Methoden ubiquitär sind, gibt es für die Geschichte entweder gar kein genuines methodisches Instrumentarium oder lediglich eines dergestalt, das mit dem Grad seiner Abweichung von den präzisen naturwissenschaftlichen Begriffen ein mehr oder weniger illegitimes Dasein fristet. Von daher eignet der Geschichte keine Methodologie sui generis, jede methodologische Fragestellung gerät zum Scheinproblem, eine Geschichtswissenschaft als eigenständige Disziplin mit eigenem Problembereich und eigenen Methoden existiert mithin nicht. Das ist die positivistische Art, das Abgrenzungsproblem zu »lösen«.

Für Rickert ist John Stuart Mill der erste Philosoph, der eine systematische Logik der Geisteswissenschaften zu entwickeln suchte. Wenn man sich die Lösungsversuche des Abgrenzungsproblems der anderen Positivisten anschaut, die Rickert in seinen *Grenzen* diskutiert – Condorcet, Comte, Buckle, Spencer und Lamprecht –, so ist es zweifelsohne Mill, der die klarste und kompromißloseste Einstellung diesbezüglich vertritt. Im berühmt gewordenen sechsten Buch seines *System of Logic*, das den Titel *On the Logic of the Moral Sciences* trägt, ist Mill der Auffassung, daß die Geistes- bzw. Geschichtswissenschaften – »abandoned to the uncertainties of vague and popular discussion« – unterentwickelt sind.[40] Keine einzige gesetzmäßige Aussage, weder über den Geist noch über die Gesellschaft, konnten bislang von diesen Disziplinen formuliert werden. Ja, schlimmer noch: »There is still a controversy whether they are capable of becoming objects of science in the strict sense of the term: and among those who are agreed on this point, there reigns the most irreconcilable diversity on almost every other.«[41] Mill stellt sich die Frage, wie dieser desolate Zustand, dieser »blot on the face of science« beseitigt werden bzw. wie man die Geisteswissenschaften reformieren kann. Seine Antwort läuft darauf hinaus, die Methoden der Physik, »duly extended and generalized«, auch in den Geisteswissenschaften anzuwenden.[42] Denn im Grunde gebrauchen doch beide Sparten dieselben Methoden, eine eigenständige geisteswissenschaftliche Logik vermag Mill nicht zu erkennen: »The methods of investigation applicable to moral and social sciences must have been already described, if I have succeeded in enumerating and characterizing those of science in general.«[43] Die Behauptung Mills, daß es keine spezifisch geschichts- bzw. geisteswissenschaftliche Methodologie gibt, hängt offensichtlich damit zusammen, was er als das vordringliche Ziel aller Wissenschaft erachtet, nämlich allgemeine Gesetze aufzustellen: »Any facts are fitted, in themselves, to be a subject of science, which follow one another according to constant laws; although those laws may not have been discovered, nor even discoverable by our existing resources.«[44] Aus diesem Grunde läßt sich die Frage, ob die naturwissenschaftlichen Methoden auch in den Geisteswissenschaften zur Anwendung kommen sollen – mit anderen Worten, ob die bislang unterentwickelten Geisteswissenschaften reformiert werden können –, auf die folgende Problemstellung reduzieren: Ist es überhaupt möglich, historische Gesetze zu entdekken? Da Mill an der Unterstellung, daß es auf dem Gebiet der Geisteswissenschaften ebenfalls um das Aufdecken von Gesetzen geht, nichts »Schimärisches« finden kann, so gelten seines Erachtens die methodologischen Prinzipien der Naturwissenschaften auch uneingeschränkt für die Geisteswissenschaften.

Gesetzt, die ontologische Lösung des Abgrenzungsproblems wäre zulässig, so hätte Mill in Rickerts Augen durchaus recht, das »Geistige« des Gegenstandes nicht als ein Hindernis für die Anwendung der naturwissenschaftlichen Methoden anzusehen. Unter diesen Umständen ist Mills Vorgehensweise, die Logik der Geisteswissenschaften an die der Naturwissenschaften anzugleichen, völlig legitim. So gesehen gibt es für die naturwissenschaftliche Begriffsbildung auch keinerlei Grenzen, außer denjenigen, die unserer Erkenntnisfähigkeit überhaupt gezogen sind. In methodologischer Hinsicht sind alle Wissenschaften somit Naturwissenschaften, was Rickert zufolge die ontologische Lösungsstrategie ad absurdum führt. Diltheys Versuch, den Geschichtswissenschaften eine unabhängige Basis und einen eigenständigen Gegenstandsbereich zu verschaffen, desavouiert sich insofern selbst, als keine methodologische Unterscheidung der Geschichtswissenschaften von den Naturwissenschaften auf diesem Wege möglich ist. Hieraus folgt, daß man eine Lösung des Abgrenzungsproblems anderweitig suchen muß, nämlich in einem Verfahren historischer Begriffsbildung und, demzufolge, in den grundlegenden historischen Erkenntnisinteressen. Letztendlich bedarf es eines axiologischen Abgrenzungskriteriums: Naturwissenschaft und Geschichte lassen sich durch zwei verschiedene, nicht aufeinander rückführbare theoretische Werte unterscheiden, denen zwei verschiedene Arten von Begriffsbildung korrespondieren.

Die naturwissenschaftliche Wirklichkeitserkenntnis beruht auf dem Interesse an abstrakten Verallgemeinerungen, die, wie wir bereits gesehen haben, im Fortgang der Begriffsbildung von der Individualität des Wirklichen zunehmend abstrahieren. Die naturwissenschaftliche Erkenntnis erwächst also nicht aus einem Interesse an der Wirklichkeit selbst, sondern entspringt unserem Wunsch, die allgemeinen Gesetzmäßigkeiten aufzudecken, die für die Wirklichkeit gültig sind. Im Unterschied dazu fußt die Geschichte auf dem Interesse, das wir an den individuellen Eigenschaften des Wirklichen nehmen, mithin auf dem Wert, den wir der Erkenntnis dieser Merkmale zuschreiben. Rickert nennt die Naturwissenschaft deshalb eine *Begriffswissenschaft*, womit gemeint ist, daß sie auf die das Wirkliche bestimmenden Begriffsbeziehungen abzielt. Die Geschichte hingegen ist eine *Wirklichkeitswissenschaft*, insofern sie an der Erkenntnis der Wirklichkeit als solcher interessiert ist. Diese Differenzierung entnimmt Rickert Simmels Geschichtsphilosophie.[45] Dabei sind hauptsächlich zwei Überlegungen von Bedeutung. Erstens verwenden zwar beide Wissenschaften Begriffe, aber während die Gültigkeit naturwissenschaftlicher Begriffe davon abhängt, wie weit sie vom Wirklichen abstrahieren, zeichnet sich die Geschichte durch ein engeres Verhältnis zwischen Begriff und Wirklichkeit aus. Zweitens ist die Naturwissenschaft an der Gültigkeit ihrer Begriffe interessiert, nicht an den individuellen Gestaltungen, auf die sich die Begriffe letztlich beziehen. Demgegenüber liegt das genuine Interesse der Geschichte in der wirklichen Existenz individueller Erscheinungen.

5. Das Problem der historischen Begriffsbildung

Weil die Geschichte Wirklichkeitswissenschaft ist, vermag sie das Problem der extensiven Mannigfaltigkeit des Wirklichen nicht zu lösen. Dazu wäre nur eine Begriffswissenschaft in der Lage, denn nur sie fragt nach den begrifflichen Strukturen der Wirklichkeit in toto, und nur sie verwendet das methodologische Instrumentarium der Abstraktion als Mittel, um raumzeitlich unbegrenzt gültige Gesetze aufzudecken. Versteht man unter Geschichte eine Wissenschaft, die vom Interesse an den einzigartigen Besonderheiten der Wirklichkeit ausgeht, so sind Gesetze für ihren Begriffsapparat völlig ohne Belang. Ist doch die Vorstellung von historischen Gesetzen in sich schon widersprüchlich. Deshalb fordert Rickert für die Geschichte ein Verfahren der Begriffsbildung, das auf Individualisierung, nicht auf Generalisierung abstellt. Unter der Maßgabe der Irrationalität des Wirklichen sowie Rickerts Lösung des Abgrenzungsproblems gerät das Problem historischer bzw. individualisierender Begriffsbildung zur Frage nach den Bedingungen, denen gemäß eine Erkenntnis der intensiven Mannigfaltigkeit des Wirklichen möglich ist.

Wie kann man, eingedenk des *hiatus irrationalis*, das spezifische Erkenntnisinteresse der Geschichte realisieren? Bedeutet nicht die unüberbrückbare Kluft, die sich zwischen Begriff und Wirklichkeit auftut, daß es gar keine Wissenschaft geben kann, deren Ziel die Erkenntnis des Individuellen und Anschaulichen ist? Wenn wir unser historisches Interesse am Wirklichen nicht durch die unmittelbare Erkenntnis der Wirklichkeit selbst befriedigen können, heißt das, daß eine historische Erkenntnis, wie Rickert sie anstrebt, nicht möglich ist? Oder gibt es doch noch einen Weg, auf dem das scheinbar absurde Unternehmen, die Irrationalität des Wirklichen auf den Begriff bringen zu wollen, erfolgreich angegangen werden kann?

Die Wirklichkeit müßte, soll das Individuelle selbst zum Gegenstand der Erkenntnis werden, entsprechend rationalisiert werden – und in genau diese Richtung weist auch Rickerts Theorie der individualisierenden bzw. historischen Begriffsbildung, die wir als seine Antwort auf die oben gestellten Fragen ansehen können. Diese Theorie verdankt sich der folgenden Problemstellung: Ist es möglich, die konkrete Anschaulichkeit des Wirklichen von seiner Individualität dergestalt zu scheiden, daß diese Individualität als Gegenstand historischer Erkenntnis ausgewiesen werden kann? Genausowenig wie die Naturwissenschaft kann die Wissenschaft von der Geschichte die konkret anschauliche Qualität von Wirklichkeit umstandslos abbilden. Wie im Falle der naturwissenschaftlichen Erkenntnis bedarf es auch hier eines Auswahlprinzips, anhand dessen wir die wesentlichen Gesichtspunkte des Wirklichen – jene, an denen uns im Hinblick auf unser historisches Erkenntnisinteresse gelegen ist – von den unwesentlichen Aspekten scheiden können. Das Erkenntnisinteresse der Geschichte muß, anders als das naturwissenschaftliche, mithin auf dem Wert beruhen, den wir dem Individuellen beimessen. Dieses Auswahlprinzip, das die Individualität der Wirklichkeit zum Gegenstand der Erkenntnis machen soll, muß uns in die Lage versetzen, bestimmte, von uns als individuell erachtete Wirklichkeitsaspekte auszuwählen, die für uns auf einen Wert bezogen sind. Ein derartiges Prinzip zu finden, ist das Hauptanliegen von Rickerts *Grenzen*.

Auf seinem Weg zu einer Lösung des Problems der historischen Begriffsbildung beginnt Rickert erst einmal damit, daß er versucht, die für seine Zwecke erforderliche Unterscheidung von anschaulich Konkretem auf der einen und Individualität auf der anderen Seite einzuführen. Dabei differenziert er zwischen zwei Arten von Individualität. Die Prämissen seiner Argumentation lassen sich folgendermaßen umreißen: (1) Individuen im weitesten Sinne, also diskrete, unabhängig voneinander identifizierbare Erscheinungen, sind allesamt einzigartig. (2) Nicht alle diese Erscheinungen sind einmalig, da es möglich ist, daß wir an ihrer Individualität gar kein Interesse nehmen, und sie nur dadurch zum Gegenstand der Erkenntnis werden, daß sie unter einen allgemeinen Begriff fallen. In diesem Sinne ist Individualität gleichbedeutend mit dem anschaulich Konkreten, Individualität kennzeichnet die gesamte Wirklichkeit. (3) Der Terminus Individualität kann aber auch eine andere Bedeutung annehmen, als »Individualität« nämlich referiert Rickert auf »In-dividuen«. Eine Erscheinung muß »In-dividuum« genannt werden aufgrund der

Kohärenz und Unteilbarkeit, die ihr gerade wegen ihrer Einzigartigkeit zukommt. (4) Individualität ergibt sich aber keineswegs durch Bezugnahme auf alle Merkmale einer Erscheinung, schon allein deshalb nicht, weil das Wirkliche eine intensive Mannigfaltigkeit zeitigt. Eine Erscheinung ist in-dividuell nur kraft ihrer besonderen, für ihre Kohärenz und Unteilbarkeit unverzichtbaren Eigenschaften. (5) Insofern wir diese so konstituierten Individuen als einmalig, i. e. unersetzlich, betrachten, ist ihre Einzigartigkeit von Interesse für uns.

Wie kommt es nun zur Differenzierung zwischen Individualität und In-dividualität? Wodurch unterscheidet sich die Individualität eines Stücks Kohle von der In-dividualität des Kohinoor-Diamanten? Was macht den Unterschied aus zwischen Goethes Individualität und der Individualität, die einem Durchschnittsmenschen eignet? Freilich bedeutet uns die Einzigartigkeit, die wir sowohl Goethe als auch dem Kohinoor-Diamanten zuschreiben, etwas, das wir weder an einem beliebigen Kohlestück noch an irgendeinem Durchschnittsmenschen finden. Diese Bedeutsamkeit ist Ausdruck der Tatsache, daß beide, der Dichter und der Diamant, gewisse Werte verkörpern, die wir in einem Durchschnittsmenschen und einem beliebigen Kohlestück nicht zu erkennen vermögen. Die In-dividualität einer Erscheinung geht aus unserem Interesse an ihrer Einzigartigkeit hervor. Unser Interesse schlägt sich in dem Sinn nieder, den wir einer Erscheinung gerade wegen der in ihr verkörperten Werte beimessen. Somit zeichnet sich die Einzigartigkeit einer derartigen in-dividuellen Erscheinung durch eine innere Kohärenz und Unersetzlichkeit aus, die bloßen Individuen fehlt, da wir uns diese nicht wertbezogen vorstellen.

Rickert behauptet nun, daß es die Differenzierung zwischen Individualität und In-dividualität gestattet, das Problem der intensiven Mannigfaltigkeit des Wirklichen zu lösen. So gehören keineswegs alle Eigenschaften, die man Goethe zuschreiben könnte, zu denjenigen, die uns seine Person zur Einmaligkeit im Sinne einer In-dividualität werden lassen. Nur diese Eigenschaften sind von Bedeutung, alle anderen sind für unsere Auffassung Goethens hier völlig irrelevant. Dieser Begriff ermöglicht es uns, diejenigen Eigenschaften zu identifizieren, die aus der Perspektive unserer Werte Goethes Einzigartigkeit ausmachen. Damit sind wir in der Lage, die wesentlichen von allen unwesentlichen Eigenschaften zu trennen.

Angesichts dieser Überlegungen ist Rickerts Behauptung, daß der Begriff der Individualität »sowohl die extensive als auch die intensive unübersehbare Mannigfaltigkeit der empirischen Wirklichkeit überwindet«[46], einigermaßen überraschend, dies um so mehr, wenn man bedenkt, daß »die extensive Unübersehbarkeit der Wirklichkeit ... *nur* der Naturwissenschaft zugänglich« ist.[47] Wie wir gesehen haben, kann nur eine Begriffswissenschaft, die über Gesetze von unbeschränkter raumzeitlicher Gültigkeit verfügt, das Problem der extensiven Unendlichkeit der Wirklichkeit insgesamt in Angriff nehmen: »Eine Wissenschaft, die nicht Gesetze sucht, vermag *diese* Unübersehbarkeit überhaupt nicht zu überwinden.«[48] Demnach kann es einer Wirklichkeitswissenschaft, deren Erkenntnisinteresse sich auf die begriffliche Erfassung der Bedeutung von axiologisch bestimmten In-dividuen richtet, noch nicht einmal ansatzweise gelingen, das Problem der extensiven Mannigfaltigkeit zu lösen. Dennoch, in den *Grenzen der naturwissenschaftlichen Begriffsbildung* trägt Rickert seine oben angeführte These wiederholt vor.[49] Dies hängt wohl mit einer gewissen Mehrdeutigkeit zusammen, die seinem Begriff der »extensiven Mannigfaltigkeit« anhaftet. Einerseits referiert dieser Ausdruck auf die raumzeitliche Unbegrenztheit der Wirklichkeit insgesamt. Diesen Wortsinn intendiert Rickert bei der Einführung der Vorstellung sowie bei ihrer Abgrenzung von der intensiven Mannigfaltigkeit.[50] Andererseits bezeichnet er aber auch einzelne Wirklichkeitsausschnitte als extensive Mannigfaltigkeit. So vertritt er beispielsweise in seinen Betrachtungen zur raumzeitlichen Unbegrenztheit materieller Gegenstände die Auffassung, daß man eine gegebene Vielfalt raumzeitlicher Körper sowohl als extensive als auch als intensive Mannigfaltigkeit vorstellen kann, je nachdem, ob man sie als eine Summe von Einzelteilen oder als singuläre Einheit versteht. Wenn wir etwa die Milchstraße als eine singuläre Einheit betrachten, so bilden die Himmelskörper, aus denen sie besteht, ihre intensive Mannigfaltigkeit. Ebenso könnten wir sie aber auch als eine extensive Mannigfaltigkeit von Himmelskörpern ansehen, so daß jeder Stern für sich genommen eine intensive Mannigfaltigkeit wäre.[51] Die Entgegensetzung von extensiver und intensiver Mannigfaltigkeit wird so weit relativiert, daß wir jedes beliebige Individuum entweder als eine extensive Mannigfaltigkeit oder als eine intensive Mannigfaltigkeit innerhalb der extensiven Mannigfaltigkeit des Wirklichen insgesamt auffassen können. Für den zuerst genannten Fall gilt, daß die von Rickert eingeführte Unterscheidung zwischen Individuen und In-dividuen tatsächlich ein Mittel zur Überwindung der extensiven Unübersehbarkeit des Wirklichen ist. Denn das Individuum in seiner prima facie unergründlichen Mannigfaltigkeit wird begreiflich, sobald wir es als ein In-dividuum betrachten, ihm eine auf Werte bezogene Bedeutung zuschreiben.

Für Rickert wurzelt die Entgegensetzung von Individualität und In-dividualität nicht in irgendwelchen metaphysischen oder epistemologischen Vorstellungen, sondern vielmehr in einer allgemeinen menschlichen Erfahrungstatsache: daß Menschen sich Werte setzen und danach streben, sie in ihrem Handeln zu verwirklichen. Wir sind zwar in der Lage, anhand von Werten In-dividuen zu definieren, doch kann nicht alles, was der menschlichen Erfahrung zugänglich ist, zugleich den Status eines In-dividuums einnehmen. Dies deshalb, da wir, um überhaupt handeln zu können, uns größtenteils an Verallgemeinerungen, generellen Erfahrungsregeln orientieren müssen. Die Möglichkeit, bestimmten Gegenständen Werte beimessen zu können, setzt voraus, daß es andere Gegenstände gibt, bei denen dies nicht möglich ist; oder, in die Sprache Rickerts gebracht, In-dividuen setzen Individuen voraus, Gegenstände unserer Erfahrung, an denen wir nur deshalb ein Interesse haben, weil sie für generelle Begriffe stehen. Von daher bringt es die Lebenspraxis selbst mit sich, daß die Sphäre unserer Erfahrung nicht nur aus In-dividuen bestehen kann. Daß wir bestimmten Individuen aufgrund ihrer besonderen Merkmale Werte zuschreiben, zeigt aber doch, daß es auch In-dividuen geben muß. Wären alle Individuen nichts weiter als Anwendungsfälle allgemeiner Begriffe, so könnten wir keine Unterschiede zwischen den einzelnen Anwendungsfällen entdekken und folglich auch kein Interesse für irgendeines dieser Individuen entwickeln. Doch insofern wir dazu fähig sind, bestimmten Dingen Werte zuzuschreiben, werden manche Individuen zu In-dividuen.

6. Die Wertbeziehungslehre

1. Vorbemerkung

Das Werkzeug, mit dessen Hilfe ein In-dividuum als historisches Individuum und mithin als Gegenstand historischer Erkenntnis konstituiert wird, ist Rickert zufolge die Wertbeziehung oder rein theoretische Wertrelation. Ein In-dividuum kann also nur qua Wertbeziehung als historisches Individuum begriffen werden. Das Instrument der Wertbeziehung und die Konstituierung historischer Individuen hängen dergestalt zusammen, daß, will man Rickert Glauben schenken, mit dem Wegfall der Wertbeziehung aus der Geschichtswissenschaft auch der Gegenstand historischen Interesses, ja die Möglichkeit historischer Erkenntnis schlechthin verschwinden müßte. Das »Lehrstück der Wertbeziehung«[52] ist Rickerts Lösung für das Problem der individualisierenden bzw. historischen Begriffsbildung.

Die Wertbeziehungslehre enthält dreierlei Einschränkungen im Hinblick auf die Werte, die historische Individuen definieren. Indem Rickert die Bedingungen angibt, denen die den Wertbeziehungen zugrunde liegenden Werte gehorchen müssen, bestimmt er näher, was Wertbeziehung überhaupt heißen soll. Zuerst einmal muß gewährleistet sein, daß sich die historischen Agenten, deren Verhalten letztlich den Gegenstand historischer Forschung und somit historischer Begriffsbildung abgibt, denjenigen Werten verpflichtet fühlten, die auch unsere Wertbeziehungen anleiten. Um es mit Rickert zu sagen: »Historische Zentren« müssen diesen Werten gegenüber Stellung genommen haben. Dieser Gedanke fußt auf einer Unterscheidung zwischen den Werten des Forschers auf der einen Seite und denen des historischen Zentrums auf der anderen. Dasselbe erkennt Rickert auch in der Entgegensetzung von »historischem Subjekt« und »historischem Objekt«, die beide unterschiedlichen Werten verpflichtet sind. Zweitens gilt, daß diese Werte nicht rein persönlicher oder privater Natur sein dürfen, sondern allgemeine »Kulturwerte« sein müssen. Drittens darf eine geschichtswissenschaftliche Untersuchung nicht selbst zu diesen Werten Stellung nehmen, vielmehr muß sie diese Werte in rein theoretischer Manier auf das historische Individuum »beziehen«. Das historische Individuum wird durch diese Werte gleichsam definitiv bestimmt, nicht jedoch im

Hinblick auf diese Werte beurteilt. Mit anderen Worten, Werte fungieren zwar als Kriterium, das die Konstituierung der historischen Individuen anleitet, keineswegs aber als Maßstab zu ihrer Bewertung.

ii. Historische Zentren

In Rickerts Augen ist der Gegenstand der Geschichte in erster Linie das Geistige. Inwiefern, falls überhaupt, ist dieser Umstand für die Methodologie der Historie von Bedeutung? Eignen geistigen Vorgängen irgendwelche Eigenschaften, die eine individualisierende Begriffsbildung erforderlich machen? Rickert beantwortet diese Fragen, indem er den Begriff des historischen Zentrums erörtert. Unter einem historischen Zentrum versteht er alle »Objekte« einer historischen Betrachtung, die gegenüber den der Wertbeziehung zugrunde liegenden Werten Stellung genommen haben. Nur geistige Einheiten – also Handelnde und ihr Handeln im Gegensatz zu den diesen Handlungen entspringenden Artefakten, Beziehungen, Institutionen und Strukturen – können Dinge bewerten oder zu Werten Stellung nehmen. Von daher ist klar, daß nur Handelnde und ihr Verhalten historische Zentren sein können. Hinsichtlich der methodologischen Relevanz der historischen Zentren diskutiert Rickert die folgenden zwei Punkte.

Erstens stehen seiner Meinung zufolge handelnde Personen im Mittelpunkt der Geschichte. Jede Form von Geschichtsschreibung, sofern sie es auch mit Persönlichkeiten zu tun hat, kann nur als legitimen Forschungsgegenstand betrachten, was vom Standpunkt der Werte dieser Persönlichkeiten als bedeutsam gilt. Dieser gleichsam abgeleiteten Bedeutsamkeit kann, nach Rickerts Auffassung, zweierlei zugrunde liegen. Entweder andere Objekte nehmen Einfluß auf die Handlungen der Persönlichkeiten, die als historische Zentren fungieren, oder sie sind Teil der Handlungen selbst.[53] Um diesen Sachverhalt zu veranschaulichen, empfiehlt Rickert, sich eine Geschichte Italiens vorzustellen, geschrieben von dem Standpunkt, den wir den Werten der Kunst gegenüber einnehmen. In diesem Fall wären die Künstler historische Zentren, weil ihre Individualität, ihr »Wollen und Handeln« vom Standpunkt dieser Werte aus gesehen wesentlich wäre. Andere

Aspekte der italienischen Geschichte könnten lediglich deshalb in die Untersuchung eingehen, weil ihnen infolge ihres Zusammenhangs mit den Werten der Künstler eine abgeleitete Bedeutsamkeit zukäme.[54]

Zweitens bedarf jede historische Untersuchung eines historischen Zentrums, mit anderen Worten, Personen müssen im Mittelpunkt der geschichtswissenschaftlichen Betrachtung stehen. Darüber hinaus müssen die Werte, die den Stoff als historisches Individuum konstituieren, genau diejenigen Werte sein, auf die sich die historisch Handelnden selbst Stellung nehmend beziehen. Die Werte, die dem Historiker einen Zugriff auf sein Material ermöglichen, müssen also den Werten angehören, über die das historische Zentrum verfügt. Das bedeutet, daß die theoretischen Werte des Historikers stets auf den praktischen Werten der historischen Akteure beruhen müssen.[55] Rickert zufolge sind also Personen historische Zentren, sofern ihre praktischen Wertstellungnahmen – in die rein theoretische Form der Wertbeziehung gebracht – den Gegenstand historischer Forschung ausmachen. Zusammenfassend kann man zwei Grundannahmen hervorheben: zum einen die Vorstellung eines In-dividuums, das durch einen bestimmten Wert als solches konstituiert wird; zum anderen die Vorstellung, daß ein historisches Individuum wesentlich personal verstanden werden muß, als historisches Zentrum sozusagen, das zu diesen Werten Stellung nimmt.

Diese beiden Annahmen spielen in Rickerts Theorie historischer Erkenntnis eine wichtige Rolle, weil sie den Rahmen für die den Wertbeziehungen zugrunde liegenden Werte vorgeben. Daß wir es in der Geschichte überwiegend mit geistigen Vorgängen – mit Glaubenshaltungen, Intentionen, Motivationen und Leidenschaften – zu tun haben, ist wohl kein Zufall. Dies geht vielmehr aus dem Zusammenhang hervor, der zwischen den theoretischen Werten der Geschichtswissenschaft und den praktischen Werten der historischen Agenten besteht. Von daher fußt die von Rickert angestrebte individualisierende Begriffsbildung auf der folgenden Überlegung: »Die leitenden Werte der Begriffsbildung sind von einer in dem angegebenen Sinne rein wissenschaftlichen Darstellung stets dem historischen Stoff selbst zu entnehmen, d. h. es müssen solche Werte sein, zu denen die dargestellten seelischen Wesen oder Zentren sich selbst wertend verhalten.«[56]

Rickert ist der Auffassung, daß alle Menschen In-dividuen sind. Niemandes Individualität ist für uns so bedeutungslos wie ein Stück Kohle. Freilich kann das Interesse der Historie nicht darin bestehen, die Individualität von allen Menschen darzustellen, was zur Folge hat, daß nicht jeder historisches Zentrum werden kann. Daraus aber ergibt sich die Frage, warum bestimmte Personen ins »Zentrum« des historischen Interesses rücken, während andere ohne Belang sind. Hier nun verweist Rickert auf die Allgemeinheit der Werte, die ein historisches Individuum ausmachen. Dabei bedeutet Allgemeinheit, daß es sich um Werte handeln muß, die für jedermann gelten. Zwar sind alle Menschen In-dividuen, insofern diese In-dividualität durch irgendwelche Werte konstituiert wird, doch die Geschichte interessiert sich lediglich für solche Personen, deren In-dividualität von allgemeinen Werten bestimmt wird. Dieses Bezogensein auf allgemeine Werte unterscheidet diejenigen Personen, die zum historischen Zentrum werden, von den bloßen Durchschnittsmenschen, die für die Historie denselben logischen Status einnehmen wie das besagte Kohlestück. Durchschnittsmenschen sind – da nicht auf allgemeine Werte bezogen – beliebig austauschbar, ihre In-dividualität erschöpft sich für die Geschichte darin, daß man sie dem Begriff »Person« subsumieren kann. Dies gilt aber nicht für Personen, deren Einzigartigkeit durch ihr Bezogensein auf einen allgemein anerkannten Wert festgelegt wird. Die Differenzierung, auf die Rickert hier pocht, läßt sich wie folgt umschreiben: Nur solche Personen, die im Hinblick auf allgemeine Werte In-dividuen sind, werden zu historischen Zentren. Somit wird das Auswahlprinzip näher bestimmt, das den *hiatus irrationalis* durch eine begründete Trennung des historisch Relevanten vom Irrelevantem überwinden soll. Seine Wertbeziehungslehre nötigt Rickert dazu, diese Trennung mit Hilfe allgemeiner Werte vorzunehmen.[57]

In Rickerts Augen kann die Allgemeinheit eines Wertes entweder darin bestehen, daß ihn ein jeder anerkennt – es handelt sich also um faktische Allgemeinheit – oder darin, daß ein Wert jedermann Anerkennung erheischend gegenübertritt. Im letzten Fall haben wir es mit normativer Allgemeinheit zu tun, wobei Rickert allerdings einräumt, daß diese Form von Allgemeinheit stets an die Sphäre faktischer Anerkennung gebunden bleibt. Normativ allgemein sind Werte, wenn in der Tat gewährleistet ist, daß alle Mitglieder einer Gemeinschaft genötigt sind, sie anzuerkennen. Daher darf die normative Allgemeinheit nicht mit der unbedingten Wertgeltung verwechselt werden, die unabhängig von den jeweiligen faktischen Gegebenheiten ist. Darüber hinaus behauptet Rickert, daß faktisch allgemeine Werte den Stellenwert von Normen bzw. Aufforderungen einnehmen, deren Befolgung von allen Mitgliedern einer bestimmten Gemeinschaft erwartet wird. Deshalb scheint die Trennung zwischen faktischer und normativer Allgemeinheit für die Wertbeziehungslehre völlig bedeutungslos zu sein. Werte können nur dann allgemein sein, wenn sie von Menschen, sozialen Lebewesen mithin, anerkannt werden, die einer Gemeinschaft angehören, in der diese Werte anerkannt und befolgt werden. Von daher kann man die für die Geschichtswissenschaft konstitutiven Werte auch als soziale Werte bezeichnen.[58]

Für die normativ allgemeinen sozialen Werte verwendet Rickert bevorzugt den Begriff »Kulturwerte«. Kulturwerte schreibt man den Gütern zu, die von allen Mitgliedern einer Gemeinschaft geachtet werden sollen. Die Verwirklichung bzw. die Kultivierung dieser Güter stellt eine gesellschaftliche Norm dar.[59] Der Begriff des Kulturwerts bildet Rickert gemäß auch den Ausgangspunkt für eine *substantielle* Unterscheidung von Natur und Kultur. Mit dieser Unterscheidung will er die methodologische Entgegensetzung von Naturwissenschaft und Kulturwissenschaft ergänzen, um den von seinen Kritikern vorgebrachten Einwand zu entkräften, die *Grenzen* seien bloße Übungen auf dem Felde formal-begrifflicher Abstraktionen.[60] Unter Kultur versteht Rickert die Sphäre des Bedeutsamen, Sinnhaften, die durch die Wertbeziehungen zugrunde liegende Kulturwerte definiert wird. Natur hingegen ist die Sphäre des Sinnlosen, ist Wirklichkeit ohne jeden Wertbezug. Rickert hebt hervor, daß dieser Naturbegriff eine notwendige Konsequenz der Subsumtion des Wirklichen unter allgemeine Begriffe und damit eine Konsequenz naturwissenschaftlicher Begriffsbildung ist. Mit anderen Worten, die substantielle Scheidung von Natur und Kultur hängt zusammen mit der methodologischen Differenzierung zwischen Naturwissenschaften und Kulturwissenschaften, ein Umstand, der letztlich Rickerts These vom Primat der Epistemologie bestätigt. Folglich ist in logischer Hinsicht die Natur, im Sinne von wert-freien, von der Wirklichkeit abstrahierenden Begriffen, der notwendige Gegenstandsbereich der Naturwissenschaften. Logisch gesehen ist Kultur, als die über allgemeine Werte bestimmbare Bedeutsamkeit des Wirklichen, der notwendige Gegenstandsbereich der Kulturwissenschaften. Freilich faßt Rickert diese »substantielle« Unterscheidung keineswegs ontologisch auf. Wiewohl er zwei substantielle Sphären unterschieden wissen möchte, ist damit kein Unterschied hinsichtlich der Eigenschaften des Wirklichen selbst gemeint. Rickerts Differenzierung zielt vielmehr auf unsere unterschiedlichen Erkenntnisinteressen, die ihrerseits in verschiedenen Werthaltungen wurzeln. Kultur ist kein ontologischer Begriff. Denken wir die Gegenstände, die uns Kulturgüter sind, als von den Werten losgelöst, so könnte unser Erkenntnisinteresse sie nicht mehr als Kultur, sondern lediglich als mögliche Objekte naturwissenschaftlicher Forschung erfassen. Von daher ist die Unterscheidung von Natur und Kultur, ebenso wie die damit einhergehende Trennung von Natur- und Kulturwissenschaft, letztlich axiologisch zu verstehen.

IV. Die Entgegensetzung von Wert und Wertung

Rickerts Wertbeziehungslehre beruht auf der Unterscheidung zwischen einer Wertung oder einem Werturteil auf der einen und einer rein theoretischen Wertbeziehung auf der anderen Seite, und »soweit der Wertgesichtspunkt für die Geschichte entscheidend wird, ist dieser Begriff der ›Wertbeziehung‹ im Gegensatz zur ›Wertung‹ geradezu *das* wesentliche Merkmal für die Geschichte als reine Wissenschaft«.[61] Rickerts Wertbeziehungslehre ist eingebettet in seine systematischen Bemühungen um eine Philosophie der Werte. Folgt man Rickert nun, so stellt die Wertbeziehungslehre aber den wissenschaftlichen Status der Kulturwissenschaften in Frage, ja mehr noch, sie scheint dem entgegenzustehen, was wir gemeinhin unter Wissenschaftlichkeit verstehen. Denn wir erwarten von den Kulturwissenschaften zu Recht, daß sie die Dinge so objektiv wie möglich darstellen, d. h. ihre Erkenntnisziele von Prinzipien der Wertbeziehung angeleitet werden. Weil aber die Konstituierung eines gegebenen Wirklichkeitsausschnittes zur Kulturwirklichkeit vermittels je spezifischer Wertbeziehungen erfolgt, die miteinander unvereinbar sein können, ist eine Wahl zwischen alternativen Wertbeziehungen ebenso unausweichlich wie die klare Benennung der Auswahlkriterien. Folglich hängt die Objektivität der Kulturwissenschaften vom Vorhandensein von Prinzipien ab, mit deren Hilfe sich die erforderliche Auswahl rechtfertigen läßt. Demgegenüber scheint gerade die axiologische Grundlegung der Kulturwissenschaften die Möglichkeit derartiger Prinzipien auszuschließen, denn letztlich sind Werturteile in gewisser Hinsicht irrational, insofern keine Prinzipien denkbar sind, anhand derer man Konflikte zwischen unversöhnlichen Wertstellungnahmen entscheiden könnte.

An diesem Punkte angelangt, fragt Rickert, ob es deshalb nicht unbedingt notwendig ist, daß ein wissenschaftliches Unterfangen, will es den Status der Wissenschaftlichkeit nicht leichtfertig aufs Spiel setzen, sich von Werten freihält – sieht man einmal ab von den rein theoretischen Werten Wahrheit und Gültigkeit. Setzt es nicht jeglicher wissenschaftlichen Forschung ein Ende, wenn sie ihre Wertfreiheit verliert und den verhängnisvollen Schritt macht, sich in die Sphäre des Wertens zu begeben? Angesichts dieser Überlegung läßt sich die Frage nach einer von der Wertbeziehungslehre hervorgerufenen möglichen Erschütterung der Legitimität kulturwissenschaftlicher Verfahrensweisen in der folgenden, verengten Fassung neu formulieren: Geht aus der Lehre von den Wertbeziehungen hervor, daß die Kulturwissenschaften auf positiven oder negativen Wertungen beruhen, mithin auf Werturteilen, die, wie Rickert meint, dem Wesen von Wissenschaft zuwiderlaufen?[62] Falls das zuträfe, wäre der kognitive Status der Kulturwissenschaften tatsächlich nachhaltig unterminiert. Die Ursache für den Statusverlust – und darin läge dann die eigentliche Pointe des gesamten Gedankenganges – müßte bei einer der wesentlichen Voraussetzungen der Kulturwissenschaften selbst, nämlich bei der Lehre von ihren axiologischen Fundamenten gesucht werden. Wenn das Wesen der Tragik darin liegt, daß eine notwendige Bedingung unaufhaltsam zur Zerstörung dessen führt, was sie erst ermöglicht, dann läßt sich mit Recht behaupten, daß die Kulturwissenschaften auf eine tragische Weise unmöglich sind.

Es ist kaum verwunderlich, daß Rickert, der alles andere ist als ein Tragiker, die möglicherweise verheerenden Folgen seiner eigenen Überlegungen abzuwenden versucht. Die entscheidende Schwierigkeit im Verhältnis zwischen den axiologischen Fundamenten der Kulturwissenschaften und ihrer Wissenschaftlichkeit löst er auf, indem er eine Dichotomie einführt, die für sein gesamtes Denken von grundlegender Bedeutung ist: gemeint ist die Unterscheidung zwischen Werturteilen, Wertstellungnahmen oder praktischen Wertungen auf der einen und rein theoretischen Wertbeziehungen auf der anderen Seite. Vor dem Hintergrund seiner Begriffsbildungslehre faßt Rickert das Problem des *hiatus irrationalis* auf als die Frage nach einem Verfahren individualisierender Begriffsbildung. Und ausgehend von seiner Wertbeziehungslehre gerät diese Frage zum Problem der Konstituierung des Wirklichen als Kultur. Rickert hält an der Auffassung fest, daß es für die Lösung des Konstitutionsproblems unerläßlich ist zu zeigen, daß die Objekte der kulturwissenschaftlichen Forschung sich durch wertbezogene Bedeutungen auszeichnen. Dies zieht aber mitnichten eine positive oder negative Bewertung dieser Bedeutungen nach sich. Mit anderen Worten, es besteht kein Grund zur Annahme, daß Wertbeziehungen, vor deren Hintergrund sich die Konstituierung kulturwissenschaftlicher Objekte vollzieht, irgendein Werturteil über diese Objekte voraussetzen oder notwendigerweise zur Folge haben: »Wenn dennoch die Verbindung der Objekte mit Werten zum Wesen der Geschichtswissenschaft gehört, ohne ihre Objektivität zu stören, so liegt das daran, daß es eine Art der Wertverbindung gibt, die nicht mit einem praktischen Stellungnehmen und Werten zusammenfällt, das heißt daran, daß man Objekte in rein *theoretischer* Weise auf Werte beziehen kann, ohne sie damit lobend oder tadelnd zu werten.«[63] Mit der Wert/Wertungs-Dichotomie will Rickert also vor Augen führen, daß das Reich der Werte nicht mit dem Reich der Wertungen, i. e. Wertstellungnahmen in eins fällt. Ohne diese Behauptung müßte er eingestehen, daß die kulturwissenschaftliche Objektivität – von ihren logisch-begrifflichen Voraussetzungen her – unmöglich sei. Die Entgegensetzung von Wert und Wertung kann nur dann plausibel begründet werden, wenn sich zeigen läßt, daß man Wertbeziehungen vollkommen unabhängig von Wertungen begreifen kann. Sollte das nicht möglich sein, fällt das gesamte methodologische Konstrukt, das die Theorie historischer Erkenntnis tragen soll, wie ein Kartenhaus in sich zusammen. Um seine Position auf sichere Füße zu stellen, bringt Rickert die folgenden drei Argumente in Anschlag.

(1) In seinen Ausführungen zur Wert/Wertungs-Dichotomie schlägt Rickert vor, sich einmal die Situation vor Augen zu führen, in die zwei Personen geraten können, die sich einander ausschließenden Werten verpflichtet haben. Einer von ihnen ist, sagen wir, ein Liberaler im klassischen Sinne, der andere ein extremer Vertreter des Protektionismus; oder, um ein anderes Beispiel zu wählen, der eine ein Sozialdemokrat und der andere ein erzkonservativer Aristokrat. In diesem Fall kann es zu grundsätzlichen Konflikten zwischen den politischen Gesinnungen kommen, denen unsere beiden Personen anhängen. Heißt das nun, daß eine Partei ausschließlich an Themenstellungen interessiert ist, die für die andere von keinerlei Bedeutung sind? Besteht nicht vielmehr zwischen den Parteien ein grundlegendes Einverständnis darüber, daß die Konstituierung des Wirklichen unter Zuhilfenahme von Wertbeziehungen vonstatten geht? Für beide Kontrahenten gilt, daß die Wirklichkeit im Hinblick auf das Politische in zwei Teile zerfällt, nämlich den, der die politisch bedeutsamen, und den, der die politisch irrelevanten Gegenstände umfaßt. Geht man davon aus, daß beide Widersacher genuin politische Einstellungen vertreten, so liegt doch zumindest ein dahingehender Konsens vor, auch wenn sich die jeweiligen Gehalte der in Frage stehenden Auffassungen beträchtlich voneinander unterscheiden. Rickert behauptet, daß ein Konflikt von unterschiedlichen Wertstandpunkten nur dann möglich ist, wenn die konfligierenden Wertungen auf einem gemeinsam geteilten Wert beruhen, der seinerseits von jenen unabhängig sein muß. Für unser Beispiel bedeutet das, daß ein Konflikt zwischen dem Wertstandpunkt eines Sozialdemokraten und dem eines Erzkonservativen die Anerkennung eines gemeinsam geteilten Horizonts politischer Werte voraussetzt: »Auch unter Politikern der denkbar verschiedensten Richtungen bilden *dieselben* individuellen Vorgänge den Gegenstand des *Interesses*, d. h. die Differenzen der Wertung müssen sich auf eine *gemeinsame Wirklichkeitsauffassung* beziehen, denn wo zwei Menschen verschiedener Meinung über den Wert einer Gestaltung sind, würden je die Streitenden gar nicht von *demselben* Objekt sprechen, falls eine solche *gemeinsame* Wirklichkeitsauffassung nicht bestünde, und es wäre daher ein Streit über den Wert des betreffenden Objekts überhaupt unmöglich«.[64]

Warum also wäre eine politische Kontroverse von vornherein

ausgeschlossen? Ohne einen gemeinsam geteilten Horizont politischer Werte, »dementsprechend eine Welt von Individuen für alle in *derselben Weise*«[65] entsteht, bezögen sich die Parteien nicht auf dieselbe Wirklichkeit. Folglich gäbe es gar keinen Anlaß für eine politische Auseinandersetzung, da jede Diskussion über Wertstandpunkte ein gemeinsames, werturteilsfreies Kriterium der Wertbezogenheit voraussetzt, das seinerseits den Gegenstand der Kontroverse allererst ermöglicht. Weil dem so ist, »kann man diese Beziehung als rein theoretisch von der praktischen Bewertung scheiden«.[66]

(2) Rickert meint, es gibt zwei verschiedene Haltungen, die man Werten gegenüber einnehmen kann. Die eine ist evaluativ-praktisch, die andere kontemplativ-theoretisch. Im ersten Fall richtet sich das Interesse, das wir an einer Kulturerscheinung nehmen, auf die Geltung des Wertes, mit dem sie in Beziehung steht, sowie auf die Art und Weise, in der dieser Wert zur Rechtfertigung von Wertstellungnahmen herangezogen werden kann. Im zweiten Fall gründet sich unser Interesse auf den Versuch, die Bedeutung der Kulturerscheinung zu erfassen und sie von der unendlichen Mannigfaltigkeit des Wirklichen abzuheben. Verstehen kann man diese Bedeutung nur, indem man anerkennt, daß die Kulturerscheinung irgendwie auf Werte bezogen ist, d. h. daß sie im Hinblick auf Werte Bedeutung für uns erlangt. Diese beiden Haltungen Werten gegenüber, die unser Interesse anleiten können, sind voneinander unabhängig. Es ist durchaus möglich, die Bedeutung einer Kulturerscheinung vermittels einer Wertbeziehung zu begreifen, ohne daß man dieser Erscheinung gegenüber eine wertende Einstellung einnehmen muß. Während eine Wertung stets bejahend oder verneinend ist und zur Frage der Geltung des Wertes, den eine Kulturerscheinung verkörpert, eindeutig Stellung nimmt, ist eine Wertbeziehung weder mit einem positiven noch mit einem negativen Urteil verknüpft. Hinsichtlich der Wertgeltung nimmt die Wertbeziehung keine Stellung, vielmehr legt sie Bedeutung einer Erscheinung qua Wertbezug fest. Auf diese Weise wird es möglich, einen bestimmten Ausschnitt der kulturellen Wirklichkeit rein theoretisch zu erfassen, ohne ihn zugleich einer wertenden Beurteilung zu unterziehen. So gesehen können die Kulturwissenschaften den Status wertfreier Wissenschaftlichkeit für sich reklamieren, sind sie doch in keiner Weise auf eine Bewertung ihrer Untersuchungsgegenstände angewiesen. Gleich-

wohl ist ein rein theoretisches Erfassen eines Gegenstandes unabhängig von jeglicher Wertbeziehung nicht möglich. Insofern aber alle Kulturerscheinungen qua Wertbeziehung konstituiert werden, können die Kulturwissenschaften keinen wertfreien Status für sich beanspruchen.[67]

(3) Rickert zufolge sind Wertungen stets anfechtbar.[68] So ist es beispielsweise sehr wahrscheinlich, daß die Historikermeinungen zur geschichtlichen Rolle Martin Luthers und zur Frage, ob Luther nun ein Fluch oder ein Segen für Deutschlands kulturelle Entwicklung war, auch in Zukunft auseinandergehen werden. Rickert weist darauf hin, welche Unterschiede zwischen einer aus römisch-katholischer Perspektive und einer aus protestantischer Sicht verfaßten Luther-Biographie bestehen können. Da beide Sichtweisen rivalisierenden Wertstandpunkten verpflichtet sind, ist es in Rickerts Augen nicht möglich, den Konflikt zwischen ihnen zu entscheiden. Derartige historische Urteile können niemals uneingeschränkt den Anspruch auf Wissenschaftlichkeit erheben, insofern die von ihnen vorgenommenen Wertungen niemals für alle Wissenschaftler gleichermaßen Geltung erheischen. Daraus schließt Rickert, daß die Sphäre der Werte in gewisser Weise irrational ist: Im Falle konfligierender Wertstandpunkte, die sich auf ein und denselben Gegenstand beziehen, gibt es in letzter Instanz kein Prinzip, anhand dessen sich ein Streit um praktische Wertstellungnahmen entscheiden ließe. Freilich beharrt Rickert auf der Behauptung, daß die historische Bedeutung, die Luther hinsichtlich allgemein anerkannter Werte zugeschrieben werden muß, außer Zweifel steht. So kann es »niemals einem Historiker einfallen, zu sagen, Luthers Persönlichkeit sei für die Geschichte *unwesentlich*«.[69] Das bedeutet nun aber, daß Auseinandersetzungen über Wertbeziehungen sehr wohl entscheidbar sind. Mit anderen Worten, im Falle konfligierender theoretischer Urteile gibt es Prinzipien zur Lösung derartiger Konflikte, auf deren Grundlage sich diese Differenzen beheben lassen. Sollte sich die Wertsphäre in bloßen Wertungen erschöpfen, dann allerdings wäre eine Kulturwissenschaft nicht zu haben. Indem Rickert den Unterschied zwischen der Irrationalität bzw. Unentscheidbarkeit praktischer Wertkonflikte einerseits und der Rationalität bzw. Entscheidbarkeit konfligierender theoretischer Wertbeziehungen andererseits herausarbeitet, versucht er, diese Konsequenz dadurch zu vermeiden, daß er eine Sphäre rein theoreti-

scher Wertbeziehung ausweist, die unabhängig von jedweder Wertung Bestand hat.

Zusammenfassend kann man also festhalten, daß Rickerts Wertbeziehungslehre auf drei Differenzierungen fußt, die allesamt die Aufgabe haben, den Bereich der für die Kulturwissenschaften konstitutiven Werte zu spezifizieren. (a) Anhand seines Begriffs des historischen Zentrums unterscheidet Rickert die Werte des historischen Agenten von denjenigen des Historikers, und dabei vertritt er die Auffassung, daß Wertbeziehungen immer an jene rückgebunden werden müssen. Deswegen müssen die Werte, mit denen der Historiker die Wirklichkeit zur Kultur umbildet, dieselben Werte sein, zu denen der historische Agent seinerzeit Stellung genommen hat. Um mit Weber zu sprechen, der subjektiv gemeinte Sinn ist eine notwendige Voraussetzung für Kulturbedeutsamkeit überhaupt; Kulturbedeutsamkeit kann einer Erscheinung nur über subjektiv gemeinten Sinn zugeschrieben werden. (b) Mit der Einführung des Begriffs allgemeiner Werte und seiner Konzeption von Kultur unterscheidet Rickert persönliche Werte von Kulturwerten, wobei er Wertbeziehungen als von den Kulturwerten der historischen Agenten bzw. Zentren bestimmt begreift. (c) Mit seiner Analyse der Wert/Wertungs-Dichotomie schreibt Rickert fest, daß Wertbeziehungen rein theoretisch zu sein haben, was bedeutet, daß die für die Kulturwissenschaften konstitutiven Werte völlig unabhängig von jedweder Bewertung und allen Werturteilen sein müssen.

Kapitel III
Rickert und das Wertproblem

1. Die Objektivität der Wertbeziehung und die Objektivität der Werte

Wie wir gesehen haben, dürfen Wertbeziehungen ausschließlich auf solchen Werten beruhen, die allgemeingültig sind, mithin Geltung für *jeden* beanspruchen. Nun aber stellt sich die Frage, ob und in welchem Sinne wir überhaupt von solchen Werten sprechen können. In Rickerts Augen gibt es Individuen, die sich, sofern sie für jedermann gleichermaßen auf einen Wert bezogen sind, dadurch auszeichnen, daß man sie nicht umstandslos generischen Begriffen subsumieren kann. Und ebenso muß es universell anerkannte Werte geben, mit deren Hilfe ein je bestimmter Aspekt des Wirklichen für jedermann auf dieselbe Weise als historisches Individuum konstituiert werden kann. Als Beispiel für ein historisches Individuum nennt Rickert Goethe. Die Wertbeziehungen, anhand derer wir Goethe begreifen, gründen auf allgemeingültigen, universell anerkannten Werten, »seine individuelle Gestaltung wird von *allen* in ihrer Individualität gewertet«.[1] Auch Luther ist für Rickert ein solches Beispiel. Denn selbst wenn die zwischen den Historikern ausgetragenen Meinungsverschiedenheiten bezüglich der Reformation und ihrer Folgen ununterbrochen fortdauern, so ändert dies, nach Rickerts Meinung, nicht das geringste an der Bedeutung, die Luther im Hinblick auf bestimmte allgemein anerkannte und universell gültige Werte zukommt.[2] Im folgenden möchte ich einige der Einwände diskutieren, denen eine derartige Position sich aussetzt.

So sind etwa Wertbeziehungen vorstellbar, auf deren Grundlage Goethe zwar eine Bedeutung als Individuum erhält, aber eben nicht *die* Bedeutung, die ihm Rickert und seine Zeitgenossen vom Standpunkt ihrer Kulturwerte aus zuschreiben. Als ein vergleichsweise später Vertreter des Neu-Humanismus begreift Rickert das Werk und die Persönlichkeit Goethes als einen Ausdruck der ästhetischen Werte, die für das Kunstwollen und die Denkweise des wilhelminischen Bildungsbürgertums zentralen Stellenwert haben.[3] Doch das ist mitnichten die einzige Möglichkeit,

Goethe als historisches Individuum zu fassen. Von den Werten der Erotik her gesehen könnte man die Bedeutsamkeit Goethes an seinen Beziehungen zu Frauen festmachen sowie an den erotischen Impulsen, die sie seinem Leben gaben. Aus der Perspektive politischer Werte ist aber auch denkbar, Goethes staatsmännische Karriere als den wesentlichen Aspekt seiner Individualität zu betrachten. Zudem ist es keineswegs ausgemacht, welche der genannten möglichen Wertbeziehungen für die Konstituierung des historischen Individuums »Goethe« unabdingbar ist. Eine Einigung dahingehend, daß das historische Individuum qua Wertbeziehung gebildet werden muß, sagt noch nichts darüber aus, ob man nun eine Person unter Maßgabe von ästhetischen, erotischen oder politischen Werten betrachten soll. Folglich kann man in der Frage, worin genau Goethes Kulturbedeutsamkeit besteht, durchaus uneins sein. Aus der Sicht von Rickerts Begriffsbildungslehre ist das Leben Goethes eine unendliche Mannigfaltigkeit, wobei die empirische Wirklichkeit, von der jeder Begriff ausgehen muß, die begriffliche Erfassung des Gegenstandes nicht hinreichend determiniert. Die Aspekte, die ein von den politischen Werten ausgehender Historiker aus dieser Mannigfaltigkeit herausgreift, sind natürlich andere als diejenigen, denen ein von ästhetischen Werten geleiteter Forscher seine Aufmerksamkeit widmet. So entstehen aus zwei verschiedenen Wertbeziehungen auch zwei verschiedene Begriffe von Goethe als historischem Individuum. Diese Unterschiede sind eine unmittelbare Folge der Ausgangslage, daß nämlich keine Einigung darüber besteht, welches die für Goethes Individualität grundlegenden Werte sind. Daraus ergibt sich zwangsläufig die Frage danach, ob es ein Prinzip gibt, das es möglich macht, sich zwischen alternativen Wertbeziehungen zu entscheiden.

Daneben sind aber auch Wertbeziehungen denkbar, bei deren Anwendung Goethe überhaupt keine historische Bedeutsamkeit zukäme. Man stelle sich etwa eine zukünftige Kultur vor, die – aus schierer Gleichgültigkeit – in der Dichtung keinen allgemeingültigen Wert sieht. Ebenfalls vorstellbar ist eine Kultur, der die Praktiken der Dichtkunst nach und nach abhanden gekommen sind, wo jede poetische Tradition, und mit ihr der Begriff »Dichtung« selbst, ausgelöscht ist. Hier würde Dichtung zu etwas Unbegreiflichem, und der Wert der Poesie gehörte in einer derartigen Kultur nicht zum Spektrum möglicher Wertbeziehungen.

Vom Standpunkt dieser postpoetischen Kultur aus betrachtet, hätte ein der Dichtkunst gewidmetes Leben keinerlei historische Bedeutsamkeit, die dichterischen Leistungen Goethes stünden in keiner Beziehung zu den allgemein anerkannten Kulturwerten, sein *Faust* beispielsweise wäre kulturell ganz und gar bedeutungslos. In einem weiteren Gedankenexperiment kann man sich eine Geschichte der modernen Kultur vorstellen, in der Goethes literarisches Leben und Wirken im Mittelpunkt einer ganzen historischen Epoche, der Goethezeit, steht, sein Schaffen als die Verkörperung einer ganz bestimmten Phase abendländischer Kultur, der Ära des faustischen Menschen, angesehen wird. Man vergleiche nun diese Form von Geschichtsschreibung mit jener, die der Wertetafel der oben genannten postpoetischen Kultur verpflichtet ist und der gemäß Goethe für die Kulturwissenschaften nicht zum historischen Individuum werden kann, sondern lediglich als *Durchschnittsmensch* ins Blickfeld rückt, der ausschließlich über generische Merkmale definiert wird. In diesem Fall muß unentschieden bleiben, ob es irgendeine Wertbeziehung gibt, anhand derer Goethe zu einem historischen Individuum wird. Wie aber läßt sich, wenn überhaupt, diese Unklarheit beseitigen?

Damit stehen wir erneut vor dem generellen Problem der kulturwissenschaftlichen Objektivität, in das diese Überlegungen unweigerlich münden. Seine spezielle Fassung gewinnt dieses Problem vor dem Hintergrund von Rickerts Wertbeziehungslehre: es wird zur Frage nach der Objektivität des wertbeziehenden Verfahrens. Nehmen wir an, wir haben es mit unterschiedlichen Wertbeziehungen zu tun, die demselben Wirklichkeitsausschnitt je unterschiedliche, miteinander unvereinbare Kulturbedeutungen beimessen, so sind diese alternativen Interpretationen – aufgrund des *hiatus irrationalis* zwischen Begriff und Wirklichkeit – von ihrer »Faktengrundlage« her unterdeterminiert. Demnach kann prinzipiell jede dieser Deutungen, auch wenn sie sich gegenseitig ausschließen, empirische Gültigkeit haben. Daraus ergibt sich die Notwendigkeit einer Auswahl, wobei die Entscheidung zwischen verschiedenen Deutungen letztlich auf eine Entscheidung zwischen verschiedenen Wertbeziehungen hinausläuft. Mit der Frage nach den Gründen für diese Entscheidung ist aber das Wertbeziehungsproblem Rickerts gemeint: Gibt es ein von den jeweils in Frage stehenden Wertbeziehungen völlig unabhängiges Prinzip, auf dessen Grundlage eine Entscheidung möglich ist?

In der Tat meint Rickert, ein solches *Wertbeziehungsprinzip* ausweisen zu können. Seine Strategie zur Lösung des Problems der Wertbeziehung besteht darin, daß er versucht, die objektive Geltung der Werte zu begründen, mit deren Hilfe wir historische Individuen bilden. Für ihn hängt die Objektivität der Kulturwissenschaften von der Objektivität der Werte ab, auf denen das wertbeziehende Verfahren beruht. Dabei meint die Rede von objektiven Werten die unbedingt allgemeine Wertgeltung und nicht etwa die rein empirische Allgemeinheit, die darin zum Ausdruck kommt, daß bestimmte Werte von allen Mitgliedern einer Gesellschaft anerkannt werden. Auch darf die von Rickert intendierte Wertobjektivität nicht mit der rein normativen Wertgeltung verwechselt werden, die in bestimmten, von allen Mitgliedern einer Gesellschaft geteilten Normen gründet. Ganz im Gegenteil, die Werte, die Rickert im Auge hat, sollen unbedingt allgemein sein. Der Modus ihres Geltens ist kategorial, gänzlich unabhängig von faktischen oder normativen Zwängen: »Die Geltung der geschichtlichen Darstellung muß nämlich abhängig sein von der Geltung der Werte, auf welche die historische Wirklichkeit bezogen wird, und daher setzt der Anspruch auf unbedingt allgemeine Geltung der historischen Begriffe die Anerkennung von unbedingt allgemeinen Werten voraus.«[4]

Das gesuchte Wertbeziehungsprinzip ist also daran geknüpft, ob es gelingt, die Gültigkeit, i. e. die Objektivität von Werten nachzuweisen. Damit folgt auf das Wertbeziehungsproblem, mit dem wir es bislang zu tun hatten, ein Wertproblem, das sich folgendermaßen spezifizieren läßt. Betrachten wir zwei verschiedene Werte, die zwei unterschiedliche Wertbeziehungen festlegen. Beide Wertbeziehungen konstituieren zwar denselben Wirklichkeitsausschnitt als Kultur, bieten jedoch miteinander unvereinbare Deutungen. Gibt es nun ein von beiden Werten unabhängiges Prinzip, ein *Wertprinzip* sozusagen, das uns eine begründete Entscheidung zwischen ihnen gestattet? Die Behauptung, es gäbe ein derartiges Wertprinzip, fällt im Grunde mit der Annahme einer Wertobjektivität zusammen. Diese Annahme läßt sich nicht einfach belegen, indem man aufzeigt, daß Wertbeziehungen normativ gültige Werte ausdrücken. Anders gesagt, das Vorhandensein von faktischen Normen, die die Anerkennung der in Frage stehenden Werte fordern, reicht nicht hin, gleichgültig, ob diese Normen nur in einer ganz bestimmten oder in sämtlichen Kulturen gelten. Vielmehr bedarf eine Lösung des Wertproblems zweier weitergehender Bedingungen. Zum einen muß gezeigt werden, daß bestimmten Werten Objektivität, d. h. unbedingte Gültigkeit zukommt. Diese Werte stellen unumschränkte und universelle Imperative dar, die unabhängig von den spezifischen sozialen Normen einer Kultur Bestand haben. Zum anderen kommt es darauf an darzutun, daß die kulturwissenschaftlichen Wertbeziehungen an diese objektiven Werte rückgebunden sind.[5] Wie lassen sich diese Bedingungen erfüllen?

Über annähernd drei Dezennien hinweg, zwischen der ersten und der fünften Auflage seiner *Grenzen*, also in den Jahren zwischen 1902 und 1929, entwickelte Rickert eine ganze Reihe von Gedanken, von denen er glaubte, daß sie wesentlich seien sowohl für ein adäquates Verständnis als auch für eine Lösung des Wertproblems.[6]

2. Wertanalyse

1. Die Weltanschauungslehre und das Wertproblem

Rickerts fortgesetzte Bemühungen um eine Werttheorie sind eingebettet in sein Verständnis von Philosophie als einer Weltanschauungslehre. Weltanschauungen beruhen in seinen Augen auf zwei verschiedenartigen Erkenntnisinteressen und haben es mit zwei unterschiedlichen Fragestellungen zu tun. Das eine Erkenntnisinteresse liegt darin, eine Erklärung dessen zu suchen, was wir Welt nennen. Damit einher geht die Frage nach den Ursachen aller Dinge. Das andere Erkenntnisinteresse besteht darin, ein Verständnis von Welt zu erlangen, das den Sinn des menschlichen Lebens und die Bedeutsamkeit von handelnden Individuen umfaßt. Damit verbunden ist die Frage, wie wir die Bedeutung von Individuen und den Sinn ihres Handelns zu begreifen vermögen. Genausowenig, wie sich das Interesse zu verstehen auf das Interesse zu erklären reduzieren läßt, kann man die Frage nach Sinn und Bedeutung umstandslos auf die Kausalitätsfrage zurückführen. Sinn und Bedeutung lassen sich weder in raumzeitlich angebbaren Größen erfassen, noch läßt sich das Verstehen von Personen und der Sinn ihres Verhaltens aus Kausalerklärungen von Handlungsabläufen ableiten.

Es ist bezeichnend, daß Rickert diesen beiden Erkenntnisinteressen eine axiologische Differenz unterlegt, nämlich die Entgegensetzung von Sinnhaftem und Sinnlosem, die letztlich auf dem Unterschied zwischen den Dingen, denen wir Werte zuschreiben, und jenen, die wir für wertlos halten, fußt. Wie wir bereits gesehen haben, beruht auch Rickerts Unterscheidung von Kultur und Natur auf dieser axiologischen Differenz. Kultur ist die durch Wertbezug konstituierte Sphäre des Sinnhaften, Natur hingegen besteht unabhängig von Werten. Insofern Natur die Sphäre des Sinnlosen ist, kann jedem Naturereignis durch die Aufdeckung seiner ursächlichen Momente erschöpfend Rechnung getragen werden. Weil ein solches Naturereignis bloß existiert und man ihm keinen Sinn zuschreiben kann, wird es infolgedessen auch nicht zu einem möglichen Gegenstand des Verstehens. Während sich unser kognitives Interesse an der Natur allein durch Kausalerklärung befriedigen läßt, gilt dies nicht für das Interesse, das wir an Personen, Handlungen und deren Folgen nehmen. Der Sinn menschlichen Lebens, als einzig möglicher Gegenstand, auf den unser Verstehensinteresse sich ausrichten kann, läßt sich nicht auf die wirklichen, um nicht zu sagen: existentiellen Merkmale des Lebens reduzieren.[7] Rickert verficht die These, daß ein Fragen nach dem Sinn des Lebens letzten Endes einer Suche nach den Prinzipien gleichkommt, in denen unsere Stellung der Welt gegenüber verankert ist. Mit dieser Suche nach den letzten Zwecken, die hinter all unseren Absichten und Handlungen liegen, wollen wir aufdecken, wonach wir in Wirklichkeit streben, welche Bestimmung unserem Dasein eignet und wie wir leben sollen. Die Frage nach dem Sinn des Lebens hat aber damit zu tun, was dem Leben Bedeutsamkeit, Tiefe, Form und Richtung verleiht – Rickert zufolge haben wir hier durchweg Wertfragen vor uns.[8]

Philosophie, sofern sie als Weltanschauungslehre auftritt, beschäftigt sich mit den Bedingungen, die eine angemessene Weltanschauung erfüllen muß. Dabei hängen Sinn- und Wertfragen folgendermaßen zusammen: Den Sinn des menschlichen Lebens und seine Bedeutsamkeit im Weltgeschehen verstehen zu wollen, setzt voraus, daß menschliches Leben irgendeinen Wert besitzt und Menschen, indem sie leben, Werte verwirklichen. Die Zwecke, nach denen Menschen streben, können dem Leben nur dann einen Sinn verleihen, wenn das Streben selbst als wertbezogen begriffen werden kann. Doch Werte lassen sich eben nur

»begreifen«, sofern sie gelten. Von einem Verständnis der Wertgeltung hängt es daher ab, ob wir uns von der Stellung, die ein Mensch zur Welt einnimmt, und von dem Sinn, den er seinen Absichten und Handlungen unterlegt, ein Bild machen können. Für jede Untersuchung, die sich mit den Sinnfragen befaßt, ist objektive Wertgeltung somit unabdingbare Voraussetzung. Eine Weltanschauung als *Weltverständnis* beschränkt sich niemals auf reine Subjektivität, d. h. auf das Verständnis von Personen als Handlungssubjekten. Vielmehr muß ein *Wertverständnis* hinzutreten: »Erst wenn wir der Werte gewiß sind, wird das Subjekt, das zu diesen Werten Stellung nimmt, wichtig.«[9] Für eine Deutung des Lebenssinns hat das Wertverständnis »positiv verankert« zu sein, wobei die unerläßliche Grundlage dieser Verankerung »ein Reich der Wertgeltungen« sein muß.[10] Aus diesem Grunde verwirft Rickert alle rein subjektivistischen oder egologischen Letztbegründungen von Philosophie. Er besteht vielmehr auf einer völligen Umkehrung der üblichen, d. h. subjektivistischen Auffassung von Werten. Seiner Meinung nach kann man den Sinn menschlicher Handlungen nur durch Wertanalyse erfassen, wobei die Geltung der in Frage kommenden Werte ganz und gar unabhängig vom handelnden Subjekt ist.[11] Man kann handelnde Personen und den Sinn, den sie mit ihren Absichten und Handlungen verbinden, nur begreifen, indem man die Werte begreift, die diesen Sinn allererst ermöglichen. Das Begreifen von Werten aber setzt voraus, daß diese Werte in ihrem Gelten verstanden werden können. Deswegen ist eine Weltanschauung, die über eine bloße Welterklärung hinausgeht, mit Notwendigkeit auf eine Werttheorie angewiesen. Nur unter Zuhilfenahme einer Werttheorie läßt sich Weltanschauung als Weltverständnis fassen, mithin die Frage beantworten, wonach wir streben sollen und worin die Bestimmung unseres Daseins liegt. Demnach bildet die Werttheorie – und nicht eine Theorie des Subjekts – *die* Fundierung einer Weltanschauungslehre.

Nach Rickerts Weltanschauungslehre darf die »Welt« nicht mit Wirklichkeit als solcher gleichgesetzt werden. Denn neben den Objekten kausaler Erklärung, die *wirklich* sind, gibt es Werte, denen wir kein empirisches, gegenständliches Sein zuschreiben, wenngleich ihre Geltung durchaus ein Gegenstand des Verstehens ist. Erst beide Sphären zusammengenommen – die des Wirklichen und die der Werte – machen das aus, was wir Welt nennen, das eigentliche Objekt einer Weltanschauung. Es drängt sich nun aber die Frage auf, welcher ontologische Status den Werten zukommt, wenn sie, wie Rickert annimmt, nicht »sind«. Rickerts Versuch einer Wertanalyse zielt darauf ab, das zu klären, was »nicht nichts« ist, aber doch nicht wirklich ist.[12] Er schlägt aus diesem Grund vor, den eigentümlichen Status der Werte dadurch zu erhellen, daß man prüft, in welchem Verhältnis zur Wirklichkeit die Werte stehen. Dies ist der eigentliche Zweck, dem Rickerts Erörterung zum Verhältnis zwischen Werten und kulturellen »Gütern«, Werten und Wertstellungnahmen dient.

Um darzutun, daß der Terminus »Wert« nicht etwas Wirkliches bezeichnet, verweist Rickert uns erst einmal auf das Wirkliche selbst, das doch mit Werten in Zusammenhang steht. Dabei ist es für die begriffliche Unterscheidung von Wert und Wirklichkeit unabdingbar, das wirklich Seiende zu spezifizieren, vermittels dessen wir mit Werthaftem in Berührung kommen. Zugleich dürfen Werte keinesfalls mit den wirklichen Objekten verwechselt werden, an denen sie haften. Auch sollten sie nicht mit Wertungen gleichgesetzt werden, d. h. mit Werturteilen, die Gegebenes bewerten. Ebensowenig sollten Werte mit den Zielen bzw. Zwecken verwechselt werden, an deren Verwirklichung uns gelegen ist, wenn wir die Kulturgüter erzeugen, die als Träger der Werte fungieren. Im Zweckbegriff wird die Vorstellung eines Wertes implizit mit einem potentiellen, weil zukünftigen empirisch Seienden verknüpft. Schließlich sollte man Werte nicht mit den Mitteln in eins setzen, die, weil sie zur Verwirklichung eines bestimmten Zweckes beitragen, selbst einen Wert zu haben scheinen.[13] Rickert faßt diese Überlegungen zum Verhältnis von Wert und Wirklichkeit auf zweierlei Weise zusammen: einmal in der Entgegensetzung von Werten und Objekten, daneben in der Unterscheidung von Werten und Subjekten.

Obschon Werte in gewisser Weise mit Objekten zusammenhängen, fallen sie doch nicht in eins mit den Dingen, die für uns einen Wert haben. Wert und Objekt dürfen nicht als identisch vorgestellt werden, ansonsten könnten wir nicht davon sprechen, daß wir einem Objekt einen Wert zuschreiben. Diesem Sachverhalt trägt Rickert dadurch Rechnung, daß er Werte und Güter klar getrennt hält. Von bestimmten Objekten, beispielsweise Kunstwerken, sagt man, sie hätten einen Wert. Doch daraus den Schluß zu ziehen, diese Objekte seien selbst Werte, hieße die Tatsache zu verkennen, daß ein Wert nicht einfach mit den empirischen Eigenschaften zusammenfällt, die das Objekt ausmachen. So ist, um bei dem gewählten Beispiel zu bleiben, der ästhetische Wert eines Gemäldes keineswegs identisch mit der Leinwand und der verwendeten Farbe. Um diese Differenz zwischen Objekt und Wert zu betonen, bezeichnet Rickert alle wirklichen Objekte, die auf Werte bezogen sind, als »Güter«.[14]

Die Werte stehen aber nicht nur mit den Objekten in einem Zusammenhang, sondern auch mit den Subjekten, den handelnden Personen also, die bestimmten Objekten Werte zuschreiben. Denn ein Gemälde wird erst zum Kunstwerk, weil und insofern Subjekte ihm einen ästhetischen Wert zubilligen. Das impliziert aber nicht, daß der subjektive Akt der Bewertung mit dem Wert selbst identisch ist. Vielmehr ist es auch hier unbedingt erforderlich, eine scharfe Trennung vorzunehmen und die Werte auf der einen von den Wertstellungnahmen der Subjekte, ihren Werturteilen auf der anderen Seite strikt zu unterscheiden. Rickert räumt zwar ein, daß es zwischen Werten und Bewertungen immer so etwas gibt wie eine faktische Koinzidenz. Mit anderen Worten, es gibt wohl keinen Wert, der nicht in irgendeinem Zusammenhang mit einem wirklichen Subjekt steht, da jeder Wert, um überhaupt in Erscheinung treten zu können, von jemandem »bewertet« werden muß. Das bedeutet freilich nicht, daß Werte mit Bewertungen identisch sind. Ja, gerade dieses Aufeinanderangewiesensein verhilft uns allererst zur Scheidung von Wert und Subjekt. Denn fielen Wert und Werturteil umstandslos in eins, so hätte es keinen Sinn mehr zu sagen, daß Werte mit Bewertungen zusammenhängen.[15]

Rickert bietet also zwei Begründungen für die Differenzierung von Werten, Gütern und Wertungen. (1) Werte stehen in einem bestimmten Verhältnis zu Gütern und Bewertungen, weswegen jene qualitativ etwas anderes sein müssen als diese: »Der Wert gehört vielmehr als Wert in eine eigene und ganz andere Begriffsphäre.«[16] (2) Die Fragen, die sich uns im Hinblick auf Werte, Güter und Bewertungen stellen, sind voneinander völlig verschieden. Es wäre beispielsweise unsinnig, danach zu fragen, ob Werte »existieren«, wie wir das im Fall von Gütern und Wertungen tun können. Wie wir gesehen haben, kommt nur Gütern und Wertungen ein empirisches Sein zu. Bei einem Wert ließe sich allenfalls fragen, ob er »gilt«, was natürlich etwas vollkommen anderes ist als die Frage nach seinem Sein. Umgekehrt wäre es unsinnig, nach der Geltung von Gütern und Wertungen zu fragen.[17] Demnach hat ein Wert weder den Status eines Subjekts noch den eines Objekts, und wegen der Andersartigkeit von Wertsphäre und Wirklichkeit bilden die Werte »ein Reich für sich, das jenseits von Subjekt und Objekt liegt«.[18] Daraus zieht Rickert in einer an G. E. Moore gemahnenden Art und Weise den Schluß, daß Werte sich gar nicht streng definieren lassen. Ebenso wie das Sein ist »Wert« eine nicht hintergehbare Kategorie, die, obgleich einer näheren Analyse unzugänglich, ein unabdingbares Werkzeug für unseren kognitiven Zugang zur Welt ist.[19]

III. Wertgeltung

Wertbegriffe sind keine Existenzbegriffe, ebensowenig wie Werturteile mit Existentialurteilen vermengt werden dürfen. Wenn, wie gezeigt wurde, Werte nicht existieren, mithin keinen Wirklichkeitscharakter haben, stellt sich die Frage, in welchem Sinne es denn Werte *gibt*. Im Anschluß an Rudolf Hermann Lotze begreift Rickert Geltung als den spezifischen *Seinsmodus* der Werte.[20] Zu sagen, daß es Werte gibt, heißt, daß sie gelten. Der Status des Geltens kommt ausschließlich Werten zu, da, was bloß existiert, nicht Geltung erheischen kann. Wenn man von gültigen Tatsachen spricht, so bezieht sich Geltung in diesem Falle nicht auf den empirischen Tatbestand selbst, sondern auf die Aussage, mit der wir die Tatsache feststellen. Und wenn man bezüglich außertheoretischer Werte von der Geltung etwa einer Währung oder eines Vertrages spricht, bezieht sich das nicht auf die wirklichen Objekte, die »Güter« mithin, sondern auf einen Wert. Denn eine Währung gilt, insofern ihr ein Geldwert zukommt, sie wird ungültig, wenn sie diesen Wert verliert; ein Vertrag gilt, wenn er einem Rechtswert konform ist – verliert er seine durch den Rechtswert garantierte Verbindlichkeit, ist er nicht länger gültig.[21]

Indem Rickert drei verschiedene Ebenen der Wertgeltung voneinander unterscheidet, trennt er auch drei Arten von Werten: individuell subjektive Werte, allgemein subjektive Werte und objektive Werte. *Individuell subjektive Werte* gelten nur für einzelne Personen, ihre Geltung hängt von den wirklichen Wertstellungnahmen einzelner Subjekte ab. Solche Werte sind unauflöslich mit persönlichen Vorlieben und Neigungen verschränkt, und ihre Geltung fußt auf vorübergehenden Stimmungslagen. Deswegen nennt Rickert die individuell subjektiven Werte auch Scheinwerte, denen er lediglich Scheingeltung zugesteht.[22] *Allgemein subjektive Werte* gelten für alle Subjekte gleichermaßen. Aber ebenso wie bei den individuell subjektiven Werten hängt ihre Geltung von praktischen Wertstellungnahmen ab. Somit gibt es zwischen individuell und allgemein subjektiven Werten also lediglich einen quantitativen Unterschied dahingehend, daß im einen Fall einer oder mehrere, im anderen Fall alle Subjekte sich diesen Werten verschrieben haben. In beiden Fällen bleibt die Wertgeltung subjektiv, d.h. gebunden an die tatsächlich vollzogenen Wertungen.[23] *Objektive Werte* hingegen sind nicht von irgendwelchen praktischen Wertstellungnahmen abhängig. »Objektivität« heißt in diesem Zusammenhang, daß ein Wert gegenüber allen Subjekten und ihren Handlungen autonom ist. Objektive Werte sind axiologischer Natur, Wertobjekte mithin, denen nichts Wirkliches anhaftet. Sie gelten auch dann, wenn kein wirkliches Subjekt sie anerkennt oder Stellung zu ihnen nimmt. Die Geltung objektiver Werte liegt in dem Umstand begründet, daß sie bedingungslose Aufforderungen sind, die zu universeller Anerkennung nötigen. Wollte man also belegen, daß ein bestimmter Wert objektiv gilt, so müßte man nachweisen, daß seine Geltung unabhängig von jeglichem Werturteil Bestand hat. Ferner müßte man zeigen, daß die Geltung dieses Wertes allgemein ist, gleichgültig, ob irgend jemand ihn tatsächlich anerkennt. Schließlich müßte bewiesen werden, daß der Wert für alle Menschen verbindlichen Charakter hat, selbst wenn seine Geltung keineswegs allgemein anerkannt ist.

3. Wertobjektivität

1. Rickerts These

Rickerts Vorgehen, um zu einer Lösung des Objektivitätsproblems in den Kulturwissenschaften zu gelangen, erfordert den Nachweis, daß sich die Geltung der jeweils in Frage stehenden Wertbeziehungen aus der Geltung objektiver Werte ableiten läßt. Folgerichtig hängt eine Lösung des Wertbeziehungsproblems von einer Lösung des Wertproblems ab, d. h. davon, ob sich die Wahl zwischen alternativen Werten auf ein Wertprinzip berufen kann.

In seinen Bemerkungen über die Beziehung zwischen dem Wertbeziehungsproblem und dem Wertproblem behauptet Rickert, daß das Kriterium für die kulturwissenschaftliche Begriffsbildung letztlich »bei bloß menschlichen Wertsetzungen« liegt, also bei tatsächlichen Wertstellungnahmen historischer Agenten. Die Subjektivität dieser Stellungnahmen wird keineswegs dadurch verringert, daß es sich bei den fraglichen Werten um weitgehend, vielleicht sogar universell anerkannte Werte handelt. Man stelle sich einmal vor, daß die für die Kulturwissenschaften konstitutiven Werte bloß subjektiv sind, will sagen, im Sinne faktischer oder normativer Geltung vorkommen. In diesem Fall wäre eine Lösung des Wertbeziehungsproblems von vornherein unmöglich, denn die Geltung der den Wertbeziehungen zugrunde liegenden Werte bliebe rein subjektiv, abhängig von der Willkür praktischer Wertstellungnahmen. Nur indem wir eine »überempirische Voraussetzung« machen, läßt sich das Wertbeziehungsproblem lösen. Es ist notwendig anzunehmen, daß »*irgendwelche* Werte *unbedingt* gelten, zu denen alle menschlichen Wertsetzungen in einem mehr als willkürlich bestimmten näheren oder ferneren Verhältnis stehen«.[24] Gezeigt werden muß, mit anderen Worten, daß es objektive, unbedingt gültige Werte gibt und daß die wirklichen, nur subjektiv gültigen Wertbindungen der Handelnden sich diesen objektiven Werten mehr oder weniger annähern. Folglich muß sich das Maß der Annäherung der subjektiven Werte, zu denen ja auch die Werte kulturwissenschaftlicher Begriffsbildung gehören, an die objektiven eindeutig bestimmen lassen.

Rickert betont, daß die von ihm gemachte überempirische Voraussetzung rein formalen Charakter hat, insofern sie keinem bestimmten Kulturwert unbedingte Geltung zubilligt. Gleichzeitig hebt er aber auch hervor, daß diese rein formale Annahme für sich allein hinreichend ist, um zu einer Lösung des Wertbeziehungsproblems zu gelangen. Denn, so versucht Rickert seine Auffassung zu stützen, selbst wenn es unbedingt gültige Werte mit Notwendigkeit geben muß, so bedeutet das noch nicht, daß wir wissen, welche Werte das sind. Was wir mit Sicherheit wissen können, ist aber, daß es unbedingt gültige Werte gibt, mit denen die unseren Wertbeziehungen zugrunde liegenden Kulturwerte in einem mehr oder weniger engen Zusammenhang stehen. So sind wir in der Lage, das Maß der Übereinstimmung zwischen objektiven Werten und Kulturwerten zu bestimmen. Damit haben wir ein Kriterium für die Objektivität von Wertbeziehungen, und Rickert folgert, daß »ein Streben, die Geschichte in ihrem einmaligen Verlauf mit Rücksicht auf normativ allgemeine Werte kennen zu lernen, dann nicht mehr als Produkt bloßer Willkür betrachtet werden kann«.[25]

Wiederholt erklärt Rickert, daß diese Lösung des Wertbeziehungsproblems nicht von der unbedingten Geltung der Kulturwerte abhängt, die das wertbeziehende Verfahren anleiten. Die Objektivität der Wertbeziehung beruht hier auf der Möglichkeit, das Verhältnis zwischen diesen Kulturwerten und den unbedingt gültigen Werten genau zu bestimmen. Die Gangbarkeit des vorgeschlagenen Lösungswegs setzt allerdings voraus, daß »die menschliche Kultur irgendeinen, uns eventuell noch gänzlich unbekannten objektiven Sinn mit Rücksicht auf unbedingt allgemein gültige Werte besitzt«.[26] Diese Annahme ist unabdingbar, denn: »Erst dann ist es logisch unvermeidlich, den geschichtlichen Verlauf auf Werte überhaupt theoretisch zu beziehen, und erst dann ist vom rein wissenschaftlichen Standpunkt aus die einmalige Entwicklung der Geschichte unter keinen Umständen ein sinnloses Durcheinander von vorübergehenden und bedeutungslosen Ereignissen.«[27]

Die von Rickert für das Wertbeziehungsproblem entwickelte Lösung geht also von den folgenden zwei Prämissen aus: (1) Es gibt objektive Werte, obschon wir sie nicht kennen und somit auch nicht definitiv sagen können, ob irgendeine Wertstellungnahme oder ein Kulturgut einen derart unbedingt gültigen Wert zum Ausdruck bringt. (2) Die das Verfahren der Wertbeziehung anleitenden Kulturwerte stehen in einem bestimmbaren Verhältnis zu den objektiven Werten. Die in diesen beiden Prämissen implizierte These bildet Rickerts Lösung für das Wertproblem.

11. Die transzendentallogische Fundierung von Rickerts These

Kann man nun zeigen, daß es objektive Werte gibt? Und, falls das möglich ist, wie läßt sich das Verhältnis zwischen diesen objektiven Werten und den Kulturwerten bestimmen, die für die Kulturwissenschaften relevant sind? Im letzten Kapitel seiner *Grenzen* versucht Rickert diese Fragen zu beantworten.[28] Um das Vorhandensein von unbedingt gültigen Werten nachzuweisen, befaßt er sich mit dem grundlegenden Wert, auf den wir uns im theoretischen Leben immer dann beziehen, wenn wir eine Aussage machen: Wahrheit. Auf den ersten Blick scheint der Wahrheitswert nicht mehr zu verkörpern als den Umstand, daß die praktischen Stellungnahmen Einzelner zufälligerweise übereinstimmen. Im Wissenschaftsbetrieb beispielsweise gilt das als Wahrheit, was eine Gemeinschaft von Wissenschaftlern zu einem bestimmten Zeitpunkt für wahr hält. So gesehen ist das, was wir als wahr ansehen, bloß das Produkt subjektiv gültiger Werturteile. Eine derartige, rein »konsensuelle« Auffassung von Wahrheit taugt von vornherein nicht für die von Rickert angestrebte Begründung einer überzeitlichen und kulturunabhängigen Objektivität des wertbeziehenden Verfahrens, weil der Status dieser Wahrheitstheorie als objektiver Wert selbst Gegenstand des Zweifels ist.

Darüber hinaus erkennt Rickert ein weiteres Problem: Worauf, wenn nicht auf einen objektiv begründeten Wahrheitsanspruch, sollen derartige skeptische Fragen sich stützen? Setzt doch die Kritik und der Zweifel an der Wahrheit einer Proposition, wie jede andere Aussage auch, Wahrheit voraus – und zwar nicht nur als Summe subjektiver Wertstellungnahmen, sondern als etwas strikt Objektives. Wer einen behaupteten Sachverhalt in Frage stellt, stützt sich, indem er dies tut, auf eine unbedingt geltende, objektive Wahrheit. Wie jede andere Proposition auch, fußt somit die Aussage, Wahrheit sei kein objektiver Wert, auf der Prämisse einer unbedingten Wahrheitsgeltung. Rein logisch gesehen ist es absurd, an der Objektivität der Wahrheit zu zweifeln, da, um es mit Wittgenstein zu sagen, unsere Zweifel und Fragen voraussetzen, »daß gewisse Sätze vom Zweifel ausgenommen sind, gleichsam die Angeln, in welchen jene sich bewegen«. Wenn ich demnach »will, daß die Tür sich drehe, müssen die Angeln feststehen«.[29] Also kann der Zweifel nur auf dem beruhen, »was außer Zweifel ist«.[30] Für Rickert bedeutet dies, daß »jedes Urteil, das den Anspruch erheben darf, wahr zu sein, die absolute Geltung des Wahrheitswertes voraussetzen muß, und daher ist die Anerkennung der Geltung irgendwelcher Werte unter keinen Umständen zu vermeiden«.[31]

Mit diesem Argument will Rickert den »absoluten Relativismus der Sophisten und der modernen Empiristen«[32] widerlegen. Den Fluchtpunkt seiner Kritik bildet dabei der radikale, jede Form unbedingter Wertgeltung leugnende Wertrelativismus, für den alle Werte nur subjektiv gültige Werturteile sind, so daß die Entgegensetzung von Wert und Wertung nicht länger aufrechterhalten werden kann. Diese Position eines schrankenlosen Wertrelativismus, der, insofern er überhaupt keine überempirischen Annahmen in der Wissenschaft zuläßt, auch die unbedingte Geltung derjenigen Werte bestreitet, auf denen jede wissenschaftliche Erkenntnis beruht, ist in Rickerts Augen selbstwidersprüchlich. Wer das »Glashaus des Relativismus« zum Einsturz bringen möchte, der braucht nur, so Rickert, »seine inneren Widersprüche« aufzuzeigen. Indem man ihre eigenen Konsequenzen ausbuchstabiert, kann man diese Position ad absurdum führen.[33]

Rickert diskutiert die Relativismusfrage in erster Linie, um seine Lösung des Wertproblems argumentativ zu untermauern. Dabei geht er folgendermaßen vor: Immer wenn wir eine mit einem Wahrheitsanspruch verbundene Aussage machen, setzen wir unbedingt gültige Wahrheitskriterien voraus. Demnach gibt es derart unbedingt gültige Kriterien für Wahrheit – und folglich auch objektive Werte. Versucht man nun, dieses Argument zu bestreiten, so erweist sich, nach Rickerts Auffassung, ziemlich rasch seine Stichhaltigkeit. Da jede Aussage ein unbedingt gültiges Kriterium für Wahrheit voraussetzt, ist solch ein Kriterium auch unabdingbar für eine Proposition, die das Vorhandensein objektiver Werte in Abrede stellt. Folglich hat die Feststellung, daß es keine objektiven Werte gibt, zur Voraussetzung, daß es sie gibt. Will man weiterhin Aussagen machen, die mit einem Anspruch auf Wahrheit versehen sind, so kann man diesem Selbstwiderspruch nur entgehen, indem man sich der von Rickert vorgeschlagenen Lösung anschließt.

Diese Art »transzendentalen« Argumentierens ist wohl hinlänglich bekannt von der *Kritik der reinen Vernunft*, wo sie dazu dient, die unerläßlichen und damit unleugbaren Bedingungen der Möglichkeit von Erkenntnis überhaupt auszuweisen. Kant selbst meinte sogar, daß der gesamte Erfolg der *Kritik* sich letztendlich der Entdeckung und Entfaltung transzendentaler Argumente verdanke.[34] In der Literatur besteht bislang keine Einigkeit darüber, warum Kant seine Argumentation als »transzendental« bezeichnete.[35] Auch was die Bedeutung und die Plausibilität transzendentaler Argumente betrifft, gehen die Meinungen weit auseinander.[36] Zwar kann ich an dieser Stelle die Problematik transzendentaler Argumente nicht in ihrer ganzen Breite erörtern, doch scheinen mir durchaus einige Bemerkungen angebracht, was Rickerts transzendentale Begründung der Wertobjektivität betrifft.

Transzendentale Argumente haben zweierlei Prämissen. Die eine nennt die Bedingungen, deren Erfüllung für eine bestimmte Form von Praxis wesentlich sein soll. Im Falle von Rickert ist das die Feststellung, daß unbedingt gültige Wahrheitskriterien unerläßlich sind für die Praxis der Erzeugung von Aussagen über Sachverhalte. Die andere behauptet, daß wir die in der ersten Prämisse genannte Praxis auch tatsächlich ausüben. Auf unser Beispiel bezogen heißt das, daß wir in der Tat Aussagen machen, mit denen wir einen Wahrheitsanspruch verbinden. Im daran anschließenden Schritt gelangt man sodann zu dem Schluß, daß die in der ersten Prämisse genannte transzendentale Bedingung nicht bestritten werden kann, da wir ansonsten nicht mehr sinnvoll von einer bestimmten Praxisform reden könnten. Für Rickerts Argument ergibt sich also die Schlußfolgerung, daß es unbedingt gültige Wahrheitskriterien – und damit objektive Werte – geben muß, da wir im gegenteiligen Fall nicht mehr anzugeben wüßten, was es heißt, Aussagen zu machen bzw. über die Wahrheit oder Unwahrheit von Aussagen zu urteilen.

Die eigentliche Schlagkraft einer jeden transzendentalen Argumentation beruht demnach auf der Festschreibung eines *sine qua non* dergestalt, daß die in die Schlußfolgerung eingehende Bedingung für eine bestimmte Praxisform, von deren Vorhandensein wir ausgehen, unerläßlich ist. Mit anderen Worten, jeder Versuch, die gezogene Schlußfolgerung zu bestreiten, wäre von vornherein unsinnig, müßte er doch darauf hinauslaufen, daß wir eine Bedingung verwerfen, die unserer Annahme vom Vorhandensein einer bestimmten Praxisform bereits zugrunde liegt. Die Logik eines transzendentalen Arguments ist, wie sich am Beispiel Rickkerts demonstrieren läßt, sozusagen regressiv: Das Argument beginnt mit einer prima facie ganz unproblematischen Erfahrungstatsache, nämlich der Feststellung, daß wir Aussagen machen, die wir mit einem Anspruch auf Wahrheit verknüpfen. Die Schlußfolgerung, die wir ziehen, daß es unbedingt gültige Wahrheitskriterien – und damit objektive Werte – gibt, ist allerdings von weit größerer Tragweite. Wollen wir aber die anfangs festgestellte unzweifelhafte Erfahrungstatsache nicht gleichsam rückwirkend in Zweifel ziehen, so müssen wir auch die viel stärkere Folgerung als wahr betrachten. Dies hängt damit zusammen, daß die Schlußfolgerung selbst für die vorausgesetzte Erfahrungstatsache eine Bedingung der Möglichkeit darstellt.

Transzendentale Argumente beschäftigen sich also mit tatsächlich vorhandenen Praxisformen bzw. tatsächlich verwendeten Begriffen im Hinblick darauf, welches die Bedingungen ihres Vorhandenseins sind. Diese Bedingungen fungieren sodann als transzendentale Voraussetzungen für die Möglichkeit dieser Praxisformen und Begriffe. Rickert verwendet dieses Argumentationsmuster aber nicht nur im Rahmen seiner Lösung des Problems der kulturwissenschaftlichen Objektivität, vielmehr sind transzendentale Argumente für ihn das hauptsächliche Werkzeug philosophischer Reflexion: »Anders lassen sich die Voraussetzungen, die allem Erkennen zugrunde liegen, überhaupt nicht dartun. Man muß sich klarmachen, daß jeder Angriff auf ihre Geltung zu einem Zirkel führt, weil der Angreifer sich auf das, was er angreifen möchte, selbst stützen muß, um seinen Beweis führen zu können.«[37] Von daher kann man sagen, daß Rickert seine wichtigsten philosophischen Werke auf transzendentalen Argumenten aufgebaut hat, den *Gegenstand der Erkenntnis* als eine transzendentallogisch angeleitete Epistemologie, die *Grenzen* als eine transzendental begründete Wissenschaftstheorie und das *System der Philosophie* als eine transzendentalphilosophische Axiologie.

Kapitel IV
Zur Kritik an Rickert

1. Einleitung

Um die Tauglichkeit der Lösung zu überprüfen, die Rickert für das Grundproblem von Webers Methodologie, die Frage nach der kulturwissenschaftlichen Objektivität, bereitstellt, möchte ich im nun folgenden zwei Punkte etwas eingehender untersuchen, die für Rickerts Objektivitätskonzept von zentraler Bedeutung sind: die Wert/Wertungs-Dichotomie und die transzendentale Lösung des Wertproblems. Für Rickert selbst sind dies die entscheidenden Bausteine seiner Konstruktion. So spricht er etwa in seinen Bemerkungen zu den axiologischen Voraussetzungen der Geschichtswissenschaft von der Wert/Wertungs-Dichotomie als dem Schlüssel zur Lösung des Wertbeziehungsproblems[1], und in seinen Erörterungen zur Wertbeziehungslehre stellt er fest, daß man einer relativistischen Fehldeutung des wertbeziehenden Verfahrens nur vermittels der von ihm vorgeschlagenen transzendentalen Lösung des Wertproblems entgehen kann.[2]

Die Entgegensetzung von Wert und Wertung beruht auf der These, daß Wertbeziehungen unabhängig von Werturteilen definiert werden können. Deshalb beschränkt sich die anschließende Kritik der Wert/Wertungs-Dichotomie auch auf den Versuch, diese These zu widerlegen. Denn sollte sich Rickerts Auffassung, daß Wertbeziehungen ganz unabhängig von Werturteilen sind, als unhaltbar erweisen, so könnte auch die Dichotomie – und damit Rickerts Lösung des Wertbeziehungsproblems in toto – nicht länger aufrechterhalten werden. Die Überprüfung von Rickerts Lösung des Wertproblems soll anhand von zwei Schritten erfolgen. Zunächst werde ich mich etwas näher mit Rickerts transzendentalem Argument befassen. Gehen wir einmal davon aus, Rickerts Argumentation sei formal sauber und der von ihm gezogene Schluß folgerichtig, so stellt sich dennoch unweigerlich die Frage, ob die *conclusio* seines Arguments auch wirklich eine Lösung des Wertproblems darstellt. Ich werde argumentieren, daß diese Frage verneint werden muß. In einem zweiten Schritt soll der Frage nachgegangen werden, ob eine Lösung des Wertproblems im Rahmen von Rickerts Werttheorie überhaupt möglich ist. Dabei werde ich zeigen, daß bereits die Prämissen, auf denen Rickerts Axiologie fußt, eine Lösung dieses Problems ausschließen. Von daher kann man sagen, Rickerts Werttheorie vereitelt selbst die Verwirklichung des ihr eigentlich zugedachten Zwekkes: durch die Lösung des Objektivitätsproblems eine Grundlegung für die Theorie historischer Erkenntnis zu schaffen.

2. Zur Kritik der Wert/Wertungs-Dichotomie

Wie wir bereits gesehen haben, stützt Rickert sich bei der Entgegensetzung von Wert und Wertung auf drei Argumente. Zum einen behauptet er, daß ein Konflikt zwischen unterschiedlichen Wertstellungnahmen stets einen gemeinsamen Bezugsrahmen voraussetzt. Dieser Bezugsrahmen kann nur ein gemeinsam geteilter Wert sein, der, obgleich sie auf ihm basieren, von den miteinander im Widerspruch stehenden Werturteilen unabhängig sein muß. Zum anderen behauptet er, daß im Falle von Wertungen andere Haltungen und auch andere Interessen im Spiel sind als im Falle von Wertbeziehungen. Während wir Wertungen stets in einer evaluativ-praktischen Einstellung vollziehen, ist das Verfahren der Wertbeziehung geprägt von einer kontemplativ-theoretischen Haltung; und während Wertungen immer mit dem Interesse an der Geltung eines Wertes einhergehen und folglich den Wert entweder bejahen oder verneinen, zeichnen sich Wertbeziehungen dadurch aus, daß sie vom Interesse am Verstehen der Bedeutung eines Wertes bestimmt sind und keine Stellungnahme implizieren. Der dritte Grund, den Rickert zur Stützung seiner Wert/Wertungs-Dichotomie anführt, liegt darin, daß Wertungen – im Gegensatz zu Wertbeziehungen – prinzipiell anfechtbar sind, da es kein unabhängiges Kriterium zur Entscheidung praktischer Wertkonflikte gibt, wir mithin keine Möglichkeit zu einer begründeten und definitiven Wahl zwischen konfligierenden Werturteilen haben. Dies gilt aber nicht für konfligierende Wertbeziehungen, zwischen denen, wie Rickert meint, sehr wohl eine begründete, von praktischen Interessen freie Entscheidung möglich ist.

Das zweite und auch das dritte Argument, das Rickert vorbringt, ist für die Frage nach der Plausibilität seiner Wert/Wertungs-

Dichotomie ganz unerheblich. Gesetzt den Fall, daß Werte und Werturteile sich tatsächlich durch Bezug auf unterschiedliche Interessen festlegen lassen und Werturteile prinzipiell anfechtbar sind, Werte hingegen nicht – so rechtfertigt dies keineswegs den Schluß, daß Wertbeziehungen unabhängig von Wertungen sind. Denn selbst wenn die Behauptung, Werte und Wertungen beruhen auf heterogenen Interessen, richtig ist, beweist das noch lange nicht, daß jene von diesen unabhängig sind. Ebensowenig kann man das aus der Annahme folgern, daß theoretische Wertbeziehungen im Gegensatz zu Werturteilen nicht anfechtbar seien. Aus dem Umstand, daß unsere Interessen an zwei Begriffen nicht kohärent sind, folgt keineswegs, daß diese beiden Begriffe logisch unabhängig voneinander sind. Aber ebensowenig wird die logische Unabhängigkeit zweier Begriffe dadurch begründet, daß die Geltung eines Begriffes anfechtbar ist, die andere aber nicht. Um es auf den Punkt zu bringen, die beiden Argumente, die Rickert an zweiter bzw. dritter Stelle zur Stützung seiner Wert/Wertungs-Dichotomie vorträgt, sind irreführend. Da sie nichts zur Begründung der besagten Dichotomie beitragen, hängt deren gesamte Rechtfertigung von der Triftigkeit des ersten Arguments ab.

Die Annahme, daß konfligierende Werturteile eine gemeinsam geteilte Wertbeziehung voraussetzen, die ihrerseits unabhängig von diesen Werturteilen sein muß, bildet die Prämisse des ersten Arguments. Daraus folgert Rickert, daß Wertbeziehungen generell unabhängig von Wertungen sind. Aber auch dieses Argument ist nicht stichhaltig! Ausgehend von der Tatsache, daß zwei widerstreitende Wertstandpunkte sich auf eine gemeinsame Wertbeziehung stützen und diese mithin unabhängig von jenen ist, ist es ganz und gar nicht folgerichtig zu schließen, daß diese Wertbeziehung auch von anderen, geschweige denn von allen Werturteilen unabhängig ist. Die Schlußfolgerung, die Rickert zieht, ist aber nicht nur unzulässig, sondern zudem auch falsch. Die Frage, ob Wertbeziehungen von Werturteilen abhängen, kann nur entschieden werden, wenn man Genaueres darüber weiß, warum bestimmte Wertbeziehungen akzeptiert oder verworfen werden und auf welcher Grundlage Meinungsverschiedenheiten über Wertbeziehungen sich lösen lassen. Im Gegensatz zu Rickert werde ich argumentieren, daß das Akzeptieren oder Verwerfen von Wertbeziehungen auf der Basis von praktischen Wertstellungnahmen stattfindet. Wertungen bilden somit das Fundament, das die Auswahl zwischen alternativen Wertbeziehungen erst ermöglicht. Entscheidungen zwischen verschiedenen Wertbeziehungen fußen auf miteinander unvereinbaren Werturteilen. Lediglich wegen ihrer Stellungnahme für einen bestimmten Wertstandpunkt kann die einer der an der Kontroverse beteiligten Parteien sich weigern, jenen Werten Anerkennung zu zollen, die von der gegnerischen Partei anerkannt werden. Diese Ablehnung erstreckt sich dann natürlich auch auf die mit den entsprechenden Werten korrespondierenden Wertbeziehungen. Deshalb ist es völlig verfehlt anzunehmen, daß Wertbeziehungen unabhängig von Werturteilen sind. Das Gegenteil ist der Fall – gemeinsam geteilte Wertbeziehungen beruhen auf einer Übereinstimmung von praktischen Stellungnahmen. Ironischerweise gelangt man auf diesem Wege zu einer völligen Verkehrung von Rickerts Position, denn nun sind es die Werturteile, die sich als Bedingung der Möglichkeit von Wertbeziehungen erweisen. Um meine Hypothese zu untermauern, werde ich etwas ausführlicher auf einen Fall eingehen, anhand dessen sich meine gegen Rickert gerichtete Auffassung vom Verhältnis zwischen Werturteilen und Wertbeziehungen veranschaulichen läßt: gemeint ist die von Kierkegaard im *Tagebuch eines Verführers*[3] beschriebene Ästhetisierung des Lebens sowie der damit einhergehende Ausschluß von allen auf der Grundlage moralischer Werte gebildeten Wertbeziehungen.

Kierkegaard stellt uns einen jungen Mann namens Johannes vor, der an einem Frühlingsabend durch die Straßen von Kopenhagen schlendert. Dabei wird er zufällig auf eine unschuldig aussehende junge Frau aufmerksam, und da sie ihm gefällt, folgt er ihr bis in ein Geschäft, wo er sie unbemerkt beobachten kann. Hier fällt ihm auf, daß sie keinen Ehering trägt. Während sie sich anschickt, einem der Angestellten ihre Adresse zu geben, zieht Johannes sich außer Hörweite zurück, gewillt, die Möglichkeit eines eventuellen Wiedersehens mit ihr ganz dem Zufall anheimzustellen. Und so trifft es sich, daß er ihr, im Verlaufe eines weiteren seiner ziellosen Spaziergänge, wiederbegegnet. Nun gelingt es ihm herauszufinden, wie sie heißt – ihr Name ist Cordelia – und wo sie wohnt. Geschickt verschafft er sich eine Gelegenheit, sich ihr vorzustellen, um sie sodann unauffällig, doch eingehend beobachten zu können. Sie erweist sich als eine ruhige, bescheidene und empfindsame junge Frau, die, wenngleich diese Eigenschaften bislang wohl noch brachliegen, ausgesprochen leidenschaftlich und phantasievoll ist. Mit anderen Worten, sie ist das lohnende Objekt einer Verführung, bei deren Vorbereitung Johannes nun mit der vollkommenen Präzision eines wahrhaft großen Künstlers vorgeht, eines Künstlers, der seine Werke aus dem denkbar widerspenstigen und am wenigsten berechenbaren Material formt: dem Wechselspiel menschlicher Gefühle.

Der Plan, den er entwirft, ist zwar nicht unkompliziert, aber höchst elegant. Zunächst wird er ihren Gefühlen ein Ziel geben, auf das sie sich richten können. Nicht auf sich selbst will er ihr Interesse lenken, sondern erst einmal auf einen anderen Verehrer. Dieser wird zwar ein respektabler und attraktiver junger Mann sein, doch unfähig, die wahre Tiefe ihrer Gefühle zu ergründen. Seinem Plan gemäß inszeniert Johannes die ungelenk jugendliche Liebschaft zwischen Cordelia und dem unglücklichen Edvard, dessen Unzulänglichkeit bei ihr einen gewissen Widerwillen gegen die Liebe hervorruft und auch den Wunsch weckt, die eigenen Fesseln hinter sich zu lassen. Gerade die Erfahrung des Gegensatzes zwischen der unbedarften Banalität Edvards auf der einen und den Möglichkeiten ihrer eigenen Gefühlswelt auf der anderen Seite wird Cordelia Klarheit darüber verschaffen, wonach sie sich eigentlich sehnt. Schließlich wird ihr Freier sie nur noch langweilen, und sie wird verzweifeln beim Gedanken an eine wahrhaft erotische Liebesbeziehung – eine Verzweiflung, aus der Johannes sie dann erlösen wird. Cordelia wird nach all dem für ihn nur noch interessanter sein, nicht nur weil er das Schauspiel von erwartungsfroh aufkeimender Leidenschaft, unzulänglicher Erfüllung und darauffolgender Verzweiflung miterleben darf, sondern auch weil er beobachten kann, wie plötzliche Freude sie überkommt, wenn sie entdeckt, wie sehr er sich von Edvard unterscheidet. Dabei soll sein eigenes, gleichsam kontemplatives Vergnügen darin bestehen, eine Reihe von rein ästhetischen Gegensätzen zu erzeugen.

Johannes setzt seinen Plan in die Tat um, und wie er es vorausgesehen hat, ist Cordelia von dem Verehrer, den er ihr verschafft, anfangs sehr angetan. Doch mit der Zeit wird sie seiner überdrüssig, und sie beginnt, sich für Johannes zu interessieren, dessen kühle Vornehmheit, Intellektualität und scheinbare Unnahbarkeit sie gefangennehmen. Dabei bemerkt sie nicht, daß Johannes dieses Spiel der Gefühle planmäßig in Szene setzt. Nachdem es ihm gelungen ist, Cordelia für sich einzunehmen, bringt er selbst das Gerücht in Umlauf, er habe sich in eine junge Frau verliebt – wohl wissend, daß Cordelia davon erfahren und diese Nachricht ihre Neugierde anstacheln würde. Als sie die Sache zur Sprache bringt, hält Johannes den Zeitpunkt für gekommen, und er trägt ihr die Verlobung an. Sein Antrag ist freilich nicht mit ernsthaften Absichten verknüpft, geht es ihm doch in erster Linie darum, den mit einer Verlobung verbundenen Status des Vorläufigen, noch nicht Endgültigen für seine Zwecke zu nutzen. Zwar möchte er zum Objekt von Cordelias Liebe werden, dies will er aber nur wegen des rein kontemplativen Vergnügens, sich selbst als den Gegenstand all ihrer Gefühle sehen zu können. Mit anderen Worten, sein Antrag zielt nicht darauf, irgendwelche konkreten Verpflichtungen einzugehen. Sein Handeln gilt einzig seinen eigenen Vorstellungen und Phantasien und bleibt, was die Normen und Erwartungen der profanen Wirklichkeit anbelangt, völlig folgenlos. Für ihn ist das Verlöbnis nicht ein den Forderungen bürgerlicher Moral entsprechender praktischer Akt, sondern eine ausschließlich ästhetischen Gesichtspunkten gehorchende Begebenheit, die sich nur in seiner Phantasie vollzieht.

Die ästhetischen Prinzipien, die Johannes' Leben beherrschen, machen es erforderlich, ein Verhältnis rechtzeitig zu beenden, bevor Gewohnheit und Langeweile sich einstellen können, sonst wäre ja die Möglichkeit unvorhergesehener Ereignisse und Stimmungen zunichte gemacht. Sind die ästhetischen Möglichkeiten, die er in dieser Verlobung sieht, erst einmal ausgeschöpft, so wird Johannes alles daransetzen, sie möglichst rasch wieder zu lösen. Sein Plan sieht vor, daß der Wunsch nach einer Lösung des Verlöbnisses von Cordelia selbst kommt, ja sie soll diesen Bruch geradezu vorsätzlich herbeiführen, in dem Glauben, ihre eigenen Wünsche und Sehnsüchte könnten sich in der Enge eines dergestalt konventionellen Verhältnisses nicht erfüllen. So wird Johannes jeder weiteren Verantwortung enthoben sein. Um das zu erreichen, muß er Cordelias Leidenschaft so weit entfachen, daß sie die Verlobung als ein lästiges Hindernis betrachtet, einen faden Kompromiß, der ihrer bedingungslosen Liebe zu Johannes im Wege steht. Ist sie dieser Leidenschaft erst einmal verfallen, so wird sie sich über die Verhaltenserwartungen, die man gemeinhin an Verlobte stellt, hinwegsetzen und sich von den Fesseln der Moral befreien. Dann wird sie gelernt haben, ihr eigenes Leben zu ästhetisieren und völlig ungezwungen mit ihren eigenen Gefühlen umzugehen. Die Verführung Cordelias wird damit enden, daß sie das Verlöbnis lösen wird, um sich ganz der Liebe zu Johannes hinzugeben, einer Leidenschaft, die Johannes selbst geweckt und geformt hat.

Für Johannes sind andere Menschen nichts weiter als der Stoff, den der Virtuose auf dem Gebiet der zwischenmenschlichen Beziehungen zur Verwirklichung seiner Vorstellungen benötigt. Ästhetische Gesichtspunkte sind es, die sein Verhältnis zu Cordelia beherrschen, und seine Absichten laufen darauf hinaus, sie zu einem »Kunstwerk«, zu einer fleischgewordenen Idee gleichsam zu formen. In dem er es ablehnt, sein Leben ethischen Prinzipien zu unterwerfen, verwandelt er es in ein Produkt rein künstlerischen Schaffens und flieht so die Öde einer alltäglichen Existenz. Er lebt jenseits von den Zwängen moralischer Verpflichtung und Verantwortung, die ihm trost- und geistlos vorkommen und für ihn nichts weiter sind als dumpfe Muster traditionalen Handelns. Ein derartiger moralischer Konventionalismus würde dem Spiel der Phantasie seinen Zauber nehmen und so das Wesentliche im Leben eines Künstlers zerstören, der sich ganz den Werten des Ästhetischen verschrieben hat.

Wer sein Leben ästhetischen Prinzipien unterwirft, dem sind alle Kulturwerte ausnahmslos ästhetische Werte. Wissenschaft, Religion, Ökonomie, Politik und Ethik – alles wird letztlich nur unter dem Gesichtspunkt des Empfindens gesehen. Nicht nur der Bereich des instrumentellen Handelns, sondern auch die Sphäre des Befolgens moralischer Regeln wird zugunsten des Gefühls entwertet. Ästhetisierung beginnt dort, wo sich ein Ästhet in der realen Welt einem Konflikt gegenübersieht, der eine Wahl zwischen unterschiedlichen Werten erfordert. Ein Ästhet zeichnet sich gerade dadurch aus, daß er nicht versucht, einen derartigen Konflikt zu lösen, ja er nimmt ihn nicht einmal als einen Konflikt zwischen miteinander unvereinbaren Werten wahr. Vielmehr betrachtet er die Situation als eine ästhetische Chance, eine günstige Gelegenheit zur Erzeugung einer bestimmten, emotional befriedigenden Empfindung. Indem er den Wertkonflikt in einen Zustand emotionaler Mißstimmung übersetzt, verwandelt er einen axiologischen Gegensatz in die rein ästhetische Empfindung einer gefühlsmäßigen Dissonanz, deren Elemente er sodann im kreativen Spiel seiner Phantasie miteinander in Einklang bringt. Im

Prozeß ästhetischer Sublimierung werden Wertkonflikte nicht entschieden, sondern durch die Vereinigung der Gegensätze in einer Form höherer Harmonie gleichsam aufgehoben.

Das Verhältnis des Verführers zu Cordelia spiegelt diesen Prozeß wider. Das zeigt sich, wenn wir uns die moralischen Probleme vergegenwärtigen, die aus Johannes' unaufrichtigem, nur der Befriedigung seiner eigenen Launen dienenden Verhalten Cordelia gegenüber entstehen. Wie tritt er diesen Problemen gegenüber? Seiner ästhetischen Lebensführung gemäß unternimmt er keinen Versuch, sie zu lösen, ja mehr noch, er nimmt die moralische Qualität seines Handelns nicht einmal wahr. In Johannes' Augen ist Cordelia nicht jemand, dem er moralisch verpflichtet ist, vielmehr sieht er in ihr nur die günstige Gelegenheit, eine neue Erfahrung zu machen, zumindest aber einen Zeitvertreib, um die Langeweile fernzuhalten. Die moralische Beziehung zwischen zwei Menschen wandelt sich ihm unterderhand in das Verhältnis, das der Künstler zum Material seines Schaffens einnimmt. Ethische Forderungen des Gewissens werden zu Bedürfnissen des ästhetischen Bewußtseins. Wo das Wissen um das in moralischer Hinsicht Verwerfliche ehedem seinen Platz hatte, tritt gelangweilte Indifferenz, wo Verantwortungsgefühl sein sollte, bleibt nur das Jagen nach dem Erlebnis. Ganz gleich, ob er nun Briefe schreibt, ein Beisammensein verabredet, galante Konversation pflegt oder seine Vorstellung von erotischer Eroberung inszeniert, stets ist das Objekt von Johannes' Interesse dasselbe: er selbst und die Stilisierung seines Lebens zum Kunstwerk. Letztendlich aus diesem Grund verbannt er moralische Bedenken aus seinen strategischen Erwägungen. Andernfalls hieße das für ihn, eine Welt ethischer Wertbeziehungen anerkennen zu müssen, eine Welt mithin, die völlig unabhängig von den Bedürfnissen des ästhetischen Bewußtseins besteht.[4]

Da es mit seiner Berufung zum Künstler unvereinbar wäre, ist Johannes nicht in der Lage, Wertbeziehungen anzuerkennen, die nicht mit seinem Standpunkt einer ästhetischen Lebensstilisierung zusammenfallen. Dieser Berufung wegen sind andere Werte für ihn entweder den ästhetischen nachgeordnet, oder er verweigert ihnen schlicht jede Anerkennung. Folglich lehnt er auch alle Arten von Wertbeziehungen ab, die nicht auf ästhetischen Werten beruhen. Dessen eingedenk wird deutlich, warum es für Johannes nicht in Frage kommt, sein Verhältnis zu Cordelia in moralischen Kategorien zu begreifen: Seine Axiologie ist amoralisch. Die Moral als autonome Wertvorstellung lehnt er ab, und deswegen kann sie auch keine Basis für Wertbeziehungen abgeben. Mit anderen Worten, Johannes vermag sich Handelnde und deren Handlungen nicht in der Sprache eines moralischen Diskurses vorzustellen, ebensowenig wie er den qualitativ-wertmäßigen Unterschied zwischen moralisch verantwortlichem Verhalten einerseits und unmoralischem Tun andererseits erkennen kann. Moralische Distinktionen als axiologische Kriterien sind ihm fremd, da er der Moral den Status, Wert zu sein, überhaupt abspricht. Aufgrund der ihn beherrschenden Werturteile bestreitet Johannes den Legitimitätsanspruch jedweder Lebensführung, die sich ethischen Wertbeziehungen verschreibt.

Daraus erhellt auch der Konflikt zwischen der Axiologie des unbeugsamen Ästheten Johannes auf der einen Seite und den Werten, die der kleinbürgerliche Erzähler des *Tagebuches* vertritt, auf der anderen. Dies zeigt sich etwa bei der Frage, ob wir im Umgang mit anderen aufrichtig und offen sein sollten. Aus der konventionellen Perspektive des lutheranisch geprägten Erzählers betrachtet, handelt es sich dabei um ein geradezu selbstverständliches moralisches Gebot, um eine außer jeder Frage stehende Tugend. Johannes hingegen nimmt zu dieser Frage weder bejahend noch verneinend Stellung, da er ihr – aufgrund seiner gänzlich amoralischen Haltung – völlig indifferent gegenübersteht. Die Gegenstände moralischer Reflexion begreift er, ebenso wie alles andere, ausschließlich als mögliche ästhetische Empfindungen. Wenn er moralische Standards ablehnt, so tut er dies keineswegs aus moralischen, sondern aus ästhetischen Gründen: weil sie die Feinheit seines Geschmacksempfindens beleidigen. Weil er nach ästhetischer Perfektion strebt, nimmt die Moral für ihn nicht den Rang des Werthaften ein. Die rigorose Ästhetisierung der Lebensführung läßt keinerlei Raum für moralische Fragen, was zur Folge hat, daß die Moral aus der Bandbreite kultureller Werte verschwindet, über die Johannes verfügt. Somit dürfte klargeworden sein, daß die Wahl zwischen Wertbeziehungen in Johannes' Fall von praktischen Wertstellungnahmen geleitet wird. Sein Verhältnis zu Cordelia begreift er, aufgrund seines unbedingten Willens zur Ästhetisierung, eben nicht als eine Angelegenheit der Moral. Das doch zu tun, hieße für ihn unaufrichtig zu handeln und käme einem Verrat am angestrebten Ideal ästhetischer Perfektion gleich.

Somit kann man sagen, daß im Falle des Ästheten das freie Spiel des ästhetischen Bewußtseins durch eine Art von Wertreduktion geschützt ist, nämlich durch die Weigerung, irgend etwas außerhalb der ästhetischen Sphäre als werthaft anzuerkennen. Alle außerhalb dieser Sphäre liegenden Werte werden entweder überhaupt nicht zur Kenntnis genommen oder auf ästhetische Werte reduziert. Abgesehen von den Grenzen, die sich aus ihrer inneren Struktur selbst ergeben, kennt die ästhetische Einstellung keinerlei Schranken. Gleichwohl bedeutet das nicht, daß Johannes keine Einschränkungen kennt, denen er sein Verhalten unterwirft. Denn nicht alles, was möglich ist, ist dem Streben nach einer Ästhetisierung der Lebensführung zuträglich. So muß er beispielsweise stets dafür Sorge tragen, daß er sich nicht selbst in Leidenschaft verzehrt, da er ansonsten nicht mehr in der Lage wäre, das von ihm geschaffene »Werk« in der Haltung passiver Distanziertheit zu genießen. Ließe er sich von derartigen Regungen überwältigen, so brächte ihn das um die Freuden der Kontemplation. Ebenso ist er, um des ästhetischen Genusses willen, darauf bedacht, Cordelia nicht im Sturm zu erobern, will er sie doch nicht in eine damit eventuell verbundene Gefühlsverwirrung stürzen. Diese und andere Einschränkungen, die sich Cordelias Verführer selbst auferlegt, darf man jedoch nicht als das Ergebnis moralischer Bedenken interpretieren, sie folgen vielmehr allesamt ästhetischen Prinzipien. Das Reduzieren des moralischen Verhältnisses zwischen dem gerissenen Verführer und seinem unschuldigen Opfer auf eine rein ästhetische Beziehung zwischen dem Künstler und seinem Stoff beinhaltet keine moralische Stellungnahme und somit auch keine Lösung des in moralischer Hinsicht implizierten Konfliktes. Dieser Konflikt wird ganz einfach umgewandelt in den Wettstreit zwischen dem Einfallsreichtum des Künstlers einerseits und dem Widerstreben des Mediums andererseits. Im Rahmen dessen, was ästhetisch zulässig und emotional erforderlich ist, sind Johannes' Phantasie und Vorstellungskraft in diesem Wettstreit keinerlei Grenzen gesetzt.

Haben wir vom Propheten Jesaja gelernt, daß etwas heilig sein kann »nicht nur: obwohl es nicht schön ist, sondern: weil und insofern es nicht schön ist«, und wissen wir seit Baudelaire und Nietzsche, »daß etwas schön sein kann nicht nur: obwohl, sondern: in dem, worin es nicht gut ist«[5], so lehrt uns Kierkegaard, daß man ein in ästhetischer Hinsicht aufrichtiges und authentisches Leben führen kann nicht nur: obwohl es amoralisch ist, sondern: weil und insofern es amoralisch ist. Kierkegaard weist uns also noch auf einen weiteren Fall des unversöhnlichen Kampfes zwischen den verschiedenen, miteinander in Fehde liegenden Göttern der Kultur hin: den Konflikt zwischen ethischen und ästhetischen Werten. Das Dilemma von Kierkegaards Verführer lenkt unser Augenmerk auf die Tatsache, daß die Konstituierung von Kultur abhängig ist von der Wahl zwischen konfligierenden Werturteilen. Ob man sein Leben gemäß ethischen oder ästhetischen Werten führt, muß auf der Grundlage von Werturteilen entschieden werden: Wer seine Lebensführung einer Ästhetisierung anheimstellt, ist gezwungen, moralische Kriterien für die Beurteilung des Handelns als irrelevant zu verwerfen. Von daher beruht die Auswahl von Wertbeziehungen immer auf praktischen Wertstellungnahmen.

Um das Gesagte näher zu erläutern, will ich ein weiteres Beispiel diskutieren. Nehmen wir etwa auf der einen Seite einen Libertinären vom Schlage des Marquis de Sade, der die Moral als autonomen Wert verwirft, da sie dem alleinigen Sinn seines Lebens, stets sich verfeinernden Formen des Lustgewinns nachzuspüren, entgegenstünde. Stellen wir uns demgegenüber einen radikalen Asketen vor, etwa den Tolstoi der späten Kurzgeschichten, der nichts mit der Sphäre erotischer Werte zu tun haben will, da diese mit seiner Ethik unvereinbar wäre. Diesen beiden Standpunkten entgegengesetzt sind ferner politische Grundhaltungen denkbar, die weder mit einer autonomen moralischen Wertsphäre noch mit der Unabhängigkeit erotischer Werte verträglich sind. Man denke nur an die vergangenen und gegenwärtigen Theokratien in allen Teilen der Welt, an die totalitäre politische und administrative Kontrolle des Denkens, Handelns und Fühlens, wie sie in den negativen Utopien eines Aldous Huxley oder eines George Orwell ausgemalt wird. Mit demselben Ausschließlichkeitsanspruch könnte eine radikale ethische Position, die der Reinheit des Gewissens und der unumschränkten persönlichen Aufrichtigkeit verpflichtet ist, die politische Wertsphäre verwerfen, weil sie nicht mit dem Streben nach Integrität zur Deckung gebracht werden kann. Und so verhält es sich, um mit Max Weber zu sprechen, in allen Sphären des menschlichen Lebens. In jeder dieser Positionen artikuliert sich jeweils eine mit dem Anspruch auf Ausschließlichkeit versehene Auffassung darüber, wie Kultur zustande kommt, jede einzelne speist sich aus einer Entscheidung für oder gegen die Anerkennung ganz bestimmter Wertbeziehungen. Und doch kann man in keinem dieser Fälle davon ausgehen, daß diese Wertbeziehungen losgelöst von Werturteilen gelten. Entgegen Rickerts These zeigt sich, daß konfligierende theoretische Urteile darüber, wie mit Hilfe bestimmter Wertbeziehungen Kultur sich bildet, auf miteinander unvereinbaren Werturteilen gründen: Eine Übereinkunft hinsichtlich der Konstituierung kultureller Wirklichkeit setzt ein Einverständnis über Wertungen voraus, eine Lösung theoretischer Wertkonflikte ist an die Lösung des Konfliktes praktischer Wertstellungnahmen gebunden. Wenn dem so ist, wenn also Wertbeziehungen untrennbar mit Werturteilen verknüpft sind, dann kann Rickerts Wert/Wertungs-Dichotomie nicht länger aufrechterhalten werden.[6]

Es gibt einige Anzeichen, die dafür sprechen, daß Rickert selbst die Schlagkraft dieses Arguments erkannte, wenngleich in einer unklaren und verschlungenen Weise, so daß er die damit einhergehenden Konsequenzen nicht erfaßte. Will man die Entgegensetzung von Wert und Wertung in Frage stellen, so scheint mir der Nachweis, daß die Abhängigkeit der Wertbeziehungen von den Wertungen eine immanente Folge von Rickerts eigener Logik ist, eine der dafür aussichtsreichsten Argumentationsstrategien. Mit anderen Worten, diese Abhängigkeitsbeziehung läßt sich nicht nur anhand der oben vorgeführten Überlegungen zeigen, vielmehr handelt es sich um eine Position, die Rickert, folgte er seinen eigenen Prämissen, selbst akzeptieren müßte. Wenn das zuträfe, ergäbe eine derartige immanente Kritik der Wert/Wertungs-Dichotomie, daß Rickert ironischerweise von der Logik seiner eigenen Gedanken dazu gezwungen wäre, seine Wertbeziehungslehre zu verwerfen.

Um eine derartige immanente Kritik zu entfalten und Rickert mit den Waffen zu schlagen, die er selbst geschmiedet und uns an die Hand gegeben hat, kann man sich nun einem interessanten Gedanken zuwenden, den Rickert in seiner *Geschichtsphilosophie* vorstellt. Es handelt sich um eine Überlegung, die das Verhältnis zwischen der Möglichkeit von Kulturwissenschaft einerseits und den Wertstandpunkten des forschenden Subjekts andererseits zum Gegenstand hat. In diesem Rahmen hebt Rickert erneut die Bedeutung der folgenden These hervor: Rein theoretische Wertbeziehungen haben ganz und gar unabhängig von praktischen

Werturteilen zu sein. So erfordere beispielsweise die Forschungs-
logik einer historischen Untersuchung keine wertende Stellungnahme des Historikers zu seinem Gegenstand. Rickert macht
aber auch auf eine wichtige Einschränkung aufmerksam: Der Historiker in seiner Eigenschaft als an rein theoretischen Erkenntnissen interessierter Wissenschaftler muß innerhalb des Bereichs
der Werte, der seinen Untersuchungsgegenstand konstituiert, einen Standpunkt einnehmen und somit »irgendwie ein wertender
Mensch sein«.[7] Rickert zufolge heißt das aber nicht, daß der Historiker ein Werturteil über seinen Forschungsgegenstand fällen
muß. Wohl aber sei es erforderlich, den allgemeingültigen Werten
gegenüber, die diesen Gegenstand als historisches Individuum
konstituieren, einen solchen Standpunkt zu beziehen.[8] Was folgt
nun daraus? Welche Art von Wertstellungnahme muß der Forscher abgeben, und in welcher Hinsicht muß er ein »wertender
Mensch« sein? In seiner Beantwortung dieser Fragen geht Rickert
davon aus, daß nur derjenige, der hinsichtlich politischer Fragen
irgendeinen Wertstandpunkt einnimmt, an einer politischen Geschichtsschreibung Interesse hat. Nur derjenige, der Gefallen an
der Musik findet und seinen Geschmack in Werturteilen über die
Qualität einzelner Kompositionen zum Ausdruck bringt, wird
über die Musikgeschichte forschen. Nur derjenige, der religiösen
Belangen nicht völlig indifferent gegenübersteht, widmet sich der
Religionsgeschichte.[9]
Worauf stützen sich diese Behauptungen? Sind sie lediglich psychologistisch gemeint, oder kommt ihnen darüber hinaus eine
logische Bedeutung zu? Geht es Rickert nur um die mehr oder
weniger banale Tatsache, daß (Kultur-)Wissenschaftler mit Vor-
liebe solche Probleme erforschen, für die sie sich interessieren?
Oder steckt hinter diesen Behauptungen eine anspruchsvollere
methodologische Position, nämlich daß die Kulturwissenschaften
ihren Gegenstandsbereich vermittels Wertbeziehungen nur deshalb konstituieren können, weil die Forscher denjenigen Werten
gegenüber, die den entsprechenden Wertbeziehungen zugrunde
liegen, einen Standpunkt einnehmen?
In der Tat will Rickert diese Behauptungen psychologistisch verstanden wissen. Besieht man sich seine Auffassung von der Beziehung zwischen den Werten, die Wertbeziehungen anleiten, auf
der einen, und der praktischen Stellungnahme, die die Forscher
hinsichtlich dieser Werte abgibt, auf der anderen Seite, so ist es

jedoch fraglich, ob sich das halten läßt. Rickert meint, daß der Historiker diese Werte nur dann verstehen kann, wenn er Stellung zu ihnen nimmt: »Denn er würde, ohne auf diesem Gebiete selbst ein wertender Mensch zu sein, die Werte, welche die Auswahl des historischen Stoffes leiten, nicht *verstehen*, und daher an dem Stoffe selbst auch nicht das geringste historische Interesse haben.«[10] Obwohl Rickert keinerlei Hinweise zur Bedeutung und zu den Vorannahmen dieses Verstehens gibt, darf man zumindest vermuten, daß das Verstehen eines Wertes die Fähigkeit voraussetzt, ihn zu identifizieren und von anderen Werten zu unterscheiden. Beispielsweise kann man politische Werte nur verstehen, wenn man sie identifizieren und von ethischen oder erotischen Werten unterscheiden kann. Ohne diese Grundbedingung kann man einen Gegenstand nicht als politisch definieren, da es unmöglich wäre, ihn aus der unendlichen Mannigfaltigkeit des Wirklichen abzuheben und ihn qua politischer Wertbeziehung zu einer Kulturerscheinung zu machen. Dieses vorgängige, grundlegende Wertverstehen ist es eben, ohne das der Historiker weder die Wertbeziehungen angeben, noch sie von möglichen anderen Wertbeziehungen unterscheiden könnte.

Offensichtlich handelt es sich also um mehr als einen bloß psychologischen Zusammenhang, folgt er doch eher aus den begrifflichen Rückbindungen, die Rickert zwischen dem Wertstandpunkt des Forschers, den Bedingungen, denen zufolge Werte verstehbar sind, und ferner den von diesen Werten bestimmten Wertbeziehungen vornimmt. Aus diesem Vorgehen resultiert, daß wir Kulturwerte nicht verstehen können, ohne Werturteile über sie zu fällen. Nur durch Wertbeziehungen, die sie mit Kulturwerten verknüpfen, werden Erscheinungen zur Kultur. Könnten wir die Wirklichkeit nicht mit Hilfe von Wertbeziehungen repräsentieren, so wäre eine wesentliche Bedingung für das Funktionieren der Kulturwissenschaften nicht erfüllt.

Dies führt uns zum folgenden Argument: (1) Nur vermittels einer Wertbeziehung wird eine Erscheinung zum Gegenstand kulturwissenschaftlicher Betrachtung. (2) Eine Wertbeziehung läßt sich nur dann auf eine Erscheinung anwenden, wenn der in Frage stehende Wert verstanden, d. h. wenn er eindeutig identifiziert und von anderen Werten abgegrenzt wurde. (3) Verstanden werden kann ein Wert nur auf der Grundlage eines Werturteils, einer bejahenden bzw. verneinenden Stellungnahme. (4) Daher beruht die Konstituierung einer Erscheinung zum kulturwissenschaftlichen Gegenstand auf einem Werturteil. Obgleich man dabei kein Werturteil über den Gegenstand fällen muß, fußt das Verfahren doch auf einer Stellungnahme zu dem in Frage stehenden, die Wertbeziehung anleitenden Wert. (5) Daraus kann man nur den Schluß ziehen, daß Wertbeziehungen von Werturteilen abhängen.

Da Rickert so gut wie nie ein philosophisches Problem sorgfältig und systematisch durchdachte, ist es auch nicht weiter verwunderlich, daß er die oben vorgeführte Argumentationsfigur nicht selbst entwickelte. Seine wiederholt vorgetragene Forderung nach einer wissenschaftlichen Philosophie, die präzise und sachlich vorgehen müsse, erweist sich in diesem Zusammenhang als bloße Rhetorik. Zwar bemühte er sich um methodische Strenge und war, verglichen mit den zeitgenössischen Philosophen, deren Schriften er kannte, im großen und ganzen erfolgreich. Es handelt sich hierbei in erster Linie um diejenigen Philosophen, die mit ihren Werken die Universitätsphilosophie des Kaiserreiches und der Weimarer Republik bestimmten: Wilhelm Dilthey, Wilhelm Windelband, Alois Riehl, Edmund Husserl, Georg Simmel, Paul Natorp, Emil Lask, Jonas Cohn und Bruno Bauch. Die Arbeiten eines G. E. Moore, eines Bertrand Russell, ja selbst die Gottlob Freges waren Rickert unbekannt. Die Einführung und Institutionalisierung von exakteren Standards des Philosophierens ist die wohl bedeutendste Hinterlassenschaft der sogenannten sprachanalytischen Wende, die mit Moore, Russell und Ludwig Wittgenstein ihren Anfang nahm und dann von den Philosophen des Wiener Kreises sowie von Gilbert Ryle, John L. Austin und deren Schülern aufgegriffen und fortgeführt wurde. Der heutige, an der sprachanalytischen Philosophie geschulte Leser muß oftmals viel Geduld aufbringen, will er überkommene, der älteren Bewußtseinsphilosophie verhaftete Texte studieren.[11] Dieselben Standards philosophischen Arbeitens, die in Rickerts gesamtem Werk vorherrschen, bestimmen auch seine Erörterungen zum Verhältnis von Kulturwissenschaften und Werturteilen in seiner *Geschichtsphilosophie*. Rickert argumentiert nicht, er gibt uns lediglich Material an die Hand, Versatzstücke gleichsam, die man zu kohärenten Argumenten erst zusammenführen muß. Wenn das mit der oben demonstrierten Argumentationsfigur gelungen ist, dann implizieren die ersten drei Prämissen des Arguments, die

Rickert gewiß für wahr hielte, eine Schlußfolgerung, die er so nicht teilen könnte.

Es leuchtet unmittelbar ein, daß Rickert die zwingende Folge, die sich für die vierte Prämisse aus den Prämissen (1) bis (3) ergibt, als ausgesprochen mißlich empfinden müßte. Denn die These von der Wert/Wertungs-Dichotomie fiele in sich zusammen, sollte sich herausstellen, daß das logische Verhältnis zwischen den Prämissen richtig ist. Mit seinem Hinweis darauf, daß es sich bei den Prämissen (2) und (3) lediglich um psychologische Voraussetzungen der Kulturwissenschaften handele, die nicht weiter von »entscheidender Bedeutung für das logische Wesen der Geschichte« seien[12], versucht Rickert, den sich ergebenden Konsequenzen zu entkommen. Anscheinend glaubt er, daß die Prämisse (4) nicht zwingend aus den ersten drei hervorgeht. Der einzige Schluß, den er zu ziehen bereit ist, besteht in dem in methodologischer Hinsicht vollkommen belanglosen Eingeständnis, daß praktische Stellungnahmen zu den Werten der Kultur die psychologische Grundlage der Kulturwissenschaften abgeben. Es geht also Rickert zufolge um eine psychologische Beziehung zwischen zwei Dingen, dem wertbeziehenden Verfahren einerseits und dem Fällen von Werturteilen über die den Wertbeziehungen zugrunde liegenden Werte andererseits; dies impliziert keineswegs ein logisches oder begriffliches Verhältnis zwischen Wertbeziehungen und Werturteilen. Wie aber eine Prüfung der Prämissen bestätigt, ist diese Interpretation des Arguments falsch. Denn für das Eintreten gewisser Ereignisse oder die Ausführung bestimmter Handlungen fungieren diese Prämissen weder als denknotwendige psychologische Erfordernisse noch als kausale Bedingungen. Im Gegenteil, sie stellen logische bzw. begriffliche Bedingungen der Möglichkeit einer bestimmten Art von Erkenntnis dar. Die Konstituierung von Kultur mittels Wertbeziehungen wird nur dadurch möglich, daß man die den Wertbeziehungen zugrunde liegenden Werte versteht, wobei dieses Verstehen von Werturteilen abhängig ist. Falls diese Prämissen den begrifflichen Rahmen korrekt wiedergeben, in den Rickert seine Analyse des Zusammenhangs von Wertbeziehungen, den Bedingungen ihres Zustandekommens und den Werturteilen stellt, dann wäre er eigentlich gezwungen, das Resultat dieser Analyse zu akzeptieren, daß nämlich Wertbeziehungen von Werturteilen abhängen.

Im Lichte dieser Überlegungen dürfte wohl hinreichend klargeworden sein, daß die von Rickert postulierte Dichotomie von Wert und Wertung sich so nicht halten läßt. Doch nehmen wir einmal an, es gäbe dennoch eine Möglichkeit, die Probleme zu lösen, die von der vorgebrachten Kritik aufgeworfen worden sind. Man müßte also zeigen, daß Wertbeziehungen nicht von Werturteilen abhängig sind – so müßte solch ein Verfahren zur Begründung der Objektivität kulturwissenschaftlicher Erkenntnis eine Lösung dessen bereithalten, was ich das Wertproblem genannt habe. Im folgenden will ich deshalb näher untersuchen, ob es Rickert gelingt, ein *Wertprinzip* auszuweisen.

3. Zur Kritik der transzendentalen Lösung

Nehmen wir einmal an, das von Rickert vorgeschlagene Konzept einer transzendentalen Lösung des Wertproblems sei in sich schlüssig, so stellt sich die Frage, was damit eigentlich erreicht wäre. Kann man auf diesem Wege doch bestenfalls zeigen, »daß *irgendwelche* Werte *unbedingt* gelten«, was aber keineswegs impliziert, daß, wie Rickert meint, »daher die inhaltlich erfüllten menschlichen normativ allgemeinen Werte ihnen objektiv näher oder ferner« stehen.[13] Die Prämisse (1) von Rickerts Argument hat rein formalen Charakter, da sie nichts über den Inhalt der für objektiv gehaltenen Werte aussagt. Zwar wissen wir, daß es unbedingt gültige Werte gibt, doch können wir nicht sagen, welche Werte das sind. Wie soll aber unter diesen Umständen die Prämisse (2) der transzendentalen Lösung möglich sein? Wertbeziehungen beruhen auf Kulturwerten, die nur bedingt gelten, insofern sie für die Angehörigen einer bestimmten Kultur normativ verbindlich sind. Wie kann man nun zeigen, daß sich das Verhältnis der Kulturwerte zu den unbedingt gültigen Werten präzise bestimmen läßt? Mit anderen Worten, wie erkennt man den Grad der Annäherung eines Kulturwertes an einen objektiven Wert? Diese Fragen lassen sich nur beantworten, wenn wir in der Lage sind, objektive Werte inhaltlich zu bestimmen. Die Prämisse (2) von Rickerts Lösung beruht also auf zwei Voraussetzungen: Wir müssen wissen, daß es überhaupt Werte gibt, die unbedingt gelten, und wir müssen zudem sagen können, welches diese unbedingt gültigen Werte sind. Über Martin Luther sagt Rickert, er sei ein historisches Individuum, da seine Bedeutsamkeit hinsichtlich allgemein anerkannter Werte außer Frage stehe. Die Geltung dieser Werte bleibt aber rein subjektiv, insofern sie, selbst im Falle von universell anerkannten Werten, von unseren tatsächlichen Wertbindungen abhängt. Die Objektivität der dem historischen Individuum Luther zugrunde liegenden Kulturwerte läßt sich allein dadurch beweisen, daß man ihr Verhältnis zu solchen Werten, deren Geltung den Horizont subjektiver Stellungnahme überschreitet, eindeutig bestimmt. Doch wie soll das möglich sein, ohne daß wir diese objektiven Werte kennen? Fallen die jeweils in Frage stehenden Kulturwerte etwa mit ganz bestimmten objektiven Werten zusammen, kann man sie irgendwie aus ihnen ableiten, oder besteht zumindest ein bestimmtes Entsprechungsverhältnis zwischen ihnen? Solange wir nichts Genaueres darüber sagen können, welche Werte unbedingt gültig sind, müssen diese Fragen unbeantwortet bleiben.

Rickerts Redeweise von der »Annäherung« der Kulturwerte an die objektiv gültigen ist kaum dazu angetan, uns einer Lösung dieses Problems näherzubringen. Über den Grad der gegenseitigen Annäherung oder Abweichung zweier Variablen läßt sich nur dann etwas sagen, wenn man sie beide auf einer gemeinsamen Skala verorten kann. Angenommen, wir könnten die Lage von Paris auf einer Karte präzise bestimmen, und wir wüßten zudem, daß es »irgendwelche« Städte gibt, deren geographische Lage uns allerdings nicht bekannt ist – so wären diese beiden Prämissen nicht hinreichend, um Angaben über die Entfernung zwischen Paris und einer dieser anderen Städte machen zu können. Ein derartiges Problem zeigt sich auch, wenn wir beispielsweise genau wissen, wieviele Spiele die Mannschaft A gewonnen hat, wir von der Mannschaft B aber lediglich sagen können, daß, aber nicht, wie oft sie gewonnen hat. Auch in diesem Fall können wir den Grad der Annäherung nicht bestimmen, d. h. wir können gar nichts darüber sagen, in welchem Verhältnis die beiden Mannschaften hinsichtlich der Anzahl gewonnener Spiele zueinander stehen. Genau dasselbe gilt für das Verhältnis zwischen Kulturwerten und objektiven Werten: wir können das Maß der Annäherung jener an diese nur unter der Voraussetzung bestimmen, daß wir beide, Kulturwerte *und* objektive Werte, inhaltlich kennen. Solange wir nicht wissen, welche Werte unbedingt gelten, ist es auch nicht möglich, etwas über das Verhältnis dieser unbedingt gültigen Werte zu den Kulturwerten auszusagen. Daraus folgt, daß das Wertproblem weiterhin als ungelöst betrachtet werden muß, selbst wenn man Rickerts transzendentale Argumentation für plausibel hält und die Prämisse (1) akzeptiert. Denn Rickert behauptet zu Unrecht, daß die rein »formale Voraussetzung«, nämlich die Prämisse (1) seiner Lösung, »für die Objektivität der Geschichte im höchsten Sinne«[14] vollkommen genüge. Um die Objektivität kulturwissenschaftlicher Erkenntnis sicherzustellen, bedarf es nicht nur objektiver Werte überhaupt, sondern einer darüber hinausgehenden inhaltlichen Bestimmung dieser Werte.

Betrachten wir die Prämisse (1) also etwas näher. Was trägt sie zu einer Lösung des Wertproblems bei? Ich möchte behaupten, daß Rickerts Lösung auch dann unhaltbar wäre, wenn die oben diskutierten Schwierigkeiten nicht aufträten. Der Grund hierfür liegt nicht in der Unzulänglichkeit von Rickerts transzendentaler Argumentation oder in der Falschheit seiner Prämisse (1), sondern darin, daß eben diese erste Prämisse an dem eigentlichen Problem vorbeigeht. Denn das Wertproblem hat weniger mit der Frage zu tun, ob es objektive Werte gibt, als vielmehr damit, ob ein Prinzip ausgewiesen werden kann, das die Auswahl zwischen den Werten anleitet, die miteinander unvereinbaren Wertbeziehungen zugrunde liegen.

Sehen wir uns einmal die Umstände an, denen das Wertproblem seine Entstehung verdankt. Zwei miteinander unvereinbare Wertbeziehungen konstituieren ein und denselben Wirklichkeitsausschnitt als Kultur, sie bieten also zwei unterschiedliche, vielleicht sogar gegensätzliche Interpretationen der Kulturbedeutung dieses Wirklichkeitsausschnittes. Diese Interpretationen sind zwar empirisch gesehen absolut gleichrangig, sie schließen sich aber gegenseitig aus. Zudem werden die beiden Wertbeziehungen durch unterschiedliche Werte festgelegt, weswegen die Auswahl zwischen den Wertbeziehungen von der Wahl zwischen den sie bestimmenden Werten abhängt. Hieraus erwächst die Frage danach, ob es ein Wertprinzip gibt, das diese Wahl anleiten könnte. Das Wertproblem geht demnach mit dem Umstand einher, daß es (wissenschaftliche) Aussagen gibt, die mit einem Wahrheitsanspruch verknüpft sind. Dies heißt, daß eine Aussage, die das Wertproblem zum Gegenstand hat, unbedingt gültige Wahrheitskriterien bereits voraussetzen muß. Mit anderen Worten, vorausgesetzt ist das Vorhandensein objektiver Werte, was ja bekanntlich die Schlußfolgerung ist, die Rickert mit seinem transzendentalen Argument allererst beweisen sollte. Das Wertproblem führt gar nicht zur Frage, ob es objektive Werte gibt. Im Gegenteil, dieses Problem setzt die Annahme des Vorhandenseins objektiver Werte schon voraus. Somit befindet sich Rickert in der höchst eigenartigen Lage, eine Lösung plausibel machen zu wollen, die eine zentrale Voraussetzung des Problems ist, dem sie als Lösung dienen soll. Freilich läßt sich eine Frage nicht mit etwas beantworten, das man zur Stellung der Frage selbst benötigt. Rickerts These zur Wertobjektivität – unabhängig davon, ob sie nun wahr oder falsch ist – taugt also nicht als Lösung des Wertproblems, das doch in erster Linie im Kontext der Frage nach einem Wertprinzip steht. Zu dieser Frage aber trägt Rickerts These nichts bei. Daß es objektive Werte gibt, verhilft uns noch lange nicht zu einem Prinzip, vermittels dessen man eine Wahl zwischen Werten begründen kann. Aus dieser Annahme geht lediglich hervor, *daß* es ein derartiges Prinzip geben muß, auch wenn wir es nicht eindeutig bestimmen können.

Rickert selbst setzt das zwischen dem Wertbeziehungsproblem und dem Wertproblem bestehende Verhältnis sehr klar auseinander: »Die Frage der Objektivität der wissenschaftlichen Begriffsbildung hängt ausschließlich von der *Geltung der Werte* ab, zu denen das erkennende Subjekt beim Erkennen Stellung nimmt. Falls diese Werte gültig sind, haben die Begriffe, die mit Rücksicht auf sie gebildet werden, wissenschaftliche Objektivität, und zwar die höchste Objektivität, die man von ihnen verlangen kann. Gelten die Werte dagegen nicht, so kann von wissenschaftlicher Objektivität überhaupt keine Rede mehr sein.«[15] Doch offensichtlich scheint ihm nicht auf, wie voraussetzungsvoll seine These von der objektiven Wertgeltung ist, die er, um die Objektivität der kulturwissenschaftlichen Begriffsbildung darzutun, erst einmal beweisen müßte. Es reicht nicht hin zu argumentieren, aus der Annahme, jedes theoretische Urteil erhebe einen Wahrheitsanspruch und setze mithin die unbedingte Geltung des Wahrheitswertes voraus, folge die Notwendigkeit der Anerkennung von irgendwelchen objektiven Werten. Wie Rickert selbst einräumt, belegt sein Argument nicht, »welche besonderen Werte nun als gültig vorausgesetzt werden dürfen«.[16] Sein transzendentales Argument zeigt also nicht, welches die objektiven Werte sind, und es stellt auch kein Instrument zur Verfügung, anhand dessen wir diese objektiven Werte zu erkennen vermögen. Aber genau das ist unabdingbar, um zu einer Lösung des Wertproblems zu gelangen.

Rickert beschließt seinen Lösungsversuch des Problems der kulturwissenschaftlichen Objektivität mit dem Hinweis, die rein formale Voraussetzung, daß es irgendwelche unbedingt gültigen Werte gebe, sei ausreichend: »Jeder inhaltlich bestimmte, besondere normativ allgemeine Kulturwert, den wir kennen, steht den absoluten Werten, die wir inhaltlich nicht kennen, dann näher oder ferner, und jedes Kulturleben hat daher in seiner Individualität zu den absoluten Werten eine mehr als willkürliche Beziehung.«[17] Doch, wie wir gesehen haben, erfüllt die rein formale Voraussetzung den ihr zugedachten Zweck überhaupt nicht. So bleibt Rickerts Wertproblem weiterhin ungelöst, selbst wenn wir sein transzendentales Argument und die davon abgeleitete formale Voraussetzung akzeptieren könnten. Die von Rickert vorgeschlagene Lösung ist aus zwei Gründen ungeeignet: zum einen, weil sie irrelevant ist, da sie schlichtweg am Problem vorbeigeht, zum anderen – und das ist, eingedenk des zentralen Stellenwerts, den die transzendentale Argumentationsstrategie bei Rickert einnimmt, eine ironische Wendung der Angelegenheit –, weil sie mit einem entscheidenden »transzendentallogischen« Mangel behaftet ist: in Rickerts Argumentation setzt die Darlegung des Wertproblems selbst schon voraus, daß irgendwelche Werte unbedingt gelten. Von daher kann diese formale Voraussetzung wohl kaum als Schlußfolgerung des Arguments und mithin als Lösung des Wertproblems vorgestellt werden.

4. Die Inkommensurabilität von Werten

Rickert sucht das Objektivitätsproblem in den Kulturwissenschaften dadurch zu lösen, daß er die axiologischen Grundlagen historischer Erkenntnis bestimmt. Wenn diese Wissenschaften – wie Rickert meint – auf Werten beruhen, so stellt sich unweigerlich die Frage, inwiefern ihre Forschungsergebnisse einen Anspruch auf Objektivität erheben dürfen. Die Beantwortung dieser Frage hängt in letzter Instanz von einer Lösung des Wertproblems ab, da die Geltung der theoretischen Wertbeziehungen nur von der Geltung der ihnen jeweils zugrunde liegenden Werte

herrühren kann. Die Frage nach der Wertgeltung läßt sich reduzieren auf das Problem einer begründeten Auswahl zwischen unterschiedlichen Werten. Rickert zufolge wird diese Auswahl von
einem Wertprinzip angeleitet, das seinerseits in objektiv geltenden Werten gründet. Dieses Prinzip versetzt uns in die Lage,
objektive Kulturwerte oder zumindest deren Annäherungsfor-
men als solche zu erkennen, so daß das Verfahren der theoretischen Wertbeziehung auf eine sichere Grundlage gestellt werden
kann. Rickert geht dabei von der Annahme aus, daß man die
Werte, zwischen denen eine Entscheidung erforderlich ist, miteinander vergleichen kann. Im folgenden werde ich deshalb prüfen, ob Werte überhaupt kommensurabel sind.
Wert und Wirkliches sind für Rickert strikt voneinander geschieden, insofern Werte nicht sind, sondern gelten. Demnach ist die
Entscheidung zwischen verschiedenen Werten auch keine Frage,
die man mit empirischen Mitteln beantworten könnte. Vielmehr
bedarf es eines vergleichenden Urteils hinsichtlich der Geltung
der in Frage stehenden Werte. Dieses Urteil kann aber nur auf der
Grundlage eines Maßstabes für Wertobjektivität gefällt werden,
eines Prinzips also, an dem sich die relative Geltung von Kulturwerten bemißt. Ein derartiges Prinzip wäre gleichsam die Meß-
latte, mit deren Hilfe wir die empirisch vorfindbaren Kulturwerte
hinsichtlich ihrer Objektivität in eine Rangfolge bringen könnten.
Hieraus folgt, daß ein Selektionsprinzip für Werte deren Kommensurabilität voraussetzt. Werte lassen sich dann miteinander
vergleichen, wenn ihre Geltung auf ein und derselben Grundlage
fußt. Gäbe es diese gemeinsame Grundlage, d. h. den Maßstab für
die Bestimmung der jeweiligen Wertgeltung nicht, so wären
Werte inkommensurabel. Somit ist eine Lösung des Wertproblems an die Bedingung geknüpft, daß Werte kommensurabel
sind. Rickerts Werttheorie impliziert aber – wie ich nun zeigen
will – die Inkommensurabilität der Kulturwerte. Da diese heterogenen Wertsphären zugehören, ist eine Lösung des Wertproblems, im Rahmen von Rickerts Werttheorie, nicht möglich.
Nach Rickerts Auffassung gibt es verschiedene Arten von Werten, die für je verschiedene Wertsphären charakteristisch sind.
Die Wertsphären wiederum ordnen die unendliche Mannigfaltigkeit des Wirklichen in je verschiedener Weise, indem sie unterschiedliche »Welten« konstituieren. Für Rickert, der manchmal
schreibt, als seien ihm die viel später erschienenen Arbeiten von

Nelson Goodman bekannt[18], ist die vorwissenschaftliche Welt des praktischen Alltagslebens »jedoch nicht *die* Welt, sondern lediglich eine der möglichen Welten neben anderen ebenfalls möglichen«.[19] Als menschliche Wesen leben wir nicht nur in der alltäglichen Praxis, daneben nehmen wir auch teil am moralischen, ästhetischen, wissenschaftlichen und religiösen Leben. Dabei ist der Standpunkt, den wir jeweils einnehmen, entscheidend dafür, was wir nun als wichtig, als »Welt« für uns betrachten. Gemäß der Perspektive unseres eigenen Wertstandpunktes ordnen wir die Wirklichkeit, scheiden wir das Wesentliche vom Unwesentlichen. Rickert zufolge gibt es kein Prinzip, das die Entscheidung zwischen diesen verschiedenen Wertordnungen anleitet. Wenn also die Wissenschaft die Welten als irrelevant verwirft, die auf der Grundlage von moralischen, ästhetischen oder religiösen Werten sich konstituieren lassen, so tut sie dies nicht aus moralischen, ästhetischen oder religiösen Gründen, sondern weil diese Welten den in der wissenschaftlichen Sphäre wesentlichen Gültigkeitskriterien nicht genügen. Unter der Bedingung der Inkommensurabilität der Werte, die verschiedenen Wertsphären zugehören, ist es für einen den Werten der Wissenschaft verpflichteten Forscher völlig legitim, die Welt einzig und allein aus der Perspektive seines theoretischen Erkenntnisinteresses zu begreifen und jede nichttheoretische Wertordnung auszuschließen. So gesehen, kann man die auf rein theoretische Erkenntnis abzielende Sphäre der Wissenschaft als einen Versuch auffassen, alle atheoretischen Weltbilder, in denen ethische, ästhetische oder religiöse Werte vorherrschen, zu verdrängen und zu ersetzen.[20]
Weil es aber keinen gemeinsamen Maßstab gibt, vermittels dessen sich die Geltung von beiden, theoretischen und atheoretischen Werten, bestimmen läßt, können sich alle diejenigen, deren Weltbilder auf ethischen, ästhetischen oder religiösen Werten fußen, dem universalistischen Anspruch wissenschaftlicher Systematik widersetzen – und zwar nicht aus wissenschaftlichen Gründen, vielmehr weil dieser Anspruch sich von ihrem Standpunkt her als unmoralisch, ästhetisch abstoßend oder religiösen Geboten zuwiderlaufend erweist. Daran zeigt sich, daß die praktische Stellungnahme zugunsten der Wissenschaft auf Werte abzielt, die keinerlei moralische, ästhetische oder religiöse Geltung besitzen. Sowohl die Frage der Entscheidung zwischen theoretischen und atheoretischen Werten als auch das damit verbundene Problem,

welchen Werten nun der Vorrang gebührt, ist prinzipiell unlösbar. Die Bestimmung der Geltung von verschiedenen Wertsphären zugehörigen Werten könnte nur gelingen, wenn man über ein Selektionsprinzip für Werte verfügte.

In seinen Ausführungen zum Verhältnis von theoretischen und ethischen Werten beschäftigt sich Rickert eingehend mit dem Umstand der Inkommensurabilität von solchen Werten, die unterschiedlichen Wertsphären zugehören. In diesem Zusammenhang geht es ihm, wie auch in seinen anderen Schriften zur Wertlehre, hauptsächlich darum, eine Rangordnung bzw. Stufenfolge von Werten zu entwickeln. Das Ziel, das Rickert mit diesem Unterfangen anvisiert, ist ein »offenes Wertesystem«, das es ermöglichen soll, verschiedene Arten von Werten und Wertsphären hinsichtlich ihrer Geltung zu differenzieren. Rickert begreift sein System als offen, weil es nicht auf eine vollständige Erfassung und Auflistung aller gültigen Werte hinausläuft und auch keine Angaben zur Geltung ganz bestimmter Werte erforderlich macht. Dieses System bietet lediglich eine vollständige formale Klassifikation verschiedener Werttypen, die anhand ihrer unterschiedlichen Geltungsmodi gebildet werden können.[21] In seiner Ausarbeitung des Systems unterscheidet Rickert zwischen einer Sphäre von kontemplativen, asozialen und sachlichen Werten auf der einen Seite und einer Sphäre von aktiven, sozialen und persönlichen Werten auf der anderen. Während die theoretischen Werte unter die erste Kategorie fallen, gehören die ethischen Werte der letztgenannten an. In seinen Erläuterungen zu dieser Entgegensetzung zeigt Rickert die Inkommensurabilität theoretischer und ethischer Werte am Beispiel der Werte »Wahrheit« und »Wahrhaftigkeit«. Die theoretische Sphäre basiert auf dem Wahrheitswert, und das theoretische Leben wird von einer Norm dominiert, die mit kategorischer Strenge ein diesem Wert gemäßes Handeln verlangt. Ein Mensch, der den theoretischen Werten lebt, unterliegt demzufolge der bedingungslosen Verpflichtung, zu Erkenntnissen zu gelangen, die den Wahrheitswert verwirklichen, d. h. Wahrheit verkörpern.[22] Die Ethik hingegen hat mit diesem Wert überhaupt nichts zu tun, und die moralische Verpflichtung zu Aufrichtigkeit und Wahrhaftigkeit entspringt einer ganz anderen Wertsphäre.

Im Hinblick auf die Inkommensurabilität von ethischen und theoretischen Werten lenkt Rickert unser Augenmerk auf drei Punkte, die er besonders hervorhebt. Zuerst einmal verweist er darauf, daß die Frage, ob das, was wir sagen, auch wirklich der Wahrheit entspricht, völlig unabhängig davon ist, ob wir, wenn wir etwas sagen, dem ethischen Postulat nach Wahrhaftigkeit Folge leisten. Letzteres hängt allein von unserem Glauben daran ab, daß das von uns Gesagte wahr ist. Wahrhaftigkeit impliziert also keinesfalls die Wahrheit des Gesagten, sondern lediglich die Aufrichtigkeit unserer Intentionen; unsere Aussagen brauchen nicht wahr zu sein, wir müssen sie nur für wahr halten. Daraus geht hervor, daß der ethische Wert, den wir mit einer Aussage verwirklichen, nicht durch den Nachweis der Falschheit des Gesagten unterminiert werden kann. Wer den Kriterien für Wahrhaftigkeit genügt, erfüllt damit noch nicht die Anforderungen für Wahrheit. Die zweite Beobachtung, auf die Rickert uns aufmerksam macht, ist der Umstand, daß die moralische Verpflichtung zur Aufrichtigkeit nicht eine von vorneherein ausgemachte Sache ist; ja selbst wenn sich eine derartige Verpflichtung, stets die Wahrheit zu sagen, mit guten Gründen rechtfertigen ließe, so bedeutete das noch nicht, daß diese Gründe theoretischer Natur wären. Denn der moralische Wert der Persönlichkeit steht in keinem Zusammenhang mit dem theoretischen Wert der Wahrheit, weswegen man auch nicht umstandslos behaupten kann, daß jemand, der etwas sagt, von dem er selbst glaubt, daß es falsch ist, eine moralisch nicht zu rechtfertigende Haltung einnimmt. In der Sphäre der Moral kommt es nicht auf den sachlichen theoretischen Wert dessen an, was man tut oder sagt, sondern einzig auf die persönliche Gesinnung. Zu behaupten, daß es auf jeden Fall unmoralisch sei, absichtlich die Unwahrheit zu sagen, hieße die Differenz zwischen den sachlichen Werten des Theoretischen und den persönlichen Werten der Ethik zu verwischen. Und drittens, schließlich, räumt Rickert ein, daß man im allgemeinen zwar nur dann die Unwahrheit sagen sollte, wenn man einen zwingenden Grund dazu hat, doch macht er gegen diesen generellen moralischen Vorbehalt zugleich zwei Einwände geltend. Zum einen läßt sich die moralische Verpflichtung, stets die Wahrheit zu sagen, nicht auf den Wahrheitswert selbst zurückführen. Zum anderen gibt es zweifellos Umstände, die gerade einen gewissenhaft Handelnden dazu zwingen können, aufgrund moralischer Erwägungen die Unwahrheit zu sagen. Das gilt beispielsweise für jemanden, dessen moralische Wertvorstellungen dem Wahrhaftigkeitsgebot entgegenstehen, so daß es geradezu moralisch verwerflich wäre, die Wahrheit zu sagen. In solch einem Fall kann ein gewissenhaft Handelnder völlig zu Recht behaupten, daß zu lügen zu seinen ethischen Pflichten gehöre, Verlogenheit für ihn ein unabdingbares moralisches Erfordernis sei.

Mit diesen Überlegungen meint Rickert gezeigt zu haben, daß ein sachlicher Wert in keiner Weise mit dem ethischen Wert der Persönlichkeit in Zusammenhang steht und ein »sachliches Übel«, zum Beispiel eine unwahre Behauptung, überhaupt keinen Einfluß auf den Persönlichkeitswert ausübt. Denn es ist durchaus möglich, daß für einen moralisch Handelnden ein theoretisches Übel, wie etwa eine unwahre Aussage, als etwas moralisch Lobenswertes gilt, ebenso wie ein theoretisches Gut unter dem Gesichtspunkt der Moral etwas Verwerfliches sein kann.[23] Weil es keinen unabhängigen Maßstab gibt, mit dessen Hilfe man die Geltung von theoretischen und ethischen Werten gleichermaßen bestimmen könnte, lassen sich Meinungsverschiedenheiten darüber, welchen dieser Werte der Vorrang gebührt, genausowenig beilegen wie Auseinandersetzungen darüber, ob derartige Konflikte mit moralischen oder aber mit theoretischen Mitteln entschieden werden müssen. Insofern es kein beiden gemeinsames Prinzip zur Beurteilung ihres Geltungsanspruchs gibt, sind theoretische und ethische Werte inkommensurabel.[24]

In mancherlei Hinsicht scheint Rickert jedoch seine These von der Inkommensurabilität von Werten zu modifizieren; so etwa im ersten Kapitel seines *Systems der Philosophie*, wo er seine Auffassung von der Notwendigkeit einer mit umfassenden systematischen Ansprüchen operierenden Philosophie begründet und dabei den Gedanken nahelegt, daß die theoretische Welt der Wissenschaft der von anderen Werten konstituierten Welten gegenüber Vorrang genießt. Denn nur die wissenschaftliche Welt ist systematisch konstruiert, verfügt über einheitliche, in sich konsistente und theoretisch begründete Prinzipien. Weil sie dergestalt systematisch aufgebaut ist, hat die Wissenschaft anscheinend das Recht, die auf der Grundlage atheoretischer Werte errichteten Welten zu zerstören. Dieser axiologische Imperialismus der Wissenschaft läßt sich offenbar rechtfertigen mit unserem Interesse daran, die eine und wahre Ordnung der Welt zu erkennen, von der aus alle anderen Ordnungen sich beurteilen lassen. Von daher verlangt der systematische Anspruch der Philosophie die Überwindung aller vor- und außerwissenschaftlichen Weltbilder.[25] Die

Behauptung, daß andere Wertsphären am Maßstab theoretischer Werte gemessen werden können, setzt aber schon die Vergleichbarkeit von Werten voraus. Alle Wertentscheidungen werden dabei unter der Maßgabe der Geltungskriterien für theoretische Werte getroffen, wobei die Kommensurabilität der Werte durch den privilegierten Status der wissenschaftlichen Wertsphäre gesichert wird.

Rickert macht jedoch deutlich, daß dies nur vordergründig mit einer Außerkraftsetzung der prinzipiellen Wertinkommensurabilität verbunden ist, da die Wissenschaft jenen hervorragenden Rang einzig in der theoretischen Welt selbst einnimmt. Wenn man sich also zugunsten einer wissenschaftlich begründeten Kommensurabilität von Werten ausspricht, so ist der Geltungsanspruch einer derartigen Argumentation letztlich immer auf die Stellungnahme zugunsten der Werte des Theoretischen angewiesen. Im Rahmen einer theoretischen Weltanschauung mag die Entwicklung einer systematischen Sichtweise zwar geboten sein, doch gibt es keinen zwingenden Grund, warum dies für die atheoretischen Welten genauso gelten sollte. Eine außerhalb der wissenschaftlich-theoretischen Sphäre liegende Weltanschauung kann, durch den Verweis auf atheoretische Werte, die wissenschaftliche Perspektive jederzeit verwerfen.[26] Ja, in diesem Fall dürfte man die Geltung dieser atheoretischen Gründe auch nicht mit theoretischen Mitteln bestreiten. Solch ein Vorgehen verbietet sich schon deshalb von selbst, weil es wiederum nur unter der Voraussetzung möglich wäre, daß atheoretische Werte sich auf theoretische zurückführen lassen.

Rickert hält es nicht für möglich, die Geltung atheoretischer Werte in derselben Art zu beweisen, wie er das anhand seines transzendentalen Arguments für den theoretischen Wert der Wahrheit getan hat. Deshalb müsse die Forderung nach einem Beweis für die Unbedingtheit der Wertgeltung auch auf die theoretischen Werte beschränkt bleiben. Die unsystematischen und verschlungenen Ausführungen, die Rickert mit Blick auf die Frage der Geltung theoretischer Werte macht, lassen sich folgendermaßen rekonstruieren. Könnte man das Vorhandensein von atheoretischen Werten mit theoretischen Mitteln beweisen, so dürfte man auch nicht länger behaupten, ihre Geltung sei rein atheoretisch. Da sich in diesem Fall die Wertsphäre des Atheoretischen letztlich auf die des Theoretischen reduzieren ließe, kann niemand, der die Besonderheit und Autonomie des Atheoretischen erkannt hat, auf einem derartigen Beweis beharren, will er sich nicht in einen eklatanten Selbstwiderspruch verstricken. Allerdings hat die Vorherrschaft von »Intellektualismus« und »Rationalismus« dazu geführt, daß die Forderung nach einem solchen Beweis – aufgrund der mit diesen Positionen einhergehenden völlig verfehlten Auffassung des Atheoretischen – mittlerweile schon zu einem Gemeinplatz des philosophischen Denkens geworden ist. Dem Intellektualismus ist etwas nur dann ein Gut, sofern es theoretische Wahrheit verkörpert, und etwas nur dann ein Wert, sofern es sich am Wert theoretischer Wahrheit bemißt. Demnach sollte auch eine an moralischen, ästhetischen und religiösen Ansprüchen orientierte Lebensführung mit den Wertmaßstäben des Theoretischen gemessen werden – und dies alles vor dem Hintergrund der ganz und gar unzulässigen Annahme, daß der Geltungsanspruch von Werten stets auf prüfbare theoretische Aussagen zurückgeführt werden kann und damit die Kommensurabilität von Werten jederzeit sichergestellt ist.[27]

Zwar ist es Rickert zufolge nicht möglich, die unbedingte Geltung von Werten zu beweisen, die nicht der theoretischen Sphäre angehören, doch ist es zweifelsohne ein Irrtum, daraus den Schluß zu ziehen, daß atheoretische Werte nicht unbedingt gelten. Denn wenn sich atheoretische Werte nicht mit theoretischen Mitteln beweisen lassen, können sie mit solchen Mitteln ebensowenig verworfen werden. Die Annahme, daß man atheoretischen Werten mit theoretischen Mitteln die Geltung absprechen kann, entspringt dem intellektualistischen Ineinssetzen von unbedingter und theoretischer Geltung. Auf diese Weise erhalten objektive und theoretische Werte denselben Status. Diese Annahme selbst ist freilich keine theoretische Aussage und kann deswegen auch nicht mit theoretischen Mitteln bewiesen werden. Vielmehr beruht sie, in Rickerts Augen, auf einem Werturteil, einer Stellungnahme zugunsten der Werte des Intellektualismus. Wie jedes andere Werturteil auch, kann man es weder beweisen noch widerlegen.

Insofern es kein Prinzip zur Einschätzung der Geltung von sowohl theoretischen als auch atheoretischen Werten gibt, lassen sich Konflikte hinsichtlich der Rangfolge dieser Werte auch nicht vernünftig entscheiden. Das bedeutet, daß theoretische und atheoretische Werte letztlich inkommensurabel sind. Obwohl es die Philosophie vermag, atheoretische Werte zu verstehen, d. h. ihren Sinn, ihre Anwendungsbedingungen und Implikationen zu benennen und das Beziehungsgeflecht zwischen den verschiedenen Wertsphären zu erfassen, ist sie dennoch nicht in der Lage, eine begründete Aussage darüber herbeizuführen, ob diese Werte unbedingt gültig sind oder nicht. Diesen Umstand nennt Rickert die »theoretische Unbegründbarkeit« der atheoretischen Werte.[28] Von daher sieht er es auch nicht als Aufgabe seines *Systems* an, die Geltungsansprüche der verschiedenen atheoretischen Wertsphären auszuweisen. Um sie nicht gezwungenermaßen auf theoretische Werte zu reduzieren, bescheidet er sich damit, sie verstehen zu wollen.[29]

Keinerlei Anzeichen sprechen dafür, daß Rickert die Weiterungen seiner These von der Wertinkommensurabilität überblickt hat und in seinen *Grenzen*, wo er versucht, das Objektivitätsproblem für die Kulturwissenschaften zu lösen, dementsprechend verfahren ist. In diesem Werk meint Rickert, das Wertbeziehungsproblem durch den Beweis der unbedingten Wertgeltung, i. e. durch eine Überwindung des Wertproblems, gelöst zu haben. Doch in seinem *System der Philosophie*, das, erstaunlich genug in dem Jahr veröffentlicht wurde, als die dritte und vierte Auflage der *Grenzen* erschien, gelangt Rickert zu einer Lösung für das Wertbeziehungsproblem, die seine frühere Lösung des Wertproblems desavouiert. Das Problem der Wahl zwischen unterschiedlichen Wertsphären zugehörenden Werten und die Frage nach der Rangfolge von in unterschiedlichen Wertsphären erhobenen Geltungsansprüchen läßt sich nicht mit vernünftigen Mitteln, auf der Grundlage eines Wertprinzips, auflösen, sondern einzig in einem Akt subjektiver Entscheidung, auf der Grundlage eines ganz persönlichen und durch und durch subjektiven Werturteils. Im *System der Philosophie* entfaltet Rickert zwar die Implikationen, die seine Werttheorie für das Wertproblem hat. Doch die tiefgreifenden Schwierigkeiten, die diese Implikationen für seine allgemeine Geschichtsphilosophie nach sich ziehen, verkennt er ebenso wie die damit einhergehenden paradoxen Folgen für seine ursprünglich in den *Grenzen* entwickelte Lösung des Objektivitätsproblems.

Das Wertproblem wirft die Frage auf, wie eine begründete Wahl zwischen verschiedenen Werten getroffen werden kann, d. h. ob es ein Wertprinzip gibt, mit dessen Hilfe die in unterschiedlichen

Wertsphären erhobenen Geltungsansprüche geprüft und verglichen werden können. Im *System der Philosophie* erklärt Rickert dieses Problem, sich zwischen letzten Wertstandpunkten entscheiden zu müssen, zu einer Frage der Weltanschauung. Begreift man mit Rickert Philosophie als Wertsystem und Weltanschauungs*lehre*, so lassen sich Fragen der praktischen Weltanschauung nicht mit den Mitteln einer solchen Philosophie beantworten. Aufgrund der Inkommensurabilität der Wertsphären ist es noch nicht einmal möglich, ein allgemeines Prinzip auszuweisen, das Entscheidungen anleiten könnte. Ein Wertsystem, das entlang der Leitdifferenzen aktiv/kontemplativ, sozial/asozial und persönlich/sachlich konstruiert ist, gibt uns lediglich ein Verfahren zur Bestimmung der formalen Beziehungen zwischen unterschiedlichen Wertarten und Geltungsmodi an die Hand, aber keinerlei praktische Entscheidungshilfe.[30] Die Philosophie ist, dies einmal vorausgesetzt, genötigt, derartige Fragen außer acht und damit unbeantwortet zu lassen.

Die von Rickert intendierte Philosophie befördert demnach eine Taxonomie möglicher Weltanschauungen und Weltbilder, ein formales Wertsystem mithin.[31] Die Wahl zwischen verschiedenen Weltanschauungen bleibt den persönlichen Idiosynkrasien des Individuums anheimgesellt, sie hängt ab von demjenigen Wert, der »am besten zu seiner persönlichen außer- oder überwissenschaftlichen Eigenart paßt«.[32] Kein Wertprinzip steuert den individuellen Entschluß. Und so vermag auch keine Philosophie, die als Weltanschauungslehre auftritt, Konflikte zwischen unterschiedlichen Weltanschauungen aufzulösen. Mit anderen Worten, Rickerts These von der Wertinkommensurabilität ist unmittelbar verknüpft mit einem rigiden Dezisionismus von Wertentscheidungen. Somit ist eine Lösung des Wertproblems innerhalb der Grenzen von Rickerts Wertlehre nicht möglich, und die von Rickert verfolgte Strategie zur Begründung der kulturwissenschaftlichen Objektivität muß als gescheitert betrachtet werden.

Kapitel v
Zusammenfassung und Ausblick

Um die aus der vorstehenden Argumentation gewonnenen Erkenntnisse für eine Analyse der methodologischen Arbeiten Max
Webers fruchtbar machen zu können, ist es hilfreich, sich zunächst noch einmal die wesentlichen Prämissen der *Wissenschaftslehre* ins Gedächtnis zu rufen: die Lehre von der Irrationalität des
Wirklichen, der auf Sinn und Werte abstellende Kulturbegriff
und schließlich die Annahme einer stets sich verändernden, heterogenen Pluralität von Werten und Wertbeziehungen. Diese
Grundannahmen führen, wie wir gesehen haben, zum Wertbeziehungsproblem, d. h. zum Problem, wie eine begründete Auswahl
zwischen alternativen Wertbeziehungen getroffen werden kann.
Diese Problematik wiederum ist in letzter Instanz mit der Frage
verknüpft, auf welcher Grundlage eine Auswahl zwischen Werten möglich ist. Weber teilt also alle die Voraussetzungen, die
unweigerlich zum kulturwissenschaftlichen Objektivitätsproblem führen. Ja, mehr noch, er formuliert seine Prämissen mit
Rickertschen Begriffen und baut auf dessen Grundannahmen auf.
Wie es scheint, hat Weber aber die Brisanz gar nicht erkannt, die
ihm durch diese Anleihen erwachsen.
Weber teilt uns zwar mit, daß die Wertbeziehungslehre »zu der
entscheidenden Eigenart kulturwissenschaftlicher Betrachtungs-
weise« führe: »Der Begriff der Kultur ist ein Wertbegriff. Die
empirische Wirklichkeit *ist* für uns ›Kultur‹, weil und sofern wir
sie mit Wertideen in Beziehung setzen, sie umfaßt diejenigen Bestandteile der Wirklichkeit, welche durch jene Beziehung für uns
bedeutsam werden, und *nur* diese.«[1] Um so erstaunlicher ist es,
daß Weber die Möglichkeit eines Wertbeziehungsprinzips überhaupt verwirft. In Webers Einschätzung der Frage, wie sich das
Wertbeziehungsproblem zum Wertproblem verhält, eine Frage,
die er im Objektivitätsaufsatz erörtert, finden wir den Hintergrund seiner Einstellung: Die Möglichkeit, zwischen Wertbeziehungen zu wählen, hängt von einer Auswahl zwischen Werten
ab. Wegen der sich stets verändernden, heterogenen Pluralität der
Werte ist nun aber die Auswahl zwischen Werten subjektiv, eine
Angelegenheit des jeweiligen individuellen Bewußtseins, das

letztlich auf Momenten rein persönlichen »Glaubens« fußt.[2] Das Gewahrwerden der Tatsache, daß Werte nicht einfach aus einem Prinzip abgeleitet werden können, sondern *gewählt* werden müssen, daß unser Weltbild nicht unmittelbar evident ist, sondern eine von uns selbst geschaffene Deutung, ist »das Schicksal einer Kulturepoche, die vom Baum der Erkenntnis gegessen hat«.[3] In seiner Rede *Wissenschaft als Beruf* umschreibt Weber diesen Umstand mit der Metapher vom Polytheismus der Werte, demzufolge es einen »unlöslichen« bzw. »ewigen Kampf« zwischen den die heterogenen Wertsphären beherrschenden Götter gibt: »Und über diesen Göttern und in ihrem Kampf waltet das Schicksal, aber ganz gewiß keine ›Wissenschaft‹.«[4] Mit welchem Wertprinzip auch immer, die Wissenschaft kann den Kampf der Götter niemals entscheiden. Vielmehr ist es das Individuum selbst, das sich entscheiden muß, »welches für ihn der Gott und welches der Teufel ist«.[5] In ihrer subjektiven Willkür hat eine solche Entscheidung freilich nur für die Person, die sie trifft und darin ihre »letzte Stellungnahme« zum Ausdruck bringt, verbindlichen Charakter. Eine Wahl zwischen Wertbeziehungen ist also insofern subjektiv, als sie auf einer Entscheidung zwischen diesen letzten Stellungnahmen gründet.

Welche Schlüsse kann man aus alldem ziehen? – »Daraus folgt nun aber selbstverständlich *nicht*, daß auch die kulturwissenschaftliche *Forschung* nur *Ergebnisse* haben könne, die ›subjektiv‹ in *dem* Sinn seien, daß sie für den einen *gelten* und für den andern nicht. Was wechselt, ist vielmehr der Grad, in dem sie den einen *interessieren* und den andern nicht.«[6] Mit anderen Worten, die Subjektivität der Wertbeziehungen, mit Hilfe derer ein bestimmter Wirklichkeitsausschnitt zur Kultur konstituiert wird, impliziert keineswegs die Subjektivität der Forschungsergebnisse, die eine wissenschaftliche Untersuchung dieses Gegenstandes erzielt. Weber zufolge stellt Wissenschaft darauf ab, die Kulturbedeutsamkeit eines Untersuchungsgegenstandes zu verstehen und seine Ursächlichkeit zu erklären. So gesehen sind die Kulturwissenschaften sowohl an Bedeutsamkeit als auch an kausaler Verursachung interessiert. Ihre Aufgabe besteht demnach darin, kulturellen Sinn zu erfassen und auf dieser Grundlage diejenigen kausalen Bedingungen in Erfahrung zu bringen, die für die Entstehung und die Entwicklung des Gegenstandes verantwortlich sind, dem wir diesen Sinn zuschreiben. Der Einfachheit halber nenne ich diese grundlegende metatheoretische Problemstellung, i. e. die Frage, worin die Gültigkeit kausaler Zurechnungen in den Kulturwissenschaften besteht, das Erklärungsproblem. Weber betrachtet also das Erklärungsproblem losgelöst von der Objektivitätsfrage. Dabei zieht nun die Subjektivität der Wahl zwischen Wertbeziehungen nur dann nicht die Subjektivität der Wahl zwischen Erklärungen nach sich, wenn die Kriterien, anhand derer wir eine Auswahl zwischen verschiedenen Erklärungen treffen, vollkommen unabhängig von der Wahl zwischen Wertbeziehungen Bestand haben – und eben dies ist Webers Position.

Für Weber determinieren Wertbeziehungen, neben der Konstituierung kulturwissenschaftlicher Untersuchungsgegenstände, auch die Bildung des idealtypischen Apparates, von dem die Untersuchung abhängt, sowie die Grenzen, die dem individualisierenden Verfahren gezogen sind. Mit Blick auf die Anwendung des idealtypischen Verfahrens bei der Erklärung wissenschaftlicher Gegenstände spricht Weber davon, daß »der Forscher selbstverständlich hier wie überall an die Normen unseres Denkens gebunden« ist.[7] Folglich impliziert eine dezisionistische Lösung des Wertbeziehungsproblems keinesfalls eine ebensolche Überwindung des Erklärungsproblems. Während jenes in letzter Instanz durch das jeweilige individuelle Bewußtsein, den ganz persönlichen Glauben aufgelöst wird, geschieht dies im Falle des Erklärungsproblems durch die »Normen unseres Denkens« bzw. durch das, was Weber »wissenschaftliche Wahrheit« nennt. Indem Weber das unabhängige Nebeneinander von Wertbeziehungsproblem und Erklärungsproblem postuliert, denkt er vielleicht nur daran anzumerken, daß die Geltung von Kausalerklärungen – in ihrer Eigenschaft als allgemeines erkenntnistheoretisches bzw. wissenschaftstheoretisches Prinzip – mit dem Wertbeziehungsproblem nichts zu tun hat. Obwohl das in der Tat wahr ist, folgt daraus noch lange nicht, daß eine Erklärung kulturwissenschaftlicher Gegenstände unabhängig von Wertbeziehungen möglich ist. Die Geltung dieser »Normen unseres Denkens«, was immer Weber auch in seinen methodologischen Aufsätzen damit verknüpft haben mag[8], bietet keine Gewißheit für die Geltung kulturwissenschaftlicher Erklärungen. Eine Lösung des Erklärungsproblems erfordert aber eine Überwindung des *hiatus irrationalis*, die selbst wiederum von einer plausiblen Begründung des wertbeziehenden Verfahrens abhängig ist. Das bedeutet, daß die

Lösung des Erklärungsproblems sich nicht aus einem allgemeinen, die Wahl zwischen konkurrierenden Erklärungen anleitenden Selektionsprinzip ableiten läßt, sondern auf die Wertbeziehungslehre und somit letztlich auf eine Lösung des Wertproblems angewiesen ist. Diese Überlegungen lassen sich in zwei Argumentationsschritten erhärten.

Zunächst muß darauf hingewiesen werden, daß der Gebrauch von Kriterien kausaler Erklärung unter neukantianischen Vorzeichen unmittelbar mit dem Wertproblem verbunden ist. Obschon Weber einräumt, daß die Konstitution von Kultur, die Definition der für eine Kulturwissenschaft relevanten Fragestellungen und die Entwicklung von Erklärungsmodellen, um mit diesen Problemen fertigzuwerden, allesamt von Werten abhängen, leugnet er, daß diese Abhängigkeit auch für das Prinzip gilt, das über die Geltung von Erklärungen entscheidet und die Selektion alternativer Erklärungen anleitet und begründet. Es hat jedoch den Anschein, daß einige Bemerkungen Webers zum Verhältnis zwischen den Wertbeziehungen, die die Auswahl der Erklärungsmodelle regeln, und den logischen Kriterien, die deren Verwendung anleiten, implizit das anerkennen, was Weber explizit leugnet. Weber behauptet doch, daß es die Werte sind, die bestimmen, wie weit die Untersuchung »sich in die Unendlichkeit der Kausalzusammenhänge erstreckt«.[9] Das Prinzip aber, das die Reichweite der Forschung bestimmt, ist eine der Bedingungen, die die Gültigkeit der Forschungsergebnisse verbürgen. Mit anderen Worten, ein solches Prinzip legt eine der Bedingungen fest, die auch für eine Lösung des Erklärungsproblems relevant ist. Wenn dies Prinzip aber von Werten abhängt, und wenn die Gültigkeit der Erklärungen und die Selektion zwischen konkurrierenden Erklärungen wiederum auf eben diesem Prinzip fußen, dann hängt das Erklärungsproblem ebenfalls vom Wertproblem ab. Weber freilich, der die Vorstellung ablehnt, daß kulturwissenschaftliche Wahrheits- bzw. Geltungskriterien auf außertheoretischen Kulturwerten beruhen, ist nicht gewillt, diese Schlußfolgerung zu ziehen. Anders ausgedrückt, Weber weigert sich anzuerkennen, daß die »Normen unseres Denkens« von Wahlentscheidungen zwischen Werten auf dieselbe Weise determiniert werden, wie das für die übrigen wertabhängigen Komponenten im kulturwissenschaftlichen Diskurs gilt.

Diese Weigerung Webers bringt uns zur zweiten Überlegung in

bezug auf das Verhältnis zwischen Erklärungsproblem und Wertproblem. Für den Bereich der Kulturwissenschaften muß in diesem Zusammenhang hervorgehoben werden, daß ein Erklärungsprinzip bzw. Selektionsprinzip für konkurrierende Erklärungen von Werten abhängig ist. Obwohl kaum ein Zweifel daran bestehen dürfte, daß dem Forscherfleiß Grenzen durch die Normen unseres Denkens gezogen sind, ist das für Weber nicht hinreichend klar. Denn im Lichte von Webers Begriff der axiologischen Konstitution der Kulturwissenschaften stellt sich die wesentlich schwierigere Frage, durch *welche* Normen unseres Denkens dem Forscher Grenzen gezogen sind. Mit denselben Argumenten, die er ursprünglich entwickelt hat, um die Relativität der Wahl zwischen Wertbeziehungen plausibel zu machen, kann man nämlich auch die Relativität der Erklärungsprinzipien nachweisen. Die stets sich verändernde, heterogene Mannigfaltigkeit der Werte und die damit einhergehenden Wertkonflikte erlauben es nun einmal nicht, universelle, d. h. interkulturelle und historisch invariante Erklärungsprinzipien für die Kulturwissenschaften auszuweisen, die den Status von unbedingt geltenden bzw. transzendentalen Normen des Denkens haben. Rufen wir uns in Erinnerung, daß Weber die Konkurrenz kulturwissenschaftlicher Begriffsschemata als *Kampf* zwischen widerstreitenden Göttern im Bereich der modernen Kultur begreift. In einer Welt der sich stetig »wechselnden Farben«[10] ist es in Webers Augen unmöglich, Erklärungsprobleme durch Anrufen eines »Wächters«[11] in Form bestimmter Normen unseres Denkens zu lösen. Dies setzte eine generelle Einigung darüber voraus, welches nun die Normen unseres Denkens sind, d. h. die Beendigung des immerwährenden Wertkonfliktes, eine Einigung mithin, die mit der Vorstellung konfligierender Werte unvereinbar wäre. Tatsächlich sind doch die Fragen nach der Möglichkeit gültiger Erklärungen in eben diese Konflikte eingebunden. Wenn nämlich die Wahl zwischen Erklärungen eine Wahl zwischen verschiedenen Göttern und ihren Werten nach sich zieht, dann ist das Erklärungsproblem mit dem Wertproblem intern verschränkt und nicht davon zu trennen. Wie schon gesagt, es sind dieselben Argumente, mit Hilfe derer ehedem die Relativität der Selektion von Werten bewiesen wurde, und die nun die Relativität der Selektion von Erklärungen demonstrieren. Unvorhersehbare Veränderungen in der Konstellation konfligierender Werte rufen schon beträchtliche Modifikationen der korrespondierenden, miteinander inkompatiblen Erklärungsprinzipien auf den Plan. Im Unterschied zu Webers eigener Haltung muß also betont werden, daß die Gültigkeit seiner Methodologie mit der Lösung des Objektivitätsproblems steht und fällt.

Ein Bonmot Schopenhauers – das sich Weber selbst einmal borgte – leicht variierend, könnte man in diesem Zusammenhang nun sagen, daß der neukantianische Begriffsapparat kein *Fiaker* ist, den anzuhalten jederzeit in unserem Belieben steht. Wie wir gesehen haben, hängt auch für Weber die kulturwissenschaftliche Forschung prinzipiell von der Überwindung des *hiatus irrationalis* ab. Rickert folgend, will er diese methodologische Schwierigkeit unter Zuhilfenahme der Wertbeziehungslehre auflösen, die die Wahl zwischen alternativen Wertbeziehungen und den ihnen zugrunde liegenden Werten anleiten soll. Es wäre ein Gebot intellektueller Rechtschaffenheit, diesen mit Rickert begonnenen Weg auch bis an sein bitteres Ende zu gehen. Wer nämlich, wie Weber dies tut, das Problem der kulturwissenschaftlichen Objektiviät unter der Maßgabe neukantianischen Denkens in Angriff nimmt, dessen Lösung darf diesen Prämissen nicht zuwiderlaufen.

Weber hingegen weicht in zwei Punkten von Rickert ab. Erstens hat für ihn das Wertbeziehungsproblem keine Lösung, weil es unauflöslich mit der Relativität von Werten verknüpft ist; zweitens hält er das Erklärungsproblem für unabhängig vom Wertbeziehungsproblem.[12] Zudem kompliziert sich das Verhältnis zwischen Rickert und Weber noch dadurch, daß Rickert in seinen wertphilosophischen Aufsätzen aus der Zeit von 1910 bis 1914 eine inkonsistente Lösung des Wertproblems entwickelt, die letztlich auf einen axiologischen Dezisionismus hinausläuft. In diesem Zusammenhang steht Rickert wohl Fichte näher als Kant, und er hält dafür, daß es die Persönlichkit eines Menschen ist, die seine letzten Wertstellungnahmen bestimmt. In *Wissenschaft als Beruf* greift Weber diesen Gedanken auf, und in seinen Arbeiten zur Religionssoziologie thematisiert er dessen soziologische Implikationen.[13] Vor dem Hintergrund der philosophischen Erkenntnis, daß sich konfligierende Wertsphären nicht vermittels eines Wertprinzips befrieden lassen, spürt Weber in seinen religionssoziologischen Studien den verschiedenen Möglichkeiten nach, unter derartigen Umständen das Leben einzurichten. Weber bringt die großen Weltreligionen in eine Kasuistik möglicher

Lösungen des Problems der Wertinkommensurabilität.[14] Indem Weber also auf diese Weise Rickerts Dezisionismus fortschreibt, verlagert er das Wertproblem von der philosophischen auf die soziologische Ebene. Doch auch die Religionssoziologie erfordert im Grunde eine Lösung des Wertbeziehungsproblems, die, wie wir gesehen haben, mit dem axiologischen Dezisionismus unvereinbar ist. Letztendlich teilt Webers Wende von der Wertphilosophie zur Wertsoziologie dasselbe Schicksal wie Rickerts Wende von einer normativen Werttheorie zu einem rein formalen Wertesystem. Beide scheitern schließlich am Problem kulturwissenschaftlicher Objektivität.

Anmerkungen

Einleitung, (S. 10-25)

1 Vgl. Weber (1968: 592).
2 Vgl. Weber (1968: 1 ff.).
3 Vgl. Weber (1968: 146 ff.).
4 Vgl. Weber (1968: 42 ff.).
5 Vgl. Weber (1968: 215 ff.).
6 Vgl. Weber (1968: 291 ff.).
7 Vgl. hierzu so unterschiedliche Arbeiten wie beispielsweise Schütz (1932), Strauss (1953), Winch (1958) und Habermas (1981).
8 Diese Bemerkungen machte Parsons auf einer Konferenz, die am 13. April 1973 an der New School for Social Research in New York stattfand und methodologischen Problemen einer systematischen Soziologie gewidmet war. Was die methodologischen Auseinandersetzungen um Webers Wissenschaftslehre in der Weimarer Republik anlangt, vgl. Turner/Factor (1984).
9 Tenbruck (1986: 14).
10 Vgl. hierzu Marianne Weber (1926: 273).
11 Rickert (1888).
12 Rickert (1915 a).
13 Weber (1968: 7).
14 Jaspers (1958: 311).
15 Jaspers (1958: 310).
16 Rickert gibt im Vorwort zur dritten und vierten Auflage der *Grenzen der naturwissenschaftlichen Begriffsbildung*, die Webers Andenken gewidmet ist, eine Selbsteinschätzung seiner Beziehung zu Weber; vgl. hierzu Rickert (1921a: xix). Vgl. darüber hinaus auch Rickert (1926) sowie Rickerts Nachwort zur fünften und letzten Auflage der *Grenzen*, die 1929 erschien. Zum persönlichen und intellektuellen Verhältnis zwischen Rickert und Jaspers vgl. Roller (1985) und Wiehl (1986).
17 Schelting (1934); vgl. ebenso Schelting (1922).
18 Scheltings Buch hat, wenn auch indirekt, vermittelt durch die Lesart Talcott Parsons', einen entscheidenden Einfluß auf die amerikanische Rezeption der Weberschen Methodologie ausgeübt. Parsons (1949: 579 ff., 640 ff.), der sich seiner Grenzen im Umgang mit Webers Methodologie durchaus bewußt war, verwendete Scheltings Ansatz als Folie für seine eigene Interpretation. Vgl. in diesem Zusammenhang auch Parsons (1936).
19 Vgl. Burger (1976; 1987).

20 Burger (1976: XII, XV, 8, 58) vertritt in seiner Polemik gegen die Sekundärliteratur die These, daß die grundlegenden Denkfiguren von Webers Methodologie der Philosophie Rickerts geschuldet sind. Diese
These bedarf allerdings einiger Qualifikationen. In einem brillanten
Argument führen Gerhard Wagner und Heinz Zipprian (1985) den
Nachweis, daß Webers historisches Kausalmodell auf der Theorie objektiver Möglichkeit und adäquater Verursachung, wie sie Johannes
von Kries und Gustav Radbruch bereitstellen, fußt. Die kontrafakti-
sche Logik dieser Theorie ist aber mit Rickerts Lehre kulturwissenschaftlicher Begriffsbildung inkompatibel und deswegen in den Rahmen der neukantianischen Epistemologie nicht einzupassen. Wie dem
auch sei, das Argument von Wagner/Zipprian zeigt weder, daß Webers Indienstnahme dieser kontrafaktischen Kausalitätstheorie seine
Bindung an die Philosophie des Südwestdeutschen Neukantianismus
verdrängt, noch, daß jene für seine Methodologie grundlegender wäre
als diese. Daß sich Weber eher der Kausalitätstheorie Johannes von
Kries' und Gustav Radbruchs verpflichtet fühlte, behauptet Turner
(1986: 178 f.) mit dem Hinweis darauf, Weber sei schließlich in der
Jurisprudenz ausgebildet worden und kein akademischer Philosoph
gewesen. Natürlich stimmt es, daß Rickerts Philosopheme nicht immer die adäquaten Lösungen für die Probleme, die Weber abarbeiten
will, bereitstellt. Dennoch vermag ich diesen Überlegungen nichts
Schlüssiges zu entnehmen, was es rechtfertigen würde, die Lesart von
Webers Rekurs auf Rickert »as a matter of convenience rather than
commitment« zu begreifen.

21 Vgl. hierzu beispielsweise die einflußreichen Aufsätze von Hempel
(1965), Nagel (1961) und Watkins (1957). Natürlich feierte die positivistische Lesart von Webers Methodologie ihre größten Triumphe in
den Vereinigten Staaten, so daß dort jede in eine andere Richtung
tendierende Regung lange Zeit chancenlos blieb. Eingedenk der drei-
ßigjährigen Vorherrschaft dieser Fehldeutung ist es nicht verwunderlich, daß Burgers Lektion diesem Mißstand nicht gänzlich Abhilfe
verschaffen konnte. Als jüngstes Beispiel hierfür mag Portis (1986:
73 f., 79 ff., 84) genügen, der Webers Auseinandersetzung mit der
Frage nach der Objektivität von Begriffsbildung als die Frage nach der
Verifizierbarkeit von Erklärungen mißversteht. Mit dieser allgemeinen
Begrenztheit der amerikanischen Weber-Rezeption hängt sicher auch
zusammen, daß die deutsche Weber-Forschung in ihrer Einschätzung
der amerikanischen Literatur zwischen nachsichtiger Toleranz und
offensichtlicher Geringschätzung schwankt. Der letztgenannten Position darf man wohl Tenbruck zurechnen, demzufolge der historische
Hintergrund von Webers *Wissenschaftslehre* in den USA völlig unbekannt ist. Tenbruck (1987a: 241, 263) hält dies für eine Folge der
sprachlichen Unzulänglichkeit, die den amerikanischen Forschern den

Zugang zu den Originaltexten sowie zur deutschen Sekundärliteratur versperrt. Dabei verweist er besonders auf meine eigenen Arbeiten. Mein Unvermögen, die grundlegendsten Gedanken von Rickerts Philosophie zu erfassen und eine zufriedenstellende Darstellung seines Werkes zu geben, wird von Tenbruck u. a. auf das miserable Niveau der Weber-Forschung in den USA zurückgeführt; vgl. hierzu Tenbruck (1987b: 151).

22 Vgl. Prewo (1979).

23 Nusser (1986: 80); vgl. in diesem Zusammenhang auch Nusser (1986: 19f., 22, 71).

24 Diese Bemerkungen gelten auch für die Betrachtungen zu Weber und Rickert in der neueren Sekundärliteratur. Vgl. etwa Brugger (1980), Bruun (1972), Bubner (1976; 1984), Dux (1974), Hennis (1982; 1987), Schöllgen (1984) und Weiß (1975).

Kap. 1:
Weber und das Problem
der kulturwissenschaftlichen Objektivität (S. 27-47)

1 Weber (1968: 147).

2 Wilhelm Hennis, der dem von Friedrich H. Tenbruck vorgeschlagenen historisch-genetischen Ansatz zuneigt, gelangt zu einer meiner Lesart radikal entgegengesetzten Interpretation. Dieser Sichtweise zufolge hängt eine adäquate Deutung der *Wissenschaftslehre* davon ab, ob es möglich ist, die wesentlichen Grundfragen des Faches zu rekonstruieren, denen Weber sich seinerzeit gegenübergestellt sah; vgl. hierzu Tenbruck (1986: 21). Wie Tenbruck geht Hennis (1987: 4f., 8 ff.) davon aus, daß für den Zugang zu Webers Methodologie eine genaue Kenntnis der wichtigsten Probleme, Themen und Positionen, die in der Zeit um die Jahrhundertwende den Horizont wissenschaftlichen Denkens markierten, unverzichtbar ist. Demnach kann die *Wissenschaftslehre* nur begreifen, wer die Fragen kennt, die Weber mit seinen methodologischen Texten zu beantworten suchte, und eben diese Fragen kann nur ausmachen, wer um die hauptsächlichen Probleme weiß, welche für die Nationalökonomie, die Geschichtsschreibung und – wenngleich weniger bedeutsam – die Philosophie zu Webers Zeiten bestimmend waren. In ihrer enthusiastischen Stellungnahme für das historisch-genetische Verfahren verkennen aber beide, Tenbruck und Hennis, daß man, wie ich oben gezeigt habe, in dreierlei Hinsicht von Abhängigkeits- beziehungsweise Einflußbeziehungen sprechen kann. Nehmen wir beispielsweise die von Hennis (1987: 147) vertretene These, Webers handlungstheoretischer Ansatz gehe unmit-

telbar auf Knies zurück, oder etwa Tenbrucks (1987a: 247) Auffassung, *Wirtschaft und Gesellschaft* sei stark von Eduard Meyers *Element der Anthropologie* beeinflußt. Soll das nun heißen, daß Weber sich bestimmte Ideen aneignete, im einen Fall solche, die von Knies, im anderen solche, die von Meyer stammten? Wenn dies der Sinn der Hypothesen sein soll, dann gilt für beide, für die von Hennis wie für die von Tenbruck vertretene, daß sie entgegen den Annahmen, die ihre Autoren damit verknüpfen, nichts weiter ausdrücken als einen rein genetischen Zusammenhang. Sie können schwerlich als ein Nachweis dafür gelten, daß Webers Werk nur unter Zuhilfenahme genau dieser Ideen begriffen werden kann. Oder sollen die beiden Behauptungen als Beleg dafür dienen, daß es für den adäquaten Zugang zu Webers Position unbedingt erforderlich ist, sich mit Knies bzw. Meyer zu beschäftigen, vielleicht sogar, daß die Plausibilität der Methodologie Webers *in toto* abhängig ist von der Geltung der Positionen Meyers und Knies'? Bedenkt man, daß das Interesse, das wir der *Wissenschaftslehre* entgegenbringen, letztlich wohl von einem Urteil über die Geltung ihres Inhalts seinen Ausgang nimmt, so ist es einigermaßen befremdlich, daß Tenbruck und Hennis über die Angemessenheit und Brauchbarkeit der jeweiligen Problemlösungen, die Weber – ihrer Auffassung zufolge – im wissenschaftlichen Diskurs seiner Zeit vorformuliert fand, im Grunde nichts zu sagen wissen. Angesichts ihrer wiederholten und leidenschaftlichen Parteinahme für ein historisch-genetisches Verfahren überrascht es, daß weder Tenbruck noch Hennis wirklich gewillt zu sein scheinen, dieses Verfahren auch tatsächlich anzuwenden. So läßt Tenbruck (1986), der ansonsten unermüdlich jene zu schelten weiß, die nicht den von ihm geratenen Weg einschlagen, die eigenen Ermahnungen ganz außer acht und liefert eine rein immanente Interpretation, wonach der »Hauptschlüssel« zur *Wissenschaftslehre*, ja zu Webers gesamtem Werk, im Begriff der *Wirklichkeitswissenschaft* zu finden sei; vgl. hierzu Wagner/Zipprian (1987), die eine geradezu vernichtende Kritik dieser Position vorgelegt haben. Aber auch Hennis hält sich nicht an die von ihm so dringlich empfohlene Methode einer historisch verfahrenden Hermeneutik. Hierin ebenfalls Tenbruck folgend, meint er, man müsse Webers Entwicklung als Ganzes – nicht nur das wissenschaftliche Werk, sondern, zumindest was die Periode von den frühen neunziger Jahren bis hin zu seinem Tode im Jahre 1920 betrifft, auch sein Leben – von einer einzigen und zentralen Fragestellung her begreifen, die, einem roten Faden gleich, das ganze Werk durchwirkt und es zu einem einheitlichen intellektuellen Korpus geformt habe. Allerdings weicht er insofern erheblich von Tenbruck ab, als er diesen Kern, die zentrale Fragestellung der *Wissenschaftslehre*, nicht am Konzept der *Wirklichkeitswissenschaft* festmacht. Er glaubt vielmehr, die Frage nach den wesentlichen Entstehungsbedingungen jener der Moderne eigentümlichen Art von Lebensführung als das innere Band des Weberschen Denkens und mithin der *Wissenschaftslehre* identifizieren zu können. Zudem ist er (1982: 246) der Überzeugung, die *Wissenschaftslehre* sei Webers »komplete Kommentierung der aus seiner Sicht für die damalige Wissenschaftssituation zentralen Fragen«. Demnach sei es verfehlt, sie als Grundlegung einer Methodologie lesen zu wollen: »Wenn das richtig wäre, so wären die *Gesammelten Aufsätze zur Wissenschaftslehre* wirklich das aberwitzigste Buch, das je in ›methodologischer‹ Absicht geschrieben wurde« (Hennis 1982: 246). Zu dieser Lesart sind meines Erachtens noch einige zusätzliche Anmerkungen angebracht. Zum damaligen wissenschaftlichen Diskurs gilt es erst einmal zu sagen, daß im Wissenschaftsbetrieb seiner Zeit sehr wohl wichtige Themen verhandelt wurden, denen sich Weber in seiner *Wissenschaftslehre* überhaupt nicht widmete. Man denke nur an die Entwicklung der Psychoanalyse und die damit einhergehenden vielfältigen Wirkungen von Freuds Werk auf die zeitgenössischen Kulturwissenschaften. Was Webers Ansichten dazu betrifft, so sind lediglich einige Bemerkungen überliefert, die Marianne Weber (1926: 378 ff.) im *Lebensbild* zitiert. Diesem Sachverhalt entsprechen Webers eigene Äußerungen, der seinerseits wiederholt den begrenzten Zweck hervorhob, dem seine methodologischen Schriften dienen sollten, wobei er unter Methodologie genau dasselbe verstand wie Rickert, nämlich die Beschäftigung mit der Logik wissenschaftlicher Begriffsbildung. Demgegenüber kann Hennis keinen Beweis dafür erbringen, daß seine Art der Interpretation für eine adäquate Analyse der *Wissenschaftslehre* eine unerläßliche Voraussetzung ist, genausowenig, wie es ihm gelingt zu demonstrieren, daß man, hat man jene zentrale Fragestellung erst einmal identifiziert, mit Hilfe dieser Lesart zu einem angemessenen Verständnis der inhaltlichen Aussagen von Webers methodologischen Schriften kommt. Seine Unterstellung, man könne das Werk und auch das intellektuelle Leben eines Denkers nur als ein einheitliches Ganzes begreifen, das sich aus der Perspektive einer einzigen Frage erschließen lasse, entbehrt letztlich jeglicher Begründung. Was dies anlangt, so darf man ihn – ebenso wie Tenbruck, dem es auch darum zu tun ist, das Rätsel der Einheit in Webers Gesamtwerk zu entwirren – getrost als ein Opfer dessen bezeichnen, was Quentin Skinner (1969) als »mythology of coherence« charakterisiert hat. Hennis (1982: 243) empfiehlt, daß, wer die Webers Werk zugrunde liegende Fragestellung entschlüsseln wolle, es nur »frisch und ›unbefangen‹« lesen müsse. Vermutlich ist damit gemeint, daß man sich bei der Lektüre der Texte an die von Weber explizit bekundeten Intentionen halten sollte. Aber gerade bei einer solchen Vorgehensweise fällt es schwer, Belege dafür zu finden, daß es just die von Hennis behauptete Fragestellung ist, die im Zentrum des Werkes steht. Hennis wirft Schluchter (1979) vor, er habe Weber falsch dargestellt und das Werk in einer Perspektive gelesen, die Webers eigenen Absichten zuwiderlaufe. Doch unter der Maßgabe des von ihm gemachten hermeneutischen Vorschlags – daß jede Interpretation von Webers Texten vor allem dessen eigene Intentionen wiedergeben sollte – kann man diesen Vorwurf mit größter Berechtigung an Hennis selbst zurückgeben. Denn Hennis erwähnt mit keinem Wort, was mit einer an seiner »Fragestellung« sich orientierenden Lesart eigentlich gewonnen wäre. Natürlich wäre es sehr beruhigend zu wissen, daß man etwa die Aufsätze zu Roscher und Knies schon allein dadurch verstehen kann, daß man Hennis' Enthüllung beim Wort nimmt und folglich die Erarbeitung eines Gedankengebäudes von methodischer Strenge hinsichtlich der Entwicklung der modernen Menschheit als ihr genuines Thema betrachtet. In diesem Falle brauchten wir keine Zeit und Mühe mehr dafür zu investieren, die komplexe innere Struktur der von Weber vorgetragenen Argumente zu erforschen und die zum Teil abstrusen Details des verwendeten Begriffsapparates zu analysieren. Die von Hennis vorgeschlagene Interpretation am Leitfaden einer Fragestellung erübrigte in der Tat gründliche Analysen und begünstigte dadurch ein schlampiges und oberflächliches Lesen der Texte. Darüber hinaus gilt für Hennis' Einschätzung der *Wissenschaftslehre*, die wesentlich auf zwei Prämissen fußt, was auch von der Tenbrucks gesagt werden muß, daß sie generell inkohärent ist. Einerseits besteht er gemäß seiner historisch-genetischen Maxime auf einer allgemeinen Bedingung, die für ein Verständnis der *Wissenschaftslehre* angeblich unverzichtbar ist, daß nämlich der Interpret den damaligen wissenschaftlichen Diskurs kennen muß, vor dessen Hintergrund Webers Denken sich entfaltete. Er meint freilich, daß diese Bedingung in der vorhandenen Weberforschung nicht erfüllt sei. Andererseits behauptet er, wir könnten die *Wissenschaftslehre* am Leitfaden einer einzigen Fragestellung verstehen. Doch eingedenk der ersten von Hennis aufgestellten Prämisse ist es gar nicht möglich, eine derartige Fragestellung näher zu bestimmen oder darüber zu befinden, ob eine solche überhaupt existiert. Weil *jedes* Verständnis der *Wissenschaftslehre* diese erste, nicht erfüllte Bedingung zur Voraussetzung hat, kann auch Hennis' eigene Lesart keinen Anspruch auf Plausibilität erheben. Somit ist es Hennis selbst, der seiner eigenen Lesart der *Wissenschaftslehre* die Grundlage entzieht.

3 Dieses Argument skizziert Weber im ersten Teil seines Roscher-Aufsatzes; vgl. Weber (1968: 3 ff.).

4 Vgl. hierzu Weber (1968: 171). Daß selbst ein Individuum über eine unbegrenzte Anzahl von Qualitäten verfügt, erläutert Weber (1968: 231) am Beispiel Bismarcks.

5 Weber (1968: 145).

6 Einer der ursprünglichen Vertreter dieser vielbeachteten Sichtweise, was die Entwicklung der deutschen Philosophie im 19. Jahrhundert angeht, ist Wilhelm Dilthey. Insbesondere dessen autobiographische Bemerkungen aus dem Jahre 1911, in denen er seine Erfahrungen als Student im Berlin der fünfziger Jahre des vorigen Jahrhunderts beschreibt, sind hier von Interesse; vgl. Dilthey (1957: 3 ff.).

7 Weber (1968: 41).

8 Weber (1968: 144) vertritt die Auffassung, daß Roscher und Knies einer emanatistischen Geschichtsphilosophie anhängen, die den empirischen Geschichtsverlauf als Manifestation einer dahinterliegenden metaphysischen Realität begreift. Mit seiner vagen Anspielung auf jene rationalistischen Konsequenzen, »welche dem Epigonentum des Hegelschen Panlogismus als Erbe von dessen großartigen Konstruktionen anhaften blieben«, zielt Weber auf eben jene emanatistische Metaphysik. Zur Geschichtsphilosophie der Historischen Schule vgl. Hüter (1928).

9 Weber (1968: 309). Webers Kritik der Historischen Schule zeichnet sich nicht durch die maßlose und aggressive Rhetorik aus, die den Stammler-Aufsatz kennzeichnet. Weber, selbst ein Kind der Historischen Schule, hielt sich vermutlich deswegen zurück, wenn es darum ging, die »Altmeister« (Weber 1968: 1) anzugreifen. Folglich überzog er sie nicht mit der fast schon beleidigenden Geringschätzung, die er Stammler vorbehielt. Wie dem auch sei, läßt man einmal die Rhetorik beiseite, so kann man mit guten Gründen sagen, daß die im Stammler-Aufsatz entwickelten epistemologischen Argumente auch für die Historische Schule gelten. Vgl. hierzu auch die für diesen Zusammenhang relevanten Stellen im Objektivitätsaufsatz, an denen Weber (1968: 208) sich auf die »antik-scholastische Erkenntnislehre« bzw. auf den sogenannten epistemologischen Realismus der Historischen Schule bezieht. Der Erkenntnistheorie der Historischen Schule, derzufolge das Wirkliche aus ideellen Begriffen emaniert, begegnet Weber (1968: 208) mit dem »Grundgedanken der auf Kant zurückgehenden modernen Erkenntnislehre, daß die Begriffe vielmehr gedankliche Mittel zum Zweck der geistigen Beherrschung des empirisch Gegebenen sind und allein sein können«.

10 Allein schon von daher ist die Behauptung Mary Hesses (1978: 9) – Weber »sees the goal of knowledge and truth-assertion as essentially the same in the natural and social sciences« – abwegig.

11 Zum Konstitutionsproblem in Webers Methodologie vgl. schon Oakes (1977) sowie Runciman (1972). Zu dieser Problematik allgemein vgl. Runciman (1983).

12 Vgl. Weber (1968: 427 ff.) sowie Weber (1968: 541 ff.).

13 Vgl. Weber (1968: 331 f., 340 ff.). Zu Webers Diskussion dieses Problems vgl. auch Oakes (1977).

14 In seinen frühen methodologischen Schriften gebraucht Weber die Termini »Sinn« und »Bedeutung« synonym; vgl. dazu z. B. Weber (1968: 54), wo er im selben Absatz »Sinn« und »Bedeutung« gleichermaßen verwendet, um zu zeigen, unter welchen Bedingungen die Beulenpest sozialhistorische Relevanz erlangen kann. In *Roscher und Knies*, dem Objektivitätsaufsatz und in seiner Kritik an Meyer gebraucht Weber »Bedeutung« wesentlich häufiger als »Sinn«. Auch nimmt »Bedeutung« zweierlei Bedeutungen an. Zum einen kann der Terminus den Sinn bezeichnen, den ein Handelnder seinem Handeln beimißt; vgl. Weber (1968: 332). »Bedeutung« meint hier subjektiven Sinn und steht im Kontext des Abgrenzungsproblems. Zum anderen kann »Bedeutung« das bezeichnen, was »wir« – die Sozialwissenschaftler als Träger der Werte einer modernen westlichen Kultur – einer Erscheinung zuschreiben. Diese Verwendungsweise zielt auf Kulturbedeutung, das Problem, zu dessen Lösung es dienen soll, ist in diesem Fall das Konstitutionsproblem; vgl. Weber (1968: 153, 175 f.). Manchmal ist es nicht ganz einfach zu entscheiden, welche der beiden Wortbedeutungen Weber meint; vgl. etwa Weber (1968: 170, 177 f., 180 f., 184 f., 213 f.,). Im Kategorienaufsatz und in den *Soziologischen Grundbegriffen* taucht »Bedeutung« nur noch sehr selten auf und wird weitgehend durch »Sinn« ersetzt. Die oben gezeigte Mehrdeutigkeit verschwindet ebenfalls, wohl weil das Konstitutionsproblem in diesen späteren Arbeiten keine Rolle mehr spielt. Hier bezeichnet »Sinn« ausschließlich den subjektiven Sinn, der das Handeln von der Natursphäre abgrenzt. Im Kategorienaufsatz taucht »Bedeutung« insgesamt zweimal auf, in beiden Fällen spricht Weber von »Bedeutungswandel«; vgl. Weber (1968: 449, 472). In den *Soziologischen Grundbegriffen* findet sich »Bedeutung« nur ein einziges Mal, und zwar unmißverständlich im Sinne von historischer Relevanz; vgl. Weber (1968: 545).

15 Dies ist die Position, die Alfred Schütz einnimmt; vgl. Schütz (1962). Auf dieser Lesart beruhen im Grunde auch alle nachfolgenden phänomenologischen Interpretationen der Methodologie Webers.

16 Weber (1968: 197).

17 Vgl. Weber (1968: 198). Denselben Gedankengang entwickelt Weber bei der Erörterung des Verhältnisses zwischen der Auffassung, die der Handelnde vom Staat besitzt, auf der einen und dem Idealtypus des Staates auf der anderen Seite. Während den Vorstellungen des Handelnden eine intensive Mannigfaltigkeit von diffusen und diskreten menschlichen Handlungen und Duldungen, faktischen und rechtlich geordneten Beziehungen usw. eignet, identifiziert der Idealtypus die Kulturbedeutung eben dieser Mannigfaltigkeit durch Inanspruchnahme eines theoretischen Konstruktes, das von den für die Wertbeziehung des Kulturwissenschaftlers konstitutiven Auswahlkriterien

festgelegt wird. Vgl. dazu Weber (1968: 200 f.). Vgl. ebenfalls Webers (1968: 274) Ausführungen zur Konstituierung des kulturwissenschaftlichen Gegenstandes »Schlacht bei Marathon«.

18 Weber (1968: 132).

19 Weber (1968: 150).

20 Man denke in diesem Zusammenhang an die oben erwähnten Ausführungen Webers zur Kulturbedeutsamkeit der Beulenpest für die englische Geschichte. Eine Darstellung des Schwarzen Todes kann nach Webers (1968: 83) Meinung nur dann Kulturbedeutsamkeit erlangen, »wenn sie durch jene Kulturwerte, welche unsere Betrachtung einer Geschichte Englands in der betreffenden Zeit leiten, sich ebenfalls leiten läßt... Das bedeutet nun, infolge des begrifflichen Wesens der ›Kultur«, *stets*, daß sie darin gipfelt, uns zur Erkenntnis eines Zusammenhangs hinzuleiten, in welchen *verständliches* menschliches Handeln oder, allgemeiner, ›Verhalten‹ eingeschaltet und als beeinflußt gedacht ist, da hieran sich das ›historische‹ *Interesse* heftet.« Denselben Sachverhalt erörtert Weber an den Beispielen der Syphilis, den Briefen Goethes an Charlotte von Stein und an Marxens *Kapital* – denen wir Kulturbedeutsamkeit nur insofern zugestehen, als sie Produkte subjektiv gemeinten Sinnes sind.

21 Mit Sicherheit ist es abwegig zu behaupten, daß Weber »does not doubt that judgments of value-relevance are separable from positive science, and can in this sense be ›filtered out‹ of cognitive conclusions« (Hesse 1978: 9). Im Gegenteil werden in den Kulturwissenschaften diese »cognitive conclusions« ja gerade durch Wertbeziehungen bestimmt.

22 Ähnlich wie Hermann Göring, der jedesmal, wenn er das Wort »Kultur« hörte, zur Pistole gegriffen haben soll, behauptet Philip Rieff (1972: 7), daß er immer nach seiner Brieftasche greife, wenn er das Wort »Wert« höre. Rieff empfiehlt, das Wort den »barkers of schlock on the mass media« zu überlassen. Das ist eine verständliche Reaktion auf ein Zeitalter, für das ein unumschränkter Relativismus und Solipsismus charakteristisch ist. Diese polemische Einstellung mag vielleicht sogar nützlich sein im Hinblick auf die Trivialisierung des Lebens durch die Apotheose bloß subjektiver Werte, die vorangetrieben wird von den Aposteln einer »value clarification«, für die das Problem der gefühlsmäßigen Entfremdung oder der Lebensangst genau denselben axiologischen Status einnimmt wie das Problem des weltweiten Hungers oder die globale nukleare Bedrohung. Zwar ist diese Einstellung ihrer Strenge und Kompromißlosigkeit wegen in intellektueller Hinsicht attraktiv, geht es uns aber um die begrifflichen Grundlagen der Kulturwissenschaften bzw. um die Philosophiegeschichtsschreibung, so kämen wir mit dieser Haltung nicht sonderlich weit. Denn wie alle Arten intellektueller Askese ist auch Rieffs Position im

Grunde genommen ahistorisch. Rieff läßt völlig außer acht, daß es Traditionen gibt, die ein hochgradig ausdifferenziertes Verständnis dessen entwickelt haben, was Werte sind, wie diese in eine sinnvolle Rangfolge bzw. in ein »System« gebracht werden können und wie sich die Objektivität oder unbedingte Gültigkeit letzter Werte begründen läßt. Mit anderen Worten, Rieff zufolge wäre es unmöglich, die wechselvolle Geschichte der deutschen Philosophie des 19. Jahrhunderts im allgemeinen sowie die von Fichte über Lotze bis hin zu Windelband und Rickert reichenden Bemühungen um eine philosophische Wertlehre im besonderen zu begreifen. Diese Entwicklung bildet den philosophischen Hintergrund von Webers Methodologie und Religionssoziologie. Zweifellos lassen sich beide nicht adäquat verstehen, wenn man von einer polemischen Grundannahme ausgeht, die die Existenz dieses Hintergrundes leugnet.

23 Weber (1968: 603).
24 Weber (1968: 261 f.).
25 Weber (1968: 180).
26 Weber (1968: 206).
27 Weber (1968: 206).
28 Weber (1968: 184).
29 Dieses Argument skizziert Weber bereits im ersten Teil des Objektivitätsaufsatzes, um es später dann in *Wissenschaft als Beruf* ausführlich zu erörtern. Es dient ihm zudem als Prämisse für seine Persönlichkeitstheorie, die er in *Knies und das Irrationalitätsproblem* entfaltet. Eine am Ideal der Persönlichkeit orientierte Lebensführung setzt Konflikte zwischen letzten Wertstandpunkten voraus, die sich nicht mit rationalen Mitteln beheben lassen. Die Vorstellung von der nichthintergehbaren Irrationalität von Werten wird in Webers Engagement im sogenannten Werturteilsstreit des Vereins für Sozialpolitik noch deutlicher sichtbar; zu Webers Haltung in dieser Debatte vgl. Baumgarten (1964) sowie Weber (1968: 489 ff.). Zum Werturteilsstreit im *Verein für Sozialpolitik* allgemein vgl. Lindenlaub (1967). Zu Webers Wirken im *Verein* vgl. Krüger (1987) und Demm (1987).
30 Vgl. Weber (1968: 605).
31 Weber (1968: 605).
32 Weber (1971: 554).
33 An anderer Stelle meint Weber (1968: 261 f.), daß die Heterogenität und Variabilität der Werte, auf denen die kulturwissenschaftlichen Begriffe fußen, das wesentliche Merkmal sei, das die Naturwissenschaften von den Kulturwissenschaften unterscheide. Dann böte die Konstituierung von Kultur qua Axiologie auch das Kriterium, um die Kulturwissenschaften von den Naturwissenschaften abzugrenzen. Webers Lösung des Abgrenzungsproblems folgte somit aus seiner Lösung des Konstitutionsproblems. Es wäre jedoch falsch, wollte man

dies als Webers definitive Haltung zur Frage des Abgrenzungsproblems betrachten. Im ersten Teil von *Roscher und Knies* etwa nennt Weber einige andere Unterschiede; vgl. dazu Weber (1968: 3 ff.).

34 Weber (1968: 213).
35 Vgl. Weber (1968: 147).
36 Weber (1968: 214).
37 Weber (1968: 214).
38 Vgl. Kuhn (1970; 1977).
39 Weber (1968: 218).
40 Zum Problem der Unterbestimmtheit von Tatsachen durch Theorien vgl. allgemein Newton-Smith (1981). Was die Implikationen dieser Problematik für die Philosophie der Kulturwissenschaften betrifft, vgl. Hookway (1982). Hookway bedient sich Quines Begriff der Unbestimmtheit von Übersetzungen und formuliert das Wertbeziehungsproblem als die Frage nach denjenigen Kriterien, die Entscheidungen zwischen verschiedenen Übersetzungsschemata anleiten. Unter der Maßgabe eines bestimmten subjektiven Sinnes, den man einer Handlung und ihren Folgen beimessen kann, existieren alternative Übersetzungsschemata zur Auslegung ihrer Kulturbedeutsamkeit, die zwar mit dem subjektiven Sinn verträglich sein mögen, aber untereinander völlig unvereinbar sind. Zur Analyse der Unbestimmtheit von Übersetzungen vgl. Quine (1960).
41 Weber (1968: 146).
42 Dieselbe Form rhetorischer Selbstbescheidung findet sich auch in der Vorbemerkung zu *Roscher und Knies* (Weber 1968: 1 f.), dem einleitenden Abschnitt des Meyer-Aufsatzes (Weber 1968: 215) und den Vorbemerkungen zur Stammler-Kritik (Weber 1968: 292).
43 Vgl. Weber (1968: 4, 7, 12 f., 15, 19, 53, 72, 76, 91 f., 116, 122, 146, 237 f., 244, 251 f., 343, 427, 511 f., 541 ff.). Webers Korrespondenz, die im Rahmen der Max Weber-Gesamtausgabe von M. Rainer Lepsius und Wolfgang J. Mommsen herausgegeben wird, umfaßt mehr als vierzig Briefe Webers an Rickert, die zwischen Juni 1904 und April 1920 geschrieben wurden. Diese Briefe dokumentieren eine enge berufliche Beziehung, die stets herzlich blieb, ohne jemals vertraulich zu werden. Was das Verhältnis zwischen Webers Methodologie und Rikkerts Philosophie anlangt, sind die Briefe in mindestens dreierlei Hinsicht aufschlußreich. Erstens stellen sie einen Gegenbeweis zu der Behauptung dar, Weber habe nur gelegentlich – und wenn, dann nur geringes – Interesse an methodologischen Fragen genommen, was dann nach 1907 völlig erloschen sei. Wie die Briefe zeigen, hielt sich Weber über Rickerts Publikationen ständig auf dem laufenden und setzte sich zudem detailliert und sorgfältig mit den ihm von Rickert zugesandten Arbeiten auseinander. In einem undatierten Brief, der vermutlich aus dem Jahre 1915 stammt, brachte Weber seine ungedul-

dige Erwartung hinsichtlich einer ausstehenden methodologischen
Schrift Rickerts zum Ausdruck und – in Erwartung der Anregungen,
die er sich von Rickerts Werk versprach – erklärte sogar, sich erneut
selbst methodologischen Problemen zuwenden zu wollen. Bereits
1902 hatten ja schon Rickerts *Grenzen der naturwissenschaftlichen
Begriffsbildung* in ähnlicher Weise anregend auf Weber gewirkt.
Zweitens zeigen die Briefe deutlich, daß Weber von einer Übereinstimmung seiner und Rickerts Position überzeugt war, nicht nur in
methodologischen Fragen, was in der Literatur zumeist anerkannt
wird, sondern auch in Fragen der Werttheorie, was häufig bestritten
worden ist. So versuchte Weber beispielsweise im Februar 1913, Rik-
kert zur Teilnahme an einer für den Herbst des Jahres anberaumten
wichtigen Mitgliederversammlung des Vereins für Sozialpolitik zu
motivieren, auf dem die Werturteilsfrage zur Debatte stehen sollte. In
diesem Schreiben spezifizierte Weber dieses Thema stichwortartig und
sprach von: dem Verhältnis zwischen Wertung und Wertbeziehung,
von der Stellung des sittlichen Werturteils und vom Verhältnis zwischen evolutionistischen und praktischen Wertungen, Punkte mithin,
zu denen Rickert doch einen Beitrag leisten könnte. Weber machte
deutlich, daß ihm an Rickerts Teilnahme gelegen war, da dieser mit
dazu beitragen könnte, das Verhältnis zwischen Wertbeziehungen und
Werturteilen einer Klärung zuzuführen. Drittens schließlich lassen die
Briefe die Vermutung als wenig plausibel erscheinen, Weber habe sich
vom neukantianischen Bezugsrahmen Rickerts irgendwann einmal ab-
gewandt. In seinem letzten Brief an Rickert, den er am 26. April 1920,
weniger als einen Monat vor seinem Tode, schrieb, skizzierte Weber
seinen Handlungsbegriff, den er in *Wirtschaft und Gesellschaft* zugrunde legen wollte. Dabei verwendete er denselben, Rickert entlehn-
ten Bezugsrahmen, den er auch in seinen Aufsätzen aus den Jahren
1903-1907 benutzt hatte.

Kap. 11:
Rickert und die Theorie
historischer Erkenntnis (S. 48-93)

1 Die zweite Auflage erschien im Jahre 1913, die dritte und vierte 1921,
   eine fünfte Auflage kam 1929 heraus.
2 Wilhelm Windelband promovierte 1870 in Berlin und habilitierte sich
   1873 in Leipzig. Seine Auffassung von den Zielen und Grenzen des
   philosophischen Denkens wurde vor allem durch das Studium bei
   Kuno Fischer in Jena und Rudolf Hermann Lotze in Göttingen geprägt. Zur Entstehung und Entwicklung der neukantianischen Bewe-

gung allgemein vgl. die kürzlich erschienene, maßgebliche Arbeit von Köhnke (1986). Eine knappe Darstellung der Bewegung in ihrer frühen Phase findet sich bei Lehmann (1963). Einen guten Überblick über die beiden Hauptrichtungen der Bewegung, die Marburger und die Südwestdeutsche Schule, bietet Ollig (1982). Eine sehr gute Darstellung des Neukantianismus findet sich auch bei Flach/Holzhey (1980). Zur englischsprachigen Literatur vgl. Willey (1978). Zu Rikkerts Ehrbezeugungen gegenüber Windelband und seiner Würdigung von Windelbands philosophischem Einfluß und Wirken vgl. Rickert (1915 b).

3 Im Jahre 1915 starb Windelband, und Lask fiel an der Ostfront in Galizien. Daraufhin ging Rickert als Windelbands Nachfolger nach Heidelberg, ein Entschluß, den er später wohl bereute. Denn seit der Jahrhundertwende litt Rickert an einer chronischen Agoraphobie, deren Begleitsymptome – Depressions- und Angstzustände, Nervosität, Schwindelgefühle, Tachykardie und Lichtempfindlichkeit – ihm jedwede außerhäusige Betätigung zur quälenden Anstrengung werden ließen. Um zu seinen Vorlesungen in den Räumen der Universität zu gelangen, bedurfte es aufwendiger logistischer Maßnahmen und der Unterstützung seiner Frau Sophie sowie einiger Studenten. Offensichtlich war ihm all dies in Freiburg leichtergefallen, wo er in einem nach seinen eigenen Wünschen gestalteten Haus gewohnt und eine getreue Koterie von Doktoranden und Habilitanten ihn umgeben hatte, die sich bereitwillig zu Zwecken der Krankenpflege in Dienst nehmen ließ; vgl. hierzu die persönlichen Erinnerungen Hermann Glockners (1969: 9 ff., 74 ff., 199 ff.). Glockner war im Herbst 1919 von Erlangen nach Heidelberg gekommen, um sich dort bei Rickert zu habilitieren, in dessen geräumigem Haus in der Scheffelstraße, das nur unweit von dem der Webers gelegen war, er in den Jahren von 1922 bis 1925 sogar gewohnt hatte. Glockner meint, Rickert habe den Ruf nach Heidelberg nur auf Webers Rat hin angenommen, der ihm bedeutet hatte, daß es seine Pflicht sei, die Heidelberger Tradition der akademischen Philosophie fortzuführen. Vgl. zu Rickerts Verständnis dieser Heidelberger Tradition, der er sich selbst, seinen Lehrer Windelband, dessen Lehrer Kuno Fischer, Eduard Zeller und letztlich Hegel zurechnet, Rickert (1931). Zur letzten Phase dieser Tradition, die durch die Kontroverse zwischen Rickert und Jaspers gekennzeichnet ist, vgl. Roller (1985) und Wiehl (1986).

4 Die Grundelemente von Rickerts Theorie historischer Erkenntnis waren 1899 bereits konzipiert, also drei Jahre bevor Lask seine Dissertation zu *Fichtes Idealismus und die Geschichte* abschloß; vgl. hierzu Rickert (1926) und Lask (1923). Aus diesem Grunde ist die vorstehende knappe Darstellung nicht genetisch zu verstehen, insofern sie die Entwicklung der Geschichtsphilosophie der Südwestdeutschen

Schule nicht chronologisch nachzeichnet, sondern vielmehr die systematische Frage nach den neukantianischen Grundlagen der Geschichtserkenntnis ins Zentrum rückt.

5 Vgl. Windelband (1924: 1 ff.).

6 Windelband (1924: 144).

7 An dieser Stelle sei erwähnt, daß der neukantianisch inspirierte Angriff, den Windelband, Rickert und Weber gegen die frühe Phänomenologie und den Intuitionismus von Diltheys Lebensphilosophie richteten, in gewisser Weise Ludwig Wittgensteins in den dreißiger und vierziger Jahren vorgebrachte radikale Kritik an der Möglichkeit einer »Privatsprache« antizipierte; vgl. Wittgenstein (1953).

8 Wilhelm Dilthey galt den Südwestdeutschen als Protagonist der ontologischen Lösung; in den neunziger Jahren des 19. Jahrhunderts avancierte er für Windelband und Rickert zum Prügelknaben schlechthin. Gregor Schöllgen (1984: 48 ff.), der die Unterschiede zwischen Dilthey und den Südwestdeutschen auf methodologische Fragen beschränkt wissen will, unternimmt den Versuch, die Affinität von Diltheys *Geisteswissenschaft* und Rickerts *Kulturwissenschaft* herauszuarbeiten. Die Geschichtstheorie der Südwestdeutschen Schule beruht auf einer transzendentalphilosophischen Auffassung von Geschichte als einer Erkenntnisform, deren Gegenstand durch Wertbezug eines erkenntnistheoretischen Subjekts konstituiert wird. Bei Dilthey hingegen ist das eigentümliche Moment der Geschichtserkenntnis gebunden an eine bestimmte historische Seinsweise; vgl. hierzu insbesondere Dilthey (1958). Von daher schon ist die Position Diltheys mit Rickerts Lehre vom Primat der Epistemologie nicht vereinbar. Angesichts dieses grundlegenden Gegensatzes auf der philosophischen Ebene vermag ich nicht zu erkennen, wie man Schöllgens These plausibel machen könnte. Vgl. zu dieser Problematik auch Rickerts (1920: 27 ff., 46 ff., 177, 183 f.) Kritik am *Lebens*philosophen Dilthey, die ihn in eine Reihe stellt mit so nachrangigen Denkern wie Nietzsche, Bergson, Simmel und Scheler.

9 Unter diesen Umständen ist es nur allzu verständlich, daß Rickert, um seine philosophische Originalität unter Beweis zu stellen, die Unterschiede zwischen Windelbands und seiner eigenen Position mit Nachdruck unterstreicht. Vgl. hierzu Rickert (1915 a: 173 ff., 419 ff., 446; 1929: 55 f., 269 f., 368; 1915 b: 24 ff.; 1921: 26 ff., 124 f., 136 f.). In seiner Besprechung der zweiten Auflage der *Grenzen der naturwissenschaftlichen Begriffsbildung* pflichtete Lask (1913: 248) der Auffassung bei, daß Rickerts Logik der Geschichte als Wissenschaft unabhängig von Windelband bestehe, den er als Rickerts bedeutendsten Vordenker auf dem Gebiete historischer Erkenntislogik bezeichnet; ähnlich dachte auch Ernst Troeltsch (1922: 559 ff.). Eine neuere Einschätzung des Verhältnisses Windelband/Rickert liefert Schnädelbach (1974: 137 ff.; 1983: 77 ff., 160 ff., 219 ff.).

10 Windelband (1924: 160).

11 Windelband (1924: 159).

12 Vgl. Lask (1923). Lask hatte in Freiburg bei Rickert und zwischenzeitlich in Straßburg bei Windelband studiert, bevor er im Jahre 1901 seine Dissertation bei Rickert abschloß. Mit der Ausnahme weniger Bemerkungen, die Schluchter (1979: 24 f.) ihm widmet, ist die Bedeutung, die diesem Werk für die Entwicklung von Webers methodologischem Denken zukommt, bislang so gut wie völlig übersehen worden. Im Roscher-Aufsatz, wo Weber die Grundzüge seiner eigenen Wissenschaftstheorie umreißt, schließt er sich in Sprache und Inhalt eng an Lasks Dissertation an. Man vergleiche nur den ersten Teil des Roscher-Aufsatzes (Weber 1968: 3 ff.) mit den ersten beiden Kapiteln von Lasks Doktordissertation, in denen er Kants analytische und Hegels emanatistische Logik erörtert; vgl. Lask (1923: 31 ff.). Zu Lasks akademischem Wirken vgl. Rickerts *Persönliches Geleitwort* gelegentlich des posthumen Erscheinens des ersten Bandes der *Gesammelten Schriften* seines ehemaligen Doktoranden (Rickert 1923: V-XVI). Zum Verhältnis Rickert/Lask vgl. Malter (1987). Zur englischsprachigen Literatur vgl. neuerdings Chaffin (1989).

13 Lask (1923: 67). Vgl. dazu auch Lask (1923: 30, 66, 72, 88).

14 Vgl. Lask (1923: 117 f., 144 f.).

15 Lask (1923: 173 f.).

16 Vgl. Lask (1923: 152 ff., 205 f.).

17 Diesen Terminus führt Lask auf Kants Begriffstheorie zurück und konnotiert damit, daß Individualität und Einmaligkeit keinen Eigenwert haben. Vgl. Lask (1923: 151 f., 196).

18 Vgl. Rickert (1929: 31 ff.).

19 Vgl. Rickert (1929: 45 ff.), wo Rickert sich mit der These von der extensiven und intensiven Mannigfaltigkeit des Geistigen gegen die Auffassung Diltheys wendet, der umfassendes Wissen vom Geistesleben durchaus für möglich hält.

20 Rickert (1915 a: 29 f.).

21 Vgl. Rickert (1915 a: 117 ff.). Im Lichte dieser Überlegungen vermag ich Perpeets (1987: 369) Behauptung, Rickert habe einen »onto*logischen*« Wirklichkeitsbegriff eingeführt, nicht zu folgen.

22 Vgl. Rickert (1929: 214 ff.).

23 Vgl. Hume (1960: 1 ff.; 1966: 15 ff.).

24 Vgl. Rickert (1915 a: 130 ff.). Hier nimmt Rickert eine Unterscheidung vor zwischen dieser epistemologischen These und dem transzendentalen Realismus, demzufolge Erkenntnis die Wiedergabe der Eigenschaften einer bewußtseinstranszendenten Wirklichkeit ist. Der empirische Realismus hingegen betrachtet Erkenntnis als die Wiedergabe der Eigenschaften von Phänomenen, mithin von Bewußtseinsgegenständen. Im *Gegenstand der Erkenntnis* behandelt Rickert Hume als

den Hauptvertreter des empirischen Realismus und Platon als den ersten Theoretiker des transzendentalen Realismus.

25 Vgl. Rickert (1915 a: 136 ff.). An dieser Stelle führt Rickert nicht weniger als fünf Argumente gegen den empirischen Realismus ins Feld.

26 Vgl. Rickert (1929: 31 ff.).

27 Vgl. Rickert (1888: 46 ff., 56).

28 Vgl. Rickert (1915 a: 155 ff.).

29 Vgl. Rickert (1915 a: 187 ff.). Im Vorstehenden haben ich versucht, Rickerts diesbezügliche Argumentation zu rekonstruieren.

30 Vgl. Rickert (1915 a: 164 ff.).

31 Vgl. Rickert (1929: 214 f.).

32 Vgl. Rickert (1915 a: 406 ff.).

33 Rickert vertritt die Auffassung, daß unser Interesse am Allgemeinen in den äußeren Zwängen des menschlichen Lebens selbst seinen Ursprung hat. Letzlich verdankt sich dieses Erkenntnisinteresse, das zur naturwissenschaftlichen Begriffsbildung führt, eben praktischen und außerwissenschaftlichen Interessen. Vgl. zu diesem Punkt Rickert (1921 b: 7 ff.).

34 Zur Logik der naturwissenschaftlichen Begriffsbildung im allgemeinen und zum Problem der Überwindung der extensiven und intensiven Mannigfaltigkeit des Wirklichen im besonderen vgl. Rickert (1929: 45 ff.).

35 Vgl. Rickert (1929: 102 ff.).

36 Vgl. Rickert (1929: 197 ff.).

37 Vgl. Popper (1959).

38 Rickert widmet das gesamte zweite Kapitel seiner *Grenzen*, insbesondere aber das dritte Unterkapitel dortselbst, das mit »Naturwissenschaft und Geisteswissenschaft« überschrieben ist, der Kritik an Diltheys Abgrenzung von Naturwissenschaften und Geschichte anhand ontologischer Kriterien. Vgl. Rickert (1929: 125, 136, 153, 181).

39 Das Übersetzen ontologischer Fragestellungen in epistemologische ist eine der grundlegendsten Denkbewegungen in Rickerts Philosophie. Metaphysische Fragen werden auf epistemologische zurückgeführt oder gar als Scheinprobleme decouvriert. Zu diesem Primat der Epistemologie vgl. Rickert (1929: 9 ff.).

40 Vgl. hierzu auch Mill (1973: 833).

41 Mill (1973: 834).

42 Mill (1973: 834).

43 Mill (1973: 835).

44 Mill (1973: 844).

45 Vgl. zu dieser Differenzierung Simmel (1892: 34).

46 Rickert (1929: 321).

47 Rickert (1929: 222).

48 Rickert (1929: 222).

49 Vgl. Rickert (1929: 339 ff.).

50 Vgl. Rickert (1929: 31 ff.).

51 Vgl. Rickert (1929: 35). Auch in seinen Überlegungen zu der Frage, inwiefern das Geistige eine unendliche Mannigfaltigkeit ist, relativiert Rickert (1929: 150 ff.) den Unterschied zwischen extensiver und intensiver Mannigfaltigkeit. Ähnliches gilt auch für seine Ausführungen zu historischen Ereigniszusammenhängen – auch hier meint er, daß »jede extensive Mannigfaltigkeit von Teilen zugleich als eine intensive Mannigfaltigkeit aufzufassen ist« (Rickert 1929: 364).

52 Nusser (1986: 41).

53 Vgl. Rickert (1929: 505 f.).

54 Vgl. Rickert (1929: 506).

55 Freilich gibt es einen Sonderfall, in dem Historiker und historisches Zentrum ineins fallen: die Autobiographie. In diesem Falle ist der Forscher, der eine bestimmte Entität – sein eigenes Leben nämlich – anhand gewisser Wertbeziehungen definiert, identisch mit dem Gegenstand historischer Forschung, insofern er selbst als historischer Agent bzw. historisches Zentrum zu den entsprechenden Werten Stellung nimmt.

56 Rickert (1929: 511). In seiner Erwiderung auf die von Ernst Troeltsch vorgebrachte Kritik moniert Rickert, daß Troeltsch den Begriff des »historischen Zentrums« ignoriert habe; vgl. hierzu Rickert (1929: 503). Es scheint, als habe Rickerts diesbezügliche Belehrung immer noch nichts gefruchtet. Bei seinen Erörterungen zum Beitrag des Neukantianismus für eine Methodologie des Verstehens fremder Kulturen läßt beispielsweise Günter Dux das Konzept historischer Zentren völlig außer acht. Dux (1974: 200) fragt sich, wie wir – haben wir die kulturwissenschaftlichen Gegenstände erst einmal wertbeziehend konstituiert – sicher sein können, »daß wir uns wirklich mit der Kultur der Inkas befassen und nicht nur mit unseren ganz absonderlichen Vorstellungen von ihr?« Rickerts Antwort auf diese Frage liegt nicht, wie Dux wähnt, in der strikten Trennung von Wertbeziehung und Werturteil, sondern im Begriff historischer Zentren. Bei seinen Ausführungen zum Verhältnis Weber/Rickert würdigt auch Rüdiger Bubner (1976: 19 f.) diesen Begriff keines Wortes.

57 Vgl. Rickert (1929: 323 f.).

58 Vgl. Rickert (1929: 515 ff.).

59 Vgl. Rickert (1929: 520 f.).

60 Vgl. hierzu Rickert (1929: 507, 539 ff.). Hier muß vor allem Ernst Troeltsch (1919: 373) genannt werden, der in diesem Zusammenhang Rickerts entschiedenster Kritiker war.

61 Rickert (1929: 329).

62 Vgl. Rickert (1924: 59).

63 Rickert (1924: 60).

64 Rickert (1929: 330).
65 Rickert (1929: 333).
66 Rickert (1929: 333).
67 Vgl. Rickert (1929: 329 ff.).
68 Vgl. hierzu grundlegend Gallie (1968: 157 ff.).
69 Rickert (1929: 331).

Kap. III:
Rickert und das Wertproblem (S. 94-110)

1 Rickert (1929: 323).
2 Vgl. Rickert (1929: 330 f.).
3 Rickert selbst konnte der Versuchung nicht widerstehen, den unzähligen Goethe-Interpretationen eine weitere hinzuzufügen; vgl. hierzu Rickert (1932).
4 Rickert (1929: 357).
5 Vgl. Rickert (1929: 358).
6 Die Entwicklung, die Rickerts Werttheorie in diesem Zeitraum nahm, läßt sich vor allem an den folgenden Texten ablesen: Rickert (1910/11; 1913; 1914; 1915 a; 1921 b).
7 Vgl. Rickert (1921 b: 87).
8 Vgl. Rickert (1910/11: 6 ff.).
9 Rickert (1910/11: 10).
10 Rickert (1910/11: 10).
11 Vgl. Rickert (1910/11: 28). Diese These führt – in letzter Instanz – zu einer Ablehnung der Bewußtseinsphilosophie, wie sie für die Entwicklung des Deutschen Idealismus von Kant bis Windelband charakteristisch ist. Windelband noch verankert Werte in den Normen eines transzendentalen bzw. Normalbewußtseins; vgl. Windelband (1924 I: 112 ff.) sowie Windelband (1924 I: 1 ff.) und Windelband (1924 II: 59 ff.). Rickert hingegen bestreitet, daß man Werte aus Normen ableiten kann; in seinen Augen gehören Werte einer autonomen Sphäre des Geltens an, die bewußtseinsunabhägig ist und von daher nicht transzendental begründet werden kann.
12 Vgl. Rickert (1921 b: 112).
13 Vgl. Rickert (1921 b: 113).
14 Vgl. Rickert (1910/11: 11; 1915 a: 198). Demnach ist ein Kulturgut ein Objekt, das auf einen Kulturwert bezogen ist.
15 Vgl. Rickert (1921 b: 113; 1910/11: 11 f.).
16 Rickert (1915 a: 198).
17 Vgl. Rickert (1910/11: 12; 1915 a: 199).
18 Rickert (1910/11: 12; 1915 a: 200). Somit zerfällt die Welt in zwei

einander ausschließende Sphären: die des Wirklichen und die der Werte. Doch wie wir gesehen haben, gibt es zwischen diesen Sphären gewisse Verbindungen, wenngleich sie begrifflich stets streng voneinander geschieden werden müssen: »Die irrealen Werte stehen als ein Reich für sich allen wirklichen Gegenständen gegenüber, die ebenfalls ein Reich für sich bilden« (Rickert 1921 b: 114). Da Rickert den Werten jeglichen Wirklichkeitscharakter abspricht, sie für ihn also nicht »sind« in einem landläufigen Sinne, gerät er in begriffsstrategische Verlegenheiten wegen der Frage, wie er ihren ontologischen Status positiv ausweisen kann. Insofern Werte und Wirklichkeit nur zusammengenommen das konstituieren, was wir Welt nennen, muß die Rede, daß es Werte gibt, also irgendeinen Sinn haben. Diese Überlegungen verleiten Rickert (1921 b: 116) zu der fast schon paradox anmutenden Formulierung: »es gibt existierende und nicht existierende Gegenstände«. Vgl. hierzu sekundär Seidels (1968: 66, 71 f.) Kritik an Rickerts Begriff von Wirklichkeit und Existenz. Eine etwas andere Sichtweise bietet Oberer (1987: 122). Zu den mit Rickerts Position einhergehenden philosophischen Schwierigkeiten, nämlich Entitäten behaupten zu müssen, die weder subjektiv noch objektiv sind, die es, obschon sie nicht »sind«, in einem nicht näher bestimmbaren Modus doch gibt, vgl. die mittlerweile klassische Argumentation von Quine (1961). Für Rickert sind Wirklichkeit und Wertsphäre durch ein »Drittes Reich«, den sogenannten Sinn, vermittelt. Dies Dritte Reich ist aber keineswegs autonom, vielmehr stellt es eine Art »Mittelgebiet« dar, eine Synthese aus Wirklichkeit und Wert. Vgl. hierzu Rickerts (1921 b: 254 ff.) Bemerkungen zum »Zwischenreich des immanenten Sinnes«.

19 Vgl. Rickert (1921 b: 113 f.). Rickert modifiziert die zuvor gezogene Schlußfolgerung, indem er doch die Möglichkeit zu einer näheren Bestimmung des Wertbegriffs einräumt, die darauf hinausläuft, Werturteile von Existentialurteilen zu trennen. Vgl. Rickert (1915 a: 265; 1921 b: 117). Vgl. sekundär Seidel (1968: 21 ff.).

20 Rudolf Hermann Lotze (1817-1881) hatte über 35 Jahre hinweg einen Lehrstuhl in Göttingen inne und war einer der prominentesten und einflußreichsten akademischen Philosophen seiner Zeit. Heute jedoch ist Lotze, dessen bedeutendster Schüler Wilhelm Windelband war, so gut wie vergessen. Zur Originalität seiner Wertphilosophie sowie zum Einfluß, den er im Deutschen Nachidealismus ausübte, vgl. Schnädelbach (1983: 206 ff.). Eine eingehende Untersuchung zu den Anleihen, die der Südwestdeutsche Neukantianismus bei Lotze machte, liefert Wagner (1987). Windelband und Rickert verorten sich zwar selbst als im Gefolge Kants stehend, eine Einschätzung, die auch in der Sekundärliteratur vorherrschend ist. Doch Wagner kann zeigen, daß insbesondere die Werttheorie der Südwestdeutschen Schule einer anderen

Quelle entstammt, nämlich Lotzes Theorie objektiver Werte, die eine zentrale Rolle in seiner metaphysischen Ideenlehre spielt. Lotzes Wertbegriff ist insofern metaphysisch, als die Wertgeltung bei ihm sowohl von irgendwelchen Urteilsprinzipien als auch von jedem Bewußtsein unabhängig ist. Demnach ist es auch nicht angebracht, Lotze, dessen Philosophie sich unter dem werttheoretischen Gesichtspunkt als eine Rückkehr zur Scholastik darstellt, weiterhin als einen Vorläufer des Neukantianismus zu handeln. Daraus zieht Wagner nun den Schluß, daß die Philosophie Windelbands und Rickerts, sofern sie nachweislich auf Lotze zurückgeht, überhaupt nicht als eine genuine Form des Neukantianismus aufgefaßt werden darf. Zu diesen neuscholastischen Ursprüngen des Südwestdeutschen »Neukantianismus« vgl. auch Troeltsch (1922: 552), der bereits auf die herausragende Bedeutung Lotzes für die Südwestdeutsche Schule hinwies: »Sieht man genauer zu, so wird man freilich auch sagen müssen, daß hier im Grunde weniger Kant als Lotze spricht. Die Windelbandsche Lehre ist in Wahrheit eine Umsetzung des Lotzeschen Denkens und der Lotzeschen Metaphysik in die transzendentale Denkweise und Sprache.«

21 Vgl. Rickert (1921 b: 122).
22 Vgl. Rickert (1921 b: 132).
23 Vgl. Rickert (1921 b: 132).
24 Rickert (1929: 655). Zu Rickerts Bestimmung des Verhältnisses von Wertobjektivität und Objektivität des wertbeziehenden Verfahrens vgl. Berger (1987: 321).
25 Rickert (1929: 655).
26 Rickert (1929: 656).
27 Rickert (1929: 656).
28 Vgl. Rickert (1929: 673 ff.).
29 Wittgenstein (1969: 44).
30 Wittgenstein (1969: 68). Das ist genau dasselbe Argument, das Rickert gegen die Auffassung, es gäbe keine objektiven Werte, vorträgt. Wittgenstein verwendet es gegen ein zu seiner Zeit in der analytischen Philosophie verbreitetes Verfahren zur Begründung objektiver Werte, wie es vor allem G. E. Moore vertrat. Vgl. hierzu Moore (1925; 1939).
31 Rickert (1929: 679). Vgl. hierzu auch Rickert (1921 b: 144), wo dasselbe Verfahren gegen eine dezisionistische Auffassung von Wertgeltung ins Feld geführt wird. In der Sichtweise des Dezisionismus haben theoretische Werte ihre empirische Grundlage im menschlichen Willen, läßt sich die Wertgeltung unmittelbar von Entscheidungen und Wertungen herleiten. Um nun die absurden Konsequenzen zu zeigen, die eine derartige Auffassung nach sich zieht, prüft Rickert ihre Grundannahme, daß nämlich die Wertgeltung von persönlichen Entscheidungen abhängt, am Beispiel der Wahrheit. Einmal angenom-

men, daß wirklich nur die persönliche Willkür darüber befindet, was wir für wahr halten, so können wir diese Annahme nur anhand eines unabhängigen Wahrheitskriteriums plausibel machen. Aber eine Werttheorie, bei der die Wertgeltung stets auf einer normsetzenden Entscheidung beruht, schließt diese Möglichkeit a priori aus. So entzieht sich die These vom dezisionistischen Wahrheitsbegriff schließlich selbst die Grundlage. Vgl. hierzu auch Rickerts (1929: 688 ff.) Kritik des Voluntarismus. Das oben Gesagte macht deutlich, daß es falsch wäre anzunehmen, die von Rickert entwickelte Position des Neukantianismus vertrete die Unmöglichkeit der Rechtfertigung von Letztannahmen. Rickert zufolge gibt es durchaus transzendentale Gründe, vor deren Hintergrund solche letzten Voraussetzungen einsichtig gemacht werden können, so daß man nicht von einem »neo-Kantian dilemma of the impossibility of rationally justifying ›ultimate presuppositions‹« (Turner/Factor 1984: 38) sprechen kann. Die philosophischen Grundlagen der von Rickert vorgeschlagenen Lösung des kulturwissenschaftlichen Objektivitätsproblems – sein Versuch, die Objektivität der Wertbeziehung an die Objektivität der Werte rückzubinden – gaben schon häufiger Anlaß zu Mißverständnissen. So ignoriert beispielsweise Bruun (1972: 84 ff.), in seinen Ausführungen zur Objektivitätsfrage bei Rickert, den Zusammenhang zwischen dem Wertbeziehungs- und dem Wertproblem gänzlich. Ebenso verkennt er die Bedeutung, die dabei der unbedingten Geltung der den Wertbeziehungen zugrunde liegenden Werte zukommt. Von daher ist es auch nicht weiter verwunderlich, daß Bruun (1972: 132) die bei Rickert angelegte Lösung des Wertproblems als »a deduction of values from empirical fact« charakterisiert. Wie wir bereits gesehen haben, ist aber gerade das Gegenteil der Fall. Keineswegs leitet Rickert Werte aus Tatsachen ab, vielmehr geht es ihm darum, den überempirischen Geltungsmodus der empirischen Kulturwerte nachzuweisen. Auch Günter Dux (1974: 202) verwischt in der von ihm geleisteten Rickert-Interpretation den Unterschied zwischen normativen und unbedingt allgemein gültigen Werten. So gelangt er zu der Auffassung, Rickert löse das Wertbeziehungsproblem, indem er die Wertbeziehungen an empirisch allgemeine, normativ gültige Werte anbinde. Es bedarf wohl keiner weiteren Erwähnung, daß Rickerts eigene, von ihm selbst ausführlich erläuterte Haltung in krassem Gegensatz dazu steht. Dux zufolge ist es die normative Allgemeinheit der vom Forscher und den historisch Handelnden gemeinsam geteilten Werte, die für die Wertobjektivität entscheidend ist. Hätte Rickert so gedacht – was er zweifellos nicht tat, da für ihn damit allenfalls das benannt ist, was er unter subjektiver Geltung versteht –, so läge ja bereits im Begriff historischer Zentren ein sicherer Garant für die Lösung des Wertbeziehungsproblems, und jede weitergehende Anstrengung wäre überflüssig.

32 Rickert (1929: 680).
33 Vgl. Rickert (1929: 680).
34 Vgl. hierzu Kant (1982).
35 Vgl. hierzu Angelelli (1972).
36 Die Sekundärliteratur zur Logik transzendentaler Argumente ist mittlerweile recht umfangreich. Eine ausgezeichnete Übersicht über die vorhandene Literatur sowie eine klar und verständlich geschriebene Darstellung des Gegenstands findet sich bei Palmer (1985). Zur obenstehenden Rekonstruktion von Rickerts transzendentalem Argument vgl. im übrigen Bubner (1974), Griffiths (1969) und vor allem Taylor (1979).
37 Rickert (1929: 680).

Kap. IV:
Zur Kritik an Rickert (S. 111-140)

1 Vgl. Rickert (1929: 329).
2 Vgl. Rickert (1929: 655).
3 Vgl. Kierkegaard (1966).
4 In meiner Einleitung zu der englischsprachigen Übersetzung von Carl Schmitts *Politischer Romantik* habe ich Kierkegaards Verführer und seine Reduktion aller Kulturwerte auf ästhetische Werte im Rahmen einer Analyse der romantischen Einstellung diskutiert. In diesem Zusammenhang habe ich auch die pseudopolitische Karriere des Schriftstellers Norman Mailer als ein Beispiel für die Ästhetisierung des Lebens angeführt. Während Johannes ethische Werte in ästhetische umwandelt und so Moral auf Ästhetik reduziert, wandelt Mailer politische Werte in ästhetische um und reduziert so das Politische auf seine ästhetisierbaren Aspekte. Vgl. dazu Schmitt (1986: ix-xxxv).
5 Weber (1968: 603 f.).
6 Das hier entwickelte Argument war – erstaunlicherweise – bereits vor seiner Veröffentlichung Gegenstand kritischer Bemerkungen. Im Jahre 1986 veröffentlichte Friedrich H. Tenbruck einen Aufsatz, worin er (1986: 14) die These vertrat, daß er mit dem Konzept der *Wirklichkeitswissenschaft* den definitiven Schlüssel zur Deutung von Webers Soziologie gefunden habe. In einer Kritik dieses Aufsatzes bezogen sich Wagner/Zipprian (1987) auf einen meiner früheren Texte (Oakes 1982), in dem ich den Gedanken der methodologischen Ambivalenz auf Weber angewandt hatte, um damit zu demonstrieren, daß die *Wissenschaftslehre* Positionen enthält, die miteinander unvereinbar sind. In seiner Erwiderung auf Wagner und Zipprian stellte nun Tenbruck (1987 b) eine Reihe von Behauptungen bezüglich meiner Arbei-

ten zu Weber und Rickert auf, die dazu angetan sind, beträchtliche Verwirrung zu stiften. Im folgenden will ich mich auf zwei Punkte beschränken, nämlich zum einen auf Tenbrucks Darstellung des Gebrauchs, den Wagner und Zipprian von meiner These machen, und zum anderen auf seine Behauptung eines »Grundwiderspruch(s) in Rickerts Konzept« (Tenbruck 1987 b: 151), den ich seiner Meinung nach postuliert haben soll. Tenbruck hält seinen Kritikern vor, sich unkritisch und vorschnell meiner Führung anvertraut und die These vom Grundwiderspruch in Rickerts Denken keiner gründlichen Prüfung unterzogen zu haben. Daß ich nicht in der Lage sei, Rickerts Werk zu verstehen, sei vielleicht noch damit zu erklären, daß es in Amerika keine »informierte Diskussion« gäbe, meine »These« also bislang eher ein Monolog gewesen sei. Doch in Heidelberg, so meint er in Anspielung auf seine Kritiker weiter, sollte man es besser wissen. Wagner/Zipprian gelinge es aber ebensowenig wie mir, auch nur die elementarsten Bestandteile von Rickerts Philosophie und Wissenschaftstheorie annähernd richtig zu erfassen. An dieser Fehldeutung von Rickert, für die letztlich ich die Verantwortung trüge, scheitere ihre gesamte Kritik. Wo aber glaubt Tenbruck, meine These von einem »Grundwiderspruch in Rickerts Konzept« verorten zu können, die Wagner und Zipprian angeblich bei mir geborgt haben? Zu der Frage, um welches »Konzept« Rickerts es sich dabei handelt, macht er übrigens keine näheren Angaben; ebenso, wie er nicht spezifiziert, worin der Widerspruch bestehen soll, den ich angeblich in Rickerts Denken entdeckt habe – ein bemerkenswerter Umstand, eingedenk der großen Bedeutung, die Tenbruck meinen diesbezüglichen Fehlern und Fehldeutungen beimißt. Besieht man sich den *Methodological Ambivalence*-Aufsatz (Oakes 1982), der Tenbrucks Kritiker auf die falsche Fährte geführt haben soll, etwas eingehender, so wird die Verwirrung keineswegs geringer. Denn in diesem Essay ist von irgendeinem Widerspruch in Rickerts Werk überhaupt nicht die Rede, so daß Wagner und Zipprian eine diesbezügliche These dort ganz sicher nicht finden konnten. Meines Erachtens haben sie sich lediglich die tatsächlich darin vertretene Position zu eigen gemacht, daß man die *Wissenschaftslehre* nicht anhand eines einzigen zentralen Begriffs verstehen kann. Aus dieser Perspektive ergibt sich dann in der Tat die Unhaltbarkeit von Tenbrucks Grundannahme, Webers Soziologie sei ein einheitliches Ganzes, das anhand eines in der *Wissenschaftslehre* vorfindlichen »Schlüssels« begriffen werden könne. All dies hat aber offensichtlich gar nichts mit einem Grundwiderspruch in Rickerts Denken zu tun! Daraus kann ich also nur den Schluß ziehen, daß Wagner und Zipprian, falls sie in ihrer Tenbruck-Kritik Rickert falsch darstellten, dies aus eigenem Antrieb und ganz und gar unabhängig von der Position taten, die ich zuvor in *Methodological Ambivalence* vertreten hatte. Die Frage drängt sich auf, warum Tenbruck eine derart abstruse Darstellung dieses einfachen und klaren Sachverhalts gibt. Nun, im Frühjahr 1985 bereitete ich für das interne Kolloquium des Department of Sociology an der New School for Social Research (New York) ein Arbeitspapier über Weber und die Südwestdeutsche Schule vor. In diesem Papier ging es mir um eine Rekonstruktion der philosophischen Grundlagen von Webers Begriff des *Historischen Individuums*, und um dieses für ein soziologisches Publikum etwas abgelegene Thema interessanter zu gestalten, formulierte ich einige bewußt provokative Schlußbemerkungen, die sich nicht unmittelbar auf das im eigentlichen Text Diskutierte bezogen. Unter anderem stellte ich die These auf, daß die von Rickert vorgenommene Entgegensetzung von Wert und Wertung, auf der die für Webers Begriff des historischen Individuums enorm wichtige Trennung von Wertbeziehung und Werturteil fußt, nicht plausibel sei. Dieses nicht für die Öffentlichkeit bestimmte Arbeitspapier wurde im April 1985 von den Mitarbeitern des Departments diskutiert, wobei Joseph Bensman, Godehard Czernik und Ahmad Sadri die Korreferate hielten. Eine überarbeitete Fassung des Papiers wurde mittlerweile – zusammen mit den Korreferaten – publiziert; vgl. Oakes et al. (1987a) sowie Oakes (1987b). Bei all dem hier Erwähnten handelt es sich zwar um Nebensächlichkeiten, doch spielen diese Dinge eine wesentliche Rolle, wenn man Tenbrucks kryptische Bemerkungen über meine Rickert-Kritik verstehen möchte. Denn klar ist, daß das Protokoll jenes Kolloquiums vom April 1985 irgendwie in Tenbrucks Hände gelangte. Soweit ich sehen kann, hat er, was seinen Umgang mit diesen Informationen betrifft, vier wesentliche Fehler gemacht. (1) Er verkennt völlig den Unterschied zwischen der am Schluß des Arbeitspapiers eingenommenen Position auf der einen und der These des *Methodological Ambivalence*-Aufsatzes auf der anderen Seite. (2) Was die im Arbeitspapier vertretene Position anlangt, so unterstellt er mir fälschlicherweise, ich hätte behauptet, es gäbe einen Widerspruch, ein »Dilemma«, in Rickerts Denken. (3) Er faßt die Bezugnahme von Wagner und Zipprian auf die These von der methodologischen Ambivalenz als Bezugnahme auf jene Position auf, die er dem besagten Arbeitspapier unterstellt. Kommt hinzu, daß Wagner und Zipprian dieses Papier überhaupt nicht kannten, und selbst wenn es ihnen bekannt gewesen wäre, hätten sie ihm schwerlich eine These hinsichtlich eines Grundwiderspruchs in Rickerts Denken entnehmen können. (4) Der Widerspruch, den Wagner und Zipprian in Rickerts Wirklichkeitsbegriff konstatieren, jenes »kantianisch-scholastische Dilemma«, das sich aus der Unvereinbarkeit von transzendentalphilosophischer Konstituierung des Wirklichen einerseits und Objektivismus der Wertlehre andererseits ergibt, wird von Tenbruck mit demjenigen gleichgesetzt, den ich angeblich in dem Arbeitspapier postuliert habe. Dazu kann ich nur bemerken, daß mir die Urheberschaft der von Wagner und Zipprian vertretenen Position, die ich für einen beachtlichen Beitrag zur Analyse und Kritik der Philosophie Rickerts halte, leider nicht zukommt. Ich vermute, daß es meine dem Arbeitspapier beigefügten Schlußbemerkungen zu Rickerts Wert/Wertungs-Dichotomie waren, die Tenbruck auf den Gedanken brachten, ich hätte einen Widerspruch in Rickerts Philosophie behauptet. Dabei hat er zumindest insoweit recht, als es mir tatsächlich darum ging, Rickert einen fundamentalen Denkfehler nachzuweisen. Allerdings bin ich nicht den Weg gegangen, interne Gegensätze aufzuspüren, vielmehr wollte ich zeigen, daß sich die Wert/Wertungs-Dichotomie nicht begründen läßt. Ob mein Argument einen »aufgrund einer gewaltsamen Verfremdung« (Tenbruck 1987b: 151) künstlich in das Werk hineingelesenen Widerspruch benennt oder nicht, möge der Leser anhand der oben vorgetragenen Analyse beurteilen.

7 Rickert (1924: 66).
8 Vgl. Rickert (1924: 67).
9 Vgl. Rickert (1924: 66).
10 Rickert (1924: 66).
11 Die Anforderungen, die Rickert an die Geduld seiner Leser stellt, werden durch seine Darstellungsweise nicht gerade verringert – versucht er doch, durch ständiges Wiederholen den Leser von der Richtigkeit seiner Auffassung zu überzeugen. Rickert schreibt im ermüdenden und belehrenden Vorlesungsduktus eines Universitätslehrers, der sich einer Gruppe von einfallslosen und begriffsstutzigen Studenten gegenüber wähnt. In der Hoffnung, zumindest einen Teil seiner Ideen vermitteln zu können, verfällt er oftmals in einen derart pedantischen und langatmigen Stil, daß man sich des Eindrucks, es handle sich um nichts weiter als Redundanz, kaum erwehren kann.
12 Rickert (1924: 67).
13 Rickert (1929: 655).
14 Rickert (1929: 655).
15 Rickert (1929: 678).
16 Rickert (1929: 679).
17 Rickert (1929: 696).
18 Vgl. Goodman (1978).
19 Rickert (1921b: 8).
20 Vgl. Rickert (1921b: 8ff.).
21 Zu Rickerts Projekt eines offenen Systems, dessen Umrisse er erstmals in *Vom System der Werte* entwarf, vgl. allgemein Rickert (1921b). In diesem Zusammenhang sei noch auf eine recht merkwürdige Feststellung von Jürgen Habermas (1971: 201f.) verwiesen, der meint, Rickert habe die Idee eines Systems unbedingt gültiger Werte bereits nach der

Veröffentlichung von *Kulturwissenschaft und Naturwissenschaft* – das
er fälschlicherweise auch noch als Rickerts erstes Buch bezeichnet –
aufgegeben.

22 Vgl. Rickert (1921 b: 363 f.).

23 Vgl. Rickert (1921 b: 363 f.).

24 Neben der Bestimmung des Verhältnisses von theoretischen und ethischen Werten erweitert Rickert seine Analyse der Inkommensurabilität auch auf das Verhältnis zwischen den anderen Wertsphären zugehörigen Werten; vgl. hierzu Rickert (1921 b: 319 ff.).

25 Vgl. Rickert (1921 b: 9 f.).

26 Vgl. Rickert (1921 b: 9).

27 Vgl. Rickert (1921 b: 29, 150).

28 Rickert (1921 b: 151 f.).

29 Wenn der Versuch eines theoretischen Beweises atheoretische Werte
auf theoretische reduziert, so leuchtet es nicht unmittelbar ein, warum
das *ebenfalls* theoretische Verstehen nicht auch zum selben Ergebnis
führen soll. Rickert hat dieses Problem nicht gesehen, wie man seinen
Ausführungen zum Verstehen atheoretischer Werte entnehmen kann;
vgl. Rickert (1921 b: 154 f., 352 ff., 363 ff., 372 ff., 406 f.). Eine Analyse
der Rickertschen Auffassung der Wertinkommensurabilität sollte die
Inkommensurabilität der Wertbedeutungen nicht mit der Inkommensurabilität der Wertgeltung gleichstellen. Es läßt sich sagen, daß Werte
unterschiedlicher Wertsphären mit Blick auf ihre Verstehbarkeit kommensurabel sind, sofern es ein allgemeines und übergreifendes Drittes
gibt, das in Form eines Brückenprinzips ein Verständnis ihres jeweiligen Sinns anleitet. Andernfalls müssen wir sie als inkommensurabel
betrachten. Hinsichtlich ihrer Geltung sind die verschiedenen Wertsphären zugehörigen Werte nur dann kommensurabel, wenn ein ein-
heitlicher Maßstab vorhanden ist, an dem sich ihre Geltungsansprüche
bemessen lassen. Dabei geht Rickerts Lehre von der Inkommensurabilität der Wertgeltung aus von einer Kommensurabilität der Wertbegriffe. Nur vor dem Hintergrund der Kommensurabilität der Wertbegriffe läßt sich die Inkommensurabilität der Wertgeltung dartun. Um
nämlich zeigen zu können, daß die in den verschiedenen Wertsphären
erhobenen Geltungsansprüche inkommensurabel sind, muß man sie
miteinander vergleichen können, was Vergleichsmaßstäbe und damit
gewisse begriffliche Übereinstimmungen voraussetzt. Auch Rickerts
Auffassung von Philosophie, die in erster Linie Werttheorie sein muß,
setzt die Kommensurabilität von Wertbegriffen voraus. Ohne diese
Annahme wäre es unmöglich, ein Wertsystem zu entwickeln, auf dessen Grundlage die in verschiedenen Wertsphären erhobenen Geltungsansprüche rubriziert und verstanden werden können. Die These
von der Inkommensurabilität der Wertbegriffe impliziert die Inkommensurabilität der Wertbedeutungen und sieht sich denselben Ein-

wänden ausgesetzt, die seinerzeit gegen Feyerabends Theorie begrifflicher Inkommensurabilität vorgebracht wurden; vgl. dazu Feyerabend (1962; 1975; 1978). Der Gedanke, daß Begriffe und Begriffsschemata prinzipiell inkommensurabel sein könnten, wurde in der akademischen Philosophie ausführlich diskutiert, was sich in einer beträchtlichen Menge von Veröffentlichungen niederschlug; vgl. hierzu Newton-Smith (1981). Der bedeutendste Kritiker der Inkommensurabilitätsthese ist wohl Donald Davidson (1973/74), zu nennen sind hier aber auch Richard Rorty (1972) sowie W. G. Runciman (1969), John Kekes (1976) und John Skorupski (1976). Auch Rickerts Auffassung von der Inkommensurabilität der Geltungsansprüche und Geltungsmodi wirft beträchtliche Schwierigkeiten auf. Das wird unmittelbar einsichtig, wenn man zu zeigen versucht, daß die Geltung zweier verschiedener Werte nicht anhand eines gemeinsamen Maßstabes bestimmt werden kann. Bedürfte es doch einer genauen Kenntnis der Bedingungen, die die Geltung dieser Werte begründen. Und es wäre gleichfalls vonnöten, diese jeweiligen Geltungsbedingungen miteinander zu vergleichen, um auf diese Weise zu belegen, daß die Kriterien für Wertgeltung sich tatsächlich wechselseitig ausschließen. Ein derartiger Vergleich aber erforderte seinerseits ein gemeinsames Maß.

30 Vgl. Rickert (1913: 322 f.; 1921 b: 406 f.).

31 Eine graphische Darstellung von Rickerts Taxonomie der Weltanschauungen findet man auf der letzten (unpaginierten) Seite seines *Systems der Philosophie*; vgl. hierzu auch Rickert (1921 b: 348 ff.), wo er diese Taxonomie erläutert.

32 Rickert (1921 b: 407).

Kap. v:
Zusammenfassung und Ausblick (S. 141-147)

1 Weber (1968: 175). Zu Webers Auffassung des Wertbeziehungsproblems vgl. auch Weiß (1975: 33 ff.).

2 Weber (1968: 152).

3 Weber (1968: 154).

4 Weber (1968: 604).

5 Weber (1968: 604).

6 Weber (1968: 184).

7 Weber (1968: 184).

8 Vgl. hierzu Turner (1986).

9 Weber (1968: 184).

10 Vgl. Weber (1968: 214).

11 Vgl. Weber (1968: 613).

12 Über den Hintergrund von Webers Ablehnung einer möglichen Lösung des Wertproblems vgl. Turner/Factor (1984: 30 ff.). Eden (1983;
1987: 212 ff.) liefert ebenfalls einen nützlichen Beitrag zu Webers
Wertbegriff, und zwar indem er ihn mit Nietzsche konfrontiert. Der
Gestus der Bescheidung, der Webers methodologische Arbeiten auszeichnet, kommt in seinem Briefwechsel mit Rickert weitaus weniger
zum Tragen. Hier läßt es sich Weber nicht nehmen, Rickert auch in
fundamentalsten Fragen zu kritisieren. So setzt er sich beispielsweise
in einem Brief vom 2. Februar 1905 detailliert mit der ersten Auflage
von Rickerts *Geschichtsphilosophie* auseinander und verwirft mit empirischen und logischen Gründen Rickerts Begriff einer systematischen Kulturwissenschaft. Zwei Jahre später, in einem Brief vom
18. Mai 1907, wiederholt Weber seine diesbezüglichen Einwände. Wie
auch immer, der Unterschied zwischen Rickert und Weber, auf den es
mir ankommt, findet in der Korrespondenz keine Erwähnung.

13 In der *Wirtschaftsethik der Weltreligionen* entwickelt Weber sein dies-
bezügliches Forschungsprogramm; vgl. Weber (1964: 317 ff.). Vgl.
hierzu sekundär Schluchter (1984: 342 ff.).

14 In diesem Punkt folge ich von Schelting (1934: 42).

Literatur

Angelelli, I., 1972: *On the Origins of Kant's »transcendental«*. Kant-Studien 63: 117-122.

Baumgarten, E., 1964: *Max Weber. Werk und Person*. Tübingen: Mohr.

Berger, J., 1987: »Historische Logik und Hermeneutik«, S. 294-327 in: H. L. Ollig (Hg.), *Materialien zur Neukantianismus-Diskussion*. Darmstadt: Wissenschaftliche Buchgesellschaft.

Brugger, W., 1980: *Menschenrechtsethos und Verantwortungspolitik. Max Webers Beitrag zur Analyse und Begründung der Menschenrechte*. Freiburg/München: Alber.

Bruun, H. H., 1972: *Science, Values, and Politics in Max Weber's Methodology*. Kopenhagen: Munksgaard.

Bubner, R., 1974: »Zur Struktur eines transzendentalen Arguments.« *Kant-Studien*, Sonderheft 65: 15-27.

Bubner, R., 1976: *Handlung, Sprache und Vernunft*. Frankfurt/Main: Suhrkamp.

Bubner, R., 1984: *Geschichtsprozesse und Handlungsnormen*. Frankfurt/Main: Suhrkamp.

Burger, T., 1976: *Max Weber's Theory of Concept Formation*. Durham: Duke University Press.

Chaffin, D. (Hg.), 1989: *Emil Lask and the Desire for Concreteness*. Athens: Ohio University Press.

Davidson, D., 1973/74: »The Very Idea of a Conceptual Scheme«. *Proceedings of the American Philosophical Association* 47: 5-20.

Demm, E., 1987: »Max Weber und Alfred Weber, and the Verein für Sozialpolitik«, S. 88-98 in: W. J. Mommsen/J. Osterhammel (Hg.), *Max Weber and His Contemporaries*. London: Allen & Unwin.

Dilthey, W., 1957: »Vorrede«, S. 3-6 in: Ders., *Gesammelte Schriften* 5. Stuttgart und Göttingen: Teubner und Vandenhoeck & Ruprecht.

Dilthey, W., 1958: *Der Aufbau der geschichtlichen Welt in den Geisteswissenschaften. Gesammelte Schriften* 7. Stuttgart und Göttingen: Teubner und Vandenhoeck & Ruprecht.

Dux, G., 1974: »Gegenstand und Methode. Am Beispiel der Wissenschaftslehre Max Webers«, S. 187-221 in: G. Dux/T. Luckmann (Hg.), *Sachlichkeit*. Opladen: Westdeutscher Verlag.

Eden, R., 1983: *Political Leadership and Nihilism: A Study of Weber and Nietzsche*. Tampa: University Presses of Florida.

Eden, R., 1987: »Why Wasn't Weber a Nihilist?«, S. 212-242 in: K. L. Deutsch/W. Soffer (Hg.), *The Crisis of Liberal Democracy: A Straussian Perspective*. Albany: State University of New York Press.

Feyerabend, P. K., 1962: »Explanation, Reduction, and Empiricism«, S. 28-97 in: H. Feigl/G. Maxwell (Hg.), *Minnesota Studies in the Philosophy of Science*, Bd. 3. Minneapolis: University of Minnesota Press.

Feyerabend, P. K., 1975: *Against Method*. London: NLB.

Feyerabend, P. K., 1978: *Science in a Free Society*. London: NLB.

Flach, W./Holzhey, H., 1980 (Hg.), *Erkenntnistheorie und Logik im Neukantianismus*. Hildesheim: Gerstenberg.

Gallie, W. B., 1968: *Philosophy and the Historical Understanding*, 2. Aufl. New York: Schocken.

Glockner, H., 1969: *Heidelberger Bilderbuch*. Bonn: Bouvier.

Goodman, N., 1978: *Ways of Worldmaking*. Indianapolis: Hackett.

Griffiths, A. P., 1969: »Transcendental Arguments«. *Proceedings of the Aristotelian Society*, suppl. 43: 165-180.

Habermas, J., 1971: *Erkenntnis und Interesse*. Frankfurt/Main: Suhrkamp.

Habermas, J., 1981: *Theorie des kommunikativen Handelns*, 2 Bde. Frankfurt/Main: Suhrkamp.

Hempel, C. G., 1965: »Typological Methods in the Natural and the Social Sciences«, S. 155-171 in: Ders., *Aspects of Scientific Explanation and Other Essays in the Philosophy of Science*. New York: The Free Press.

Hennis, W., 1982: »Max Webers Fragestellung«. *Zeitschrift für Politik* 29: 241-281.

Hennis, W., 1984: »Max Webers Thema«. *Zeitschrift für Politik* 31: 11-52.

Hennis, W., 1986: *Max Webers Fragestellung. Studien zur Biographie des Werks*. Tübingen: Mohr.

Hennis, W., 1987: »A Science of Man: Max Weber and the Political Economy of the German Historical School«, S. 25-58 in: W. J. Mommsen/J. Osterhammel (Hg.), *Max Weber and His Contemporaries*. London: Allen & Unwin.

Hesse, M., 1978: »Theory and Value in Social Sciences«, S. 1-16 in: C. Hookway/P. Pettit (Hg.), *Action and Interpretation*. New York: Cambridge University Press.

Hookway, C., 1978: »Indeterminacy and Interpretation«, S. 17-41 in: C. Hookway/P. Pettit (Hg.), *Action and Interpretation*. New York: Cambridge University Press.

Hume, D., 1960: *A Treatise of Human Nature*. Oxford: Oxford University Press.

Hume, D., 1966: *An Enquiry Concerning Human Understanding*. Chicago: Open Court.

Hüter, M., 1928: *Die Methodologie der Wirtschaftswissenschaft bei Roscher und Knies*. Jena: Gustav Fischer.

Jaspers, K., 1958: *Philosophie und Welt: Reden und Aufsätze*. München.

Kant, I., 1982: *Kritik der reinen Vernunft. Werkausgabe* Bd. 3 und 4. Frankfurt/Main: Suhrkamp.

Kekes, J., 1976: *A Justification of Rationality*. Albany: State University of New York Press.

Kierkegaard, S., 1966: *Diary of a Seducer*. New York: Ungar.

Köhnke, K. C., 1986: *Entstehung und Aufstieg des Neukantianismus. Die deutsche Universitätsphilosophie zwischen Idealismus und Positivismus*. Frankfurt/Main: Suhrkamp.

Krüger, D., 1987: »Max Weber and the Younger Generation in the Verein für Sozialpolitik«, S. 71-87 in: W. J. Mommsen/J. Osterhammel (Hg.), *Max Weber and His Contemporaries*. London: Allen & Unwin.

Kuhn, T. S., 1970: *The Structure of Scientific Revolutions*, 2. Aufl. Chicago: University of Chicago Press.

Kuhn, T. S., 1977: *The Essential Tension*. Chicago: University of Chicago Press.

Lask, E., 1913: Rez. der 2. Aufl. von Rickerts *Grenzen der naturwissenschaftlichen Begriffsbildung*. *Logos* 4: 246-248.

Lask, E., 1923: *Gesammelte Schriften* I. Tübingen: Mohr.

Lehmann, G., 1963: »Kant im Spätidealismus und die Anfänge der neukantianischen Bewegung«. *Zeitschrift für philosophische Forschung* 10: 438-456.

Lindenlaub, D., 1967: *Richtungskämpfe im Verein für Sozialpolitik*, Bd. 2. Wiesbaden: Steiner.

Malter, R., 1969: »Heinrich Rickert und Emil Lask«. *Zeitschrift für philosophische Forschung* 23: 86-97.

Mill, J. S., 1973: *A System of Logic. Complete Works* 8. Toronto: University of Toronto Press.

Moore, G. E., 1925: »A Defense of Common Sense«, S. 193-223 in: J. H. Muirhead (Hg.), *Contemporary British Philosophy*. London: Allen & Unwin.

Moore, G. E., 1939: »Proof of an External World« *Proceedings of the British Academy* 25: 273-300.

Nagel, E., 1961: »Methodological Problems of the Social Sciences«, 447-502, in: Ders., *The Structure of Science*. New York: Harcourt, Brace, and World.

Newton-Smith, W. H., 1981: *The Rationality of Science*. London: Routledge & Kegan Paul.

Nusser, K. H., 1986: *Kausale Prozesse und sinnerfassende Vernunft. Max Webers philosophische Fundierung der Soziologie und der Kulturwissenschaften*. Freiburg/München: Alber.

Oakes, G., 1977: »The Verstehen Thesis and the Foundations of Max Weber's Methodology«. *History and Theory* 16: 11-29.

Oakes, G., 1982: »Methodological Ambivalence: The Case of Max Weber«. *Social Research* 49: 589-615.

Oakes, G. et al., 1987a: »Classical and Contemporary German Social Theory: A Symposium«. *Politics, Culture, and Society* 1: 115-158.

Oakes, G., 1987b: »Weber and the Southwest German School: The Genesis of the Concept of the Historical Individual«, S. 434-446 in: W. J. Mommsen/J. Osterhammel (Hg.), *Max Weber and His Contemporaries*. London: Allen & Unwin.

Oberer, H., 1987: »Transzendentalsphäre und konkrete Subjektivität«, S. 105-133 in: H. L. Ollig (Hg.), *Materialien zur Neukantianismus-Diskussion*. Darmstadt: Wissenschaftliche Buchgesellschaft.

Ollig, H. L., 1982: »Einleitung«, 5-52 in: Ders. (Hg.), *Neukantianismus*. Stuttgart: Reclam.

Palmer, H., 1985: *Presupposition and Transcendental Inference*. New York: St. Martin's.

Parsons, T., 1936: »Review of Alexander von Schelting's Max Webers Wissenschaftslehre«. *American Sociological Review* 1: 675-681.

Parsons, T., 1937: *The Structure of Social Action*. New York: McGraw-Hill.

Perpeet, W., 1987: »Formale Kulturphilosophie«, 362-377, in: H. L. Ollig (Hg.), *Materialien zur Neukantianismus-Diskussion*. Darmstadt: Wissenschaftliche Buchgesellschaft.

Popper, K. R., 1959: *The Logic of Scientific Discovery*. New York: Basic Books.

Portis, E. B., 1986: *Max Weber and Political Commitment*. Philadelphia: Temple University Press.

Prewo, R., 1979: *Max Webers Wissenschaftsprogramm*. Frankfurt/Main: Suhrkamp.

Quine, W. V. O., 1960: *Word and Object*. Cambridge: The MIT Press.

Quine, W. V. O., 1961: »On What there Is«, 1-19, in: Ders., *From a Logical Point of View*, 2. Aufl. New York: Harper & Row.

Rickert, H., 1888: *Zur Lehre von der Definition*, Tübingen: Mohr.

Rickert, H., 1910/11: »Vom Begriff der Philosophie«. *Logos* 1: 1-34.

Rickert, H., 1913: »Vom System der Werte«. *Logos* 4: 295-327.

Rickert, H., 1914: »Über logische und ethische Geltung«. *Kant-Studien* 19: 182-221.

Rickert, H., 1915a: *Der Gegenstand der Erkenntnis*, 3. Aufl. Tübingen.

Rickert, H., 1915b: *Wilhelm Windelband*. Tübingen: Mohr.

Rickert, H., 1920: *Die Philosophie des Lebens*. Tübingen: Mohr.

Rickert, H., 1921a: *Die Grenzen der naturwissenschaftlichen Begriffsbildung*, 3. und 4. Aufl. Tübingen: Mohr.

Rickert, H., 1921b: *System der Philosophie*. Tübingen: Mohr.

Rickert, H., 1923: »Persönliches Geleitwort«, S. v-xvi in: E. Lask, *Gesammelte Schriften* 1. Tübingen: Mohr.

Rickert, H., 1924: *Die Probleme der Geschichtsphilosophie*, 3. Aufl. Heidelberg: Winter.

Rickert, H., 1926: *Kulturwissenschaft und Naturwissenschaft*, 6. und 7. Aufl. Tübingen: Mohr.

Rickert, H., 1929: *Die Grenzen der naturwissenschaftlichen Begriffsbildung*, 5. Aufl. Tübingen: Mohr.

Rickert, H., 1931: *Die Heidelberger Tradition in der deutschen Philosophie*. Tübingen: Mohr.

Rickert, H., 1932: *Goethes Faust*. Tübingen: Mohr.

Rieff, P., 1972: *Fellow Teachers*. New York: Dell.

Roller, K., 1985: »Zwischen Tradition und Moderne. Anmerkungen zu einer Kontroverse in der Heidelberger Philosophie«, 229-250, in: K. Buselmeier/D. Harth/C. Jansen (Hg.), *Auch eine Geschichte der Universität Heidelberg*. Mannheim: Edition Quadrat.

Rorty, R., 1972: »The World Well Lost«. *Journal of Philosophy* 69: 649-665.

Runciman, W. G., 1969: »The Sociological Explanation of Religious Beliefs«. *European Journal of Sociology* 10: 149-191.

Runicman, W. G., 1972: *A Critique of Max Weber's Philosophy of the Social Sciences*. New York: Cambridge University Press.

Runciman, W. G., 1983: *A Treatise on Social Theory 1: The Methodology of Social Theory*. New York: Cambridge University Press.

Schelting, A. v., 1922: »Die logische Theorie der historischen Kulturwissenschaft von Max Weber und im besonderen sein Begriff des Idealtypus«. *Archiv für Sozialwissenschaft und Sozialpolitik* 49: 623-752.

Schelting, A. v., 1934: *Max Webers Wissenschaftslehre. Das logische Problem der historischen Kulturerkenntnis. Die Grenzen der Soziologie des Wissens*. Tübingen: Mohr.

Schluchter, W., 1979: *Die Entwicklung des okzidentalen Rationalismus*. Tübingen: Mohr.

Schluchter, W., 1984: »Max Webers Religionssoziologie. Eine werkgeschichtliche Rekonstruktion«. *Kölner Zeitschrift für Soziologie und Sozialpsychologie* 36: 342-365.

Schluchter, W., 1988: *Religion und Lebensführung*, 2 Bde., Frankfurt/Main: Suhrkamp.

Schmitt, C., 1986: *Political Romanticism*. Cambridge: The MIT Press.

Schnädelbach, H., 1974: *Geschichtsphilosophie nach Hegel. Die Probleme des Historismus*. Freiburg/München: Alber.

Schnädelbach, H., 1983: *Philosophie in Deutschland 1831-1933*. Frankfurt/Main: Suhrkamp.

Schöllgen, G., 1984: *Handlungsfreiheit und Zweckrationalität: Max Weber und die Tradition praktischer Philosophie*. Tübingen: Mohr.

Schön, M., 1987: »Gustav Schmoller and Max Weber«, 59-70, in: W. J. Mommsen/J. Osterhammel (Hg.), *Max Weber and His Contemporaries*. London: Allen & Unwin.

Schütz, A., 1962: *Collected Papers* 1. The Hague: M. Nijhoff.

Schütz, A., 1967: *The Phenomenology of the Social World*. Evanston: Northwestern University Press.

Seidel, H., 1968: *Wert und Wirklichkeit in der Philosophie Heinrich Rikkerts*. Bonn: Bouvier.

Simmel, G., 1892: *Die Probleme der Geschichtsphilosophie*. Leipzig: Duncker & Humblot.

Skinner, Q., 1969: »Meaning and Understanding in the History of Ideas«. *History and Theory* 8: 3-53.

Skorupski, J., 1976: *Symbol and Theory*. New York: Cambridge University Press.

Strauss, L., 1953: *Natural Right and History*. Chicago: University of Chicago Press.

Taylor, C., 1979: »The Validity of Transcendental Arguments«. *Proceedings of the Aristotelian Society* 79: 151-165.

Tenbruck, F. H., 1986: »Das Werk Max Webers: Methodologie und Sozialwissenschaften«. *Kölner Zeitschrift für Soziologie und Sozialpsychologie* 38: 13-31.

Tenbruck, F. H., 1987a: »Max Weber and Eduard Meyer«, 241-263, in: W. J. Mommsen/J. Osterhammel (Hg.), *Max Weber and His Contemporaries*. London: Allen & Unwin.

Tenbruck, F. H., 1987b: »Ein Diskussionsbeitrag. Erwiderung auf Gerhard Wagner und Heinz Zipprian«. *Kölner Zeitschrift für Soziologie und Sozialpsychologie* 39: 150-155.

Troeltsch, E., 1919: »Über den Begriff einer historischen Dialektik, Windelband-Rickert und Hegel«. *Historische Zeitschrift* 119: 361-404.

Troeltsch, E., 1922: *Der Historismus und seine Probleme*. Tübingen: Mohr.

Turner, S. P./Factor, R. A., 1984: *Max Weber and the Dispute over Reason and Value: A Study in Philosophy, Ethics, and Politics*. London: Routledge & Kegan Paul.

Turner, S. P., 1986: *The Search for a Methodology of Social Science: Durkheim, Weber, and the Nineteenth-Century Problem of Cause, Probability, and Action*. Boston: Reidel.

Wagner, G., 1987: *Geltung und normativer Zwang. Eine Untersuchung zu den neukantianischen Grundlagen der Wissenschaftslehre Max Webers*. Freiburg/München: Alber.

Wagner G./Zipprian H., 1985: »Methodologie und Ontologie. Zum Problem kausaler Erklärung bei Max Weber«. *Zeitschrift für Soziologie* 14: 115-130.

Wagner, G./Zipprian, H., 1987: »Tenbruck, Weber und die Wirklichkeit. Ein Diskussionsbeitrag«. *Kölner Zeitschrift für Soziologie und Sozialpsychologie* 39: 132-149.

Watkins, J. W. N., 1957: »Historical Explanation in the Social Sciences«. *British Journal for the Philosophy of Science* 8: 104-117.

Weber, M., 1968: *Gesammelte Aufsätze zur Wissenschaftslehre*, 3. Aufl. Tübingen: Mohr.

Weber, Marianne, 1926: *Max Weber. Ein Lebensbild.* Tübingen: Mohr.

Weiß, J., 1975: *Max Webers Grundlegung der Soziologie.* München: Saur.

Wiehl, R., 1986: »Die Heidelberger Tradition der Philosophie zwischen Kantianismus und Hegelianismus«, 413-435, in: W. Doerr (Hg.), *Semper Apertus. Sechshundert Jahre Ruprecht-Karls-Universität Heidelberg*, Bd. 2: *Das Neunzehnte Jahrhundert.* Berlin: Springer.

Willey, T. E., 1978: *Back to Kant.* Detroit: Wayne State University Press.

Winch, P., 1958: *The Idea of a Social Science and Its Relation to Philosophy.* London: Routledge & Kegan Paul.

Windelband, W., 1924: *Präludien*, Bd. 2, 9. Aufl. Tübingen: Mohr.

Wittgenstein, L., 1953: *Philosophical Investigations.* New York: Macmillan. Deutsch: *Philosophische Untersuchungen.* Frankfurt: Suhrkamp.

Wittgenstein, L., 1969: *On Certainty.* New York: Harper & Row. Deutsch: *Über Gewißheit.* Frankfurt: Suhrkamp.

suhrkamp taschenbücher wissenschaft
Soziologie, Theorie der Gesellschaft

suhrkamp taschenbücher wissenschaft
Soziologie, Theorie der Gesellschaft

suhrkamp taschenbücher wissenschaft
Soziologie, Theorie der Gesellschaft

205/5/4.89